Fritz Pokropp

Stichproben:
Theorie und

26,80

3,50

Athenäum Taschenbücher
Lehrbücher Wirtschaftswissenschaften

herausgegeben von

Wolfgang Eichhorn
Hermann Göppl
Rudolf Henn
Otto Opitz

Fritz Pokropp

Stichproben: Theorie und Verfahren

Mit einem Kapitel
von
Ingo Theuerkauf

Athenäum
1980

CIP-Kurztitelaufnahme der Deutschen Bibliothek

Pokropp, Fritz:
Stichproben : Theorie u. Verfahren / Fritz
Pokropp. Mit e. Kap. von Ingo Theuerkauf. –
Königstein/Ts. : Athenäum, 1980.
(Athenäum-Taschenbücher ; 5028 : Lehrbücher
Wirtschaftswissenschaften)
ISBN 3-7610-5028-3

Reproduktion, Druck und Bindung: Friedrich Pustet, Regensburg
Printed in Germany
ISBN 3-7610-5028-3

Für ANGELA

VORWORT.

Das vorliegende Buch entstand aus Vorlesungen, die ich mehrfach an der Universität Hamburg gehalten habe. Dabei hatte sich immer wieder die folgende, ewig alte, ewig neue Frage in den Vordergrund geschoben: Welchen Grad an Genauigkeit und damit an mathematischer Formalisierung darf man / muß man einhalten, damit man

-- einerseits dem an der gerade hier so wichtigen praktischen Anwendung Interessierten verständlich bleibt,
-- andererseits das nötige Rüstzeug liefert, mit der (mathematischen) Struktur auch der praktischen Probleme umgehen zu können.

Am Ende -- so denke ich, so erfahre ich es immer wieder -- muß ein Minimum an Mathematik auch dem Nicht-Mathematiker zugemutet werden dürfen, wenn ein Weg aus der Routine des "das haben wir immer so gemacht" hinausführen soll. Ich setze daher voraus, daß der Leser dieses Buches

(1) mit Grundbegriffen der Wahrscheinlichkeitstheorie und Statistik vertraut ist,
(2) bereit ist, sich auch auf für ihn neue formale Schreibweisen einzulassen.

Erläuterung zu (1): Studenten der Wirtschaftswissenschaften erhalten die hier angesprochenen Kenntnisse i.a. in Statistik-Kursen im Grundstudium. Zur Orientierung sei auf POKROPP (1977) (siehe Literaturverzeichnis S.241 ff) verwiesen. Erläuterung zu (2): Formale/mathematische Schreibweisen sind manchmal/oft nötig, wenn Sachverhalte (Definitionen, Sätze ...) kurz und genau mitgeteilt werden sollen. Wer bereit ist, seine eventuellen Widerstände gegen "die Mathematik" einstweilen zurückzustellen, hat die Chance zu erfahren, daß die "Kurzschrift"/"Sprache", die die Mathematik anbietet, das (wissenschaftliche) Leben erleichtern kann!

Die in den folgenden Kapiteln dargestellten Problem-Situationen und Stichprobenverfahren dürften zu den in der Praxis am häufigsten vorkommenden gehören. Gleichwohl sind einige der hier mitgeteilten Ergebnisse neu, z.B. die Erörterungen zu "Quotenstichproben" in 3.6, ferner Teile von Kapitel 7. Eine Sonderstellung nimmt das achte Kapitel ein, das Dr. INGO THEUERKAUF geschrieben hat; es enthält eine systematische Behandlung des Problems der Wahl der Stichprobenlänge. Am Ende jedes der (mit speziellen Stichprobenverfahren befaßten) Kapitel 2 bis 6 findet der Leser Hinweise auf einschlägige Berechnungen in Kapitel 8. Es mag nützlich sein, die Abschnitte 8.1 bis 8.3 im Anschluß an Kapitel 2 zu lesen.

Die jeweiligen Schlußbemerkungen der Kapitel 2 bis 6 verweisen auch auf die im 10.Kapitel zusammengefaßten Beispiele. Diese Beispiele sind nicht "realistisch"; dazu war der Umfang dieses Buches zu knapp bemessen. Diese Beispiele des 10.Kapitels sind fiktiver Natur, "klein", und sie sollen lediglich der Illustration der zuvor dargestellten "technischen" Schritte/Operationen dienen. Die Berechnungen dazu hat dankenswerter Weise Dr. I. Theuerkauf besorgt.

Das umfangreiche Literaturverzeichnis enthält nicht nur die im Text zitierten Bücher und Zeitschriftenartikel; ich habe dort auch die seit ca. 1970 erschienen Artikel zusammengestellt, die zwar nicht im Text zitiert sind, die dennoch im (manchmal sehr engen) Zusammenhang mit im Text behandelten oder auch nur angesprochenen Problemen stehen. Jedes Kapitel enthält am Schluß eine Zusammenstellung der einschlägigen Literaturhinweise.

Schließlich bleibt mir die angenehme Aufgabe zu danken.

Zunächst schulde ich Dank den Herren Prof.Dr.H.Gollnick und Prof.Dr.Dr.H.Scherf, die mir wertvolle Hinweise auf Probleme der Stichprobentheorie gegeben haben. Desgleichen sind Gespräche mit Dr.J.Pagenkopf und vor allem mit Dr.I.Theuerkauf äußerst nützlich gewesen, und dies sei hier mit Dank vermerkt. Sodann danke ich den Herausgebern für die Aufnahme dieses Buches in diese Reihe.

Schließlich danke ich herzlich für die Geduld, mit der meine liebe Frau und mein liebes, nun schon ein Jahr altes Töchterchen ertragen haben, daß ich mich ihnen immer wieder entzog, um an dem Buch zu arbeiten. Ich widme dieses Buch meiner lieben Frau.

Fritz Pokropp
Hamburg, im Juli 1980.

INHALTSVERZEICHNIS.

	Vorwort	S. VII
1.	Zur Mittelwertschätzung mit Hilfe von Stichproben	S. 1
1.1	Vorläufige Formulierung des Problems	S. 1
1.2	Grundlegende Definitionen/Notationen	S. 5
1.3	Einige Typen von Ausgangssituationen	S. 11
1.4	Zur Beurteilung von Schätzverfahren	S. 19
2.	Einfache Zufalls-Stichproben	S. 26
2.1	Einfache Zufalls-Stichproben mZ	S. 27
2.2	Einfache Zufalls-Stichproben oZ	S. 29
2.3	Zur Technik der Ziehung von einfachen Zufalls-Stichproben	S. 33
2.4	Gemeinsame Darstellung von einfachen mZ- und oZ-Stichproben	S. 37
2.5	Schätzung von Anteilswerten	S. 40
2.6	Schätzung aus mZ-Stichproben mit verschiedenen Elementen	S. 42
2.7	Stichproben mit variabler Erfolgswahrscheinlichkeit bei der Erhebung	S. 43
3.	Geschichtete Stichproben	S. 48
3.1	Modellannahmen	S. 50
3.2	Mittelwertschätzung aus geschichteten Stichproben	S. 52
3.3	Bestimmung der Stichprobenlängen	S. 55
3.4	Bemerkungen zur Wahl der Schichten	S. 61
3.5	Nachträgliche Schichtung	S. 63
3.6	Quoten-Stichproben	S. 68
4.	Zufalls-Stichproben zu allgemeinen Verteilungen	S. 73
4.1	Stichproben mZ zur Verteilung P	S. 75
4.2	Wahl der Verteilung P und Technik der Ziehung mit größen-proportionalen Wahrscheinlichkeiten	S. 79
4.3	Stichproben oZ zur Verteilung P	S. 83
4.4	Technik der Ziehung einer oZ-Stichprobe zur Verteilung P	S. 89
5.	Klumpen-/Flächen-Stichproben	S. 97
5.1	Grundlegende Definitionen und Notationen .	S. 99
5.2	mZ-Klumpen-Stichproben zur Verteilung $\mathbb{P}$.	S. 101
5.3	oZ-Klumpen-Stichproben zur Verteilung $\mathbb{P}$.	S. 105
5.4	Einfache KlumpenStichproben	S. 108
5.5	Vergleich von einfachen Klumpen-Stichproben mit einfachen Zufalls-Stichproben	S. 110
5.6	Systematische Stichproben	S. 114

5.7	Mehrstufige, insbesondere zweistufige Stichproben	S. 117
5.8	Zweistufige einfache Stichproben	S. 120
6.	Schätzung mit Hilfe von Vorkenntnissen ...	S. 124
6.1	Differenzen-Schätzung	S. 126
6.2	Regressions-Schätzer	S. 131
6.3	Verhältnis-Schätzer mit Verzerrung	S. 134
6.4	Unverzerrte Verhältnis-Schätzer	S. 137
6.5	Über Super-Populationen	S. 144
7.	Doppel-Stichproben	S. 150
7.1	Geschichtete Doppel-Stichproben	S. 151
7.2	Geschichtete Stichproben mit unbekannten, geschätzten Quoten	S. 159
7.3	Doppelstichproben für Schätzungen mit Hilfe von Vorkenntnissen	S. 165
7.4	Zufalls-Stichproben zu allgemeinen Verteilungen mit Hilfe von Doppelstichproben.	S. 169
7.5	Die Behandlung der Antwort-Verweigerer ...	S. 173
7.6	Überhöhte Grundgesamtheit	S. 174
7.7	Doppel-Stichproben zur Schätzung optimaler Stichprobenlängen	S. 176
8.	Bestimmung der Stichprobenlänge von Dr. INGO THEUERKAUF	S. 181
8.1	Kosten/Risiko-Präferenzordnung	S. 182
8.2	Optimale Stichprobenlängen	S. 185
8.3	Schätzungen mit vorgegebener Varianz	S. 187
8.4	Berechnung von optimalen Stichprobenlängen	S. 189
8.5	Auswege bei unbekannten Bestimmungsgrößen.	S. 193
9.	Schätzprobleme bei fehlerhaften Antworten.	S. 196
9.1	Eine Befragungstechnik zur Vermeidung falscher Antworten	S. 197
9.2	Antwort-Variabilität	S. 201
9.3	Mittelwert-Schätzung bei Antwortvariabilität	S. 207
9.4	Über den Umgang mit Stichproben bei Verzerrungen und Variabilität in den Antworten	S. 212
10.	Beispiele	S. 218
10.1	Beispiele zu einfachen Zufalls-Stichproben	S. 219
10.2	Beispiele zu geschichteten Stichproben ..	S. 221
10.3	Beispiele zu Stichproben zu einer Verteilung P	S. 223
10.4	Beispiele zu Klumpen-Stichproben	S. 225
10.6	Beispiele zu Schätzungen mit Vorkenntnissen	S. 226
M.	Mathematischer Anhang	S. 229
M.1	Multinomial-, Binomialverteilung	S. 229
M.2	Bedingte Erwartung	S. 230
M.3	Bedingte Varianz	S. 233
M.4	Elementares über Nullfolgen	S. 234
M.5	Asymptotische Aussagen über Stichprobenmomente	S. 236

M.6 Tafel von Zufallszahlen .... S. 239

Literaturverzeichnis .... S. 241
Verzeichnis der wichtigsten Symbole ..... S. 249
Verzeichnis der wichtigsten Stichworte .. S. 253

1. ZUR MITTELWERTSCHÄTZUNG MIT HILFE VON STICHPROBEN.

Der Begriff der "Stichprobe" gehört heute zum öffentlichen/gesellschaftlichen/politischen (etc...) Sprachgebrauch, und wenn er mit dem schmückenden Prädikat "repräsentativ" einherstolzieret, besteht Gefahr, daß Ansprüche auf Glaubwürdigkeit angemeldet werden, die eher suggestiv als überzeugend sind. Streng genommen ist die Rede von der "repräsentativen Stichprobe" töricht. Es gibt viele Arten, Stichproben zu ziehen und folglich viele Möglichkeiten, aus Stichproben richtige (oder auch falsche !) Schlüsse zu ziehen.

Dieses einleitende Kapitel skizziert,

(1) welche Arten von Problemen im vorliegenden Buch mit Hilfe von Stichproben behandelt werden (siehe Abschnitt 1.1; die Präzisierung der dabei benötigten Begriffe erfolgt in 1.2),

(2) mit welchen Typen von Ausgangssituationen man bei der Ziehung von Stichproben konfrontiert ist (siehe Abschnitt 1.3),

(3) wie man die aus Stichproben gewonnenen Ergebnisse beurteilen kann (siehe 1.4).

1.1 VORLÄUFIGE FORMULIERUNG DES PROBLEMS.

Wir betrachten eine Gesamtheit G ("Grundgesamtheit", auch"Population" genannt) von "sehr vielen", jedoch endlich vielen Elementen ("Einheiten", "Personen", "Merkmalsträgern" etc...). Die Anzahl der Elemente von G wird stets mit N bezeichnet. Unser Interesse gilt einem ganz bestimmten Merkmal, dem "Untersuchungsmerkmal", und zwar insbesondere dem Mittelwert. Das Untersuchungsmerkmal wird stets mit Y bezeichnet, der Mittelwert mit μ . Man betrachte zur Illustration das

Beispiel: G = Gesamtheit der 20 000 Studenten einer Universität; Y = monatliche Ausgaben eines Studenten in G für Wohnen; μ = durchschnittliche Monatsausgaben eines Studenten (aus G) für Wohnen.

Natürlich könnte man den Mittelwert μ ermitteln, indem man alle Elemente von G nach ihrem Y-Wert befragt und daraus den Mittelwert berechnet. Es gibt jedoch mehrere Gründe, eine solche "Vollerhebung" nicht vorzunehmen und sich stattdessen mit einer Stichprobe zufrieden zu geben:

(1) Das Beschaffen von Information über Y ist i.a. mit Kosten verbunden (z.B. für Interviewer, Fragebogen,..). Man wird daher versuchen, nur wenige -- etwa n statt aller N -- Einheiten zu befragen und aus den so ermittelten wenigen Y-Werten eine Schätzung (!) von μ vorzunehmen.

(2) Ist N sehr groß, kann die vollständige Erhebung aller Merkmalswerte so lange dauern, daß das Ergebnis nicht mehr aktuell ist und nicht mehr interessiert.

(3) Es kann sein, daß die Ermittelung des Y-Wertes mit der Zerstörung des Merkmalsträgers untrennbar verbunden ist. (So wird z.B. bei der Messung einer "Schadstoffkonzentration" auf einem Apfel der geprüfte Apfel im Labor zerstört.)

Weitere Gründe, die gegen eine Vollerhebung (so wünschenswert diese sonst sein mag) sprechen, lassen sich leicht aufzählen.

Wir bezeichnen die für eine Befragung/Untersuchung ausgewählten Elemente mit U und nennen sie zunächst ganz allgemein eine Stichprobe. Die Y-Werte der in U ausgewählten Elemente bestimmen den Schätzwert für den unbekannten Mittelwert μ . Wir bezeichnen diesen Schätzwert mit $\hat{\mu}$. Es ist wichtig, zwischen dem wahren (aber unbekannten)

Mittelwert μ und dem aus der Stichprobe gewonnenen Schätzwert $\hat{\mu}$ zu unterscheiden. Natürlich haben wir uns mit der Frage zu befassen, wie gut/zuverlässig eine solche Mittelwertschätzung ist resp. sein kann.

Die soweit geschilderte Problemlage stellen wir wie folgt schematisch dar:

(1.1.1) G ---------[Y]---→ μ
Population---[Merkmal]---→ Mittelwert/ Durchschnittswert.

(1.1.2) $\underline{U}$ ---------[Y]----→ $\hat{\mu}$
Stichprobe---[Erhebung/ Befragung]---→ Schätzung des Mittelwertes

Die beiden "Ketten" (1.1.1) und (1.1.2) sind an zwei Stellen miteinander verbunden: (1) $\underline{U}$ ist mit Hilfe eines "geeigneten" Stichprobenverfahrens (kurz: SV) aus G auszuwählen; (2) die Aussagekraft von $\hat{\mu}$ für μ ist zu untersuchen und die in $\hat{\mu}$ über μ enthaltene Information ist nutzbar zu machen. Dieser "Rückschluß" von $\hat{\mu}$ auf μ kann nur wahrscheinlichkeitstheoretischer/statistischer Natur sein; das Instrumentarium wird hier von der Stichprobentheorie (kurz: ST) bereitgestellt. Schematisch:

(1.1.3) G ---------[SV]-----------→ $\underline{U}$
Population----[Stichproben-verfahren]---→ Stichprobe

(1.1.4) $\hat{\mu}$ --------[ST]-----------→ μ
Mittelwert-Schätzung ----[Stichproben-theorie]---→ Information über den Mittelwert.

In jeder der angedeuteten Ketten (1.1.1) bis (1.1.4) gibt es charakteristische, z.T. miteinander zusammen-hängende Fehler/Fehlerquellen:

Zu (1.1.1): Merkmale können sehr komplexer Natur sein, und

wie Merkmalswerte zu ermitteln/zu messen sind, kann eine ganz schwierige Frage sein (z.B. wie soll "Intelligenz" ermittelt werden? etwa durch "Messung" des (eines) Intelligenzquotienten?). Wir werden hier solche Fragen nicht erörtern, da sie in Theorien des Messens ausführlich und systematisch abgehandelt werden. Der Praktiker mache sich jedoch klar, daß in außerordentlich vielen Situationen der Vorgang des "Messens" problematisch oder zumindest problematisierbar ist. (Siehe auch (9.2.9), nach (9.4.5).)
Zu (1.1.2): Es kann sein, daß die Elemente der Stichprobe $\underline{U}$ nicht bereit sind zu antworten resp. daß sie falsche Antworten geben. Antworten können willentlich falsch gegeben werden; sie können jedoch auch dadurch verfälscht sein, daß der Befragte sich über seinen Merkmalswert nicht im klaren ist und/oder durch den Interviewer (unbewußt ?) beeinflußt wird etc... In der Regel unterstellen wir in diesem Büchlein, daß die Erhebung von Y auf $\underline{U}$ im Prinzip keine Schwierigkeiten macht. (Siehe jedoch 2.7 und 7.5 .) Einen kurzen Abriß über Modelle solcher Antwortfehler geben wir in Kapitel 9 .
Zu (1.1.3) und (1.1.4): Das eigentliche Thema dieses Buches lautet: Wie zuverlässig sind (resp. können sein) solche Mittelwertschätzungen? Welche Information läßt sich wie über μ aus $\hat{\mu}$ gewinnen, wenn man $\underline{U}$ aus G in dieser oder jener Weise auswählt? In welchen Situationen soll resp. kann $\underline{U}$ nach welchen Verfahren ausgewählt werden? -- Da die Ergebnisse von $\underline{U}$ und folglich von $\hat{\mu}$ jeweils nur mit bestimmten Wahrscheinlichkeiten auftreten, sind Schlüsse aus ihnen mit statistischen Fehlern behaftet. Die Stichprobentheorie (als Teil der Wahrscheinlichkeitstheorie und Statistik) liefert das Instrumentarium, mit solchen Fehlern umzugehen.

Nach dem Gesagten sollte klar sein, daß es nicht darauf ankommt, $\underline{U}$ in einer ganz bestimmten Weise zu wählen (etwa "repräsentativ" -- was immer jemand darunter verstehen mag); vielmehr ist es wichtig, die möglichen, korrekten

Schlüsse aus $\hat{\mu}$ über μ zu kennen und zu ziehen, wobei das Stichprobenverfahren bei der Auswahl von $\underline{U}$ eine entscheidende Rolle spielt. Es kommt also auf die Kombination $(\underline{U}, \hat{\mu})$ aus Stichprobenverfahren und Schätzverfahren an! Eine solche Kombination heißt auch Strategie. Man könnte das Programm dieses Buches auch so formulieren: gebräuchliche und gute Strategien vorzustellen und zu untersuchen. (Zur Beurteilung von Strategien: siehe auch Abschnitt 1.4.)

Neben dem oben beschriebenen Problem der Mittelwertschätzung gibt es andere wichtige statistische Probleme, die nicht nur in der Theorie, sondern auch (und vor allem) in der Praxis einen großen Raum einnehmen: die Ausführung von statistischen Tests, die Konstruktion von Konfidenzintervallen, die Behandlung von Regressionsmodellen. (Siehe z.B. POKROPP (1977),u.a. Kapitel 9.) Solche Probleme der "analytischen Stichprobentheorie" ("analytical survey sampling") werden hier nicht behandelt. Gleichwohl wäre dies -- gerade im Hinblick auf Anwendungen in der Praxis -- vonnöten, da die einschlägigen Ergebnisse der "klassischen" Methodenlehre der Statistik auf Stichproben aus endlichen Gesamtheiten nicht ohne weiteres anwendbar sind! (Siehe hierzu auch Abschnitt 1.4.)

1.2 GRUNDLEGENDE DEFINITIONEN/NOTATIONEN.

Es sei G die endliche Grundgesamtheit/Population, bestehend aus N verschiedenen Elementen, aus der die Stichprobe zu ziehen ist. Wir schreiben

(1.2.1) $G = \{u_1,\ldots,u_N\}$ (u steht für "unit" = Einheit)

$N = \#(G)$ = Anzahl der Elemente/Einheiten in G.

$\#$ wird im folgenden stets als Symbol für "Anzahl in" benutzt werden.

Für die Ziehung der Stichprobe benötigen wir oft, daß G angeordnet ist; d.h. daß man nicht nur die Gesamtheit der Elemente von G kennt (wie in (1.2.1)), sondern daß man darüberhinaus sagen kann, welches das erste, welches das zweite etc... Element in G ist. Wir schreiben dann

(1.2.2) $G = (u_1,\ldots,u_N)$ = die angeordnete Grundgesamtheit

mit u_j als j-tem Element. Eigentlich müßten wir in (1.2.2) ein neues Symbol einführen -- etwa G_{ord} --, um den Unterschied zu (1.2.1) zu verdeutlichen. Im Interesse einer nicht zu schwerfälligen Notation unterbleibt dies jedoch, solange Mißverständnisse nicht zu befürchten sind.

Natürlich sollten die Eigenschaften der Schätzung $\hat{\mu}$ möglichst nicht von der in (1.2.2) gewählten Anordnung abhängen, auch wenn die Anordnung für die Ziehung der Stichprobe $\underline{U}$ benötigt wird. Bei fast allen im folgenden beschriebenen Verfahren wird in der Tat die Anordnung keinen Einfluß auf die statistischen Eigenschaften von $\hat{\mu}$ haben. (Eine wichtige Ausnahme findet sich in Abschnitt 4.4; siehe (4.4.14), (4.4.13) und die dort anschließenden Ausführungen.)

Eine Stichprobe aus G (gegebenenfalls aus einer Teilmenge von G) ist eine endliche Folge von Elementen aus G. Wir schreiben:

(1.2.3) $\underline{U} = (U_1,\ldots,U_n)$ Stichprobe; $U_i \in G$ für $i = 1,\ldots,n$;

$n = \#(\underline{U})$ = Anzahl der Komponenten von $\underline{U}$;

U_i = an i-ter Stelle gezogenens Element.

Man beachte: die Elemente von $\underline{U}$ müssen nicht notwendiger Weise verschieden sein; jedoch entsteht $\underline{U}$ durch n verschiedene Züge: Auswahl des 1. Elements U_1, Auswahl des 2. Elements U_2,...., Auswahl des n-ten Elements U_n. Das Symbol # steht bei angeordneten Mengen (wie $\underline{U}$) für die Anzahl der Komponenten, nicht für die Anzahl der verschiedenen Komponenten!

(1.2.4) Bemerkung: Oft werden in der Literatur Stichproben als Teilmengen von G aufgefaßt, nicht als geordnete n-Tupel wie in (1.2.3). Aus Gründen der Zweckmäßigkeit wählen wir die Darstellung (1.2.3) (und später dann (1.2.8)). Daraus folgt natürlich nicht, daß eine auf $\underline{U}$ basierende Schätzung $\hat{\mu}$ von der Reihenfolge der Komponenten von $\underline{U}$ abhängt.

Wollen wir zum Ausdruck bringen, daß ein bestimmtes Element $u \in G$ in der Stichprobe vorkommt, so schreiben wir

(1.2.5) $u \in \underline{U}$; i.e. es gibt ein j mit $U_j = u$, $j = 1,\ldots,n$.

Die Ziehung von $\underline{U}$ erfolgt gemäß einem bestimmten Stichprobenverfahren; aufgrund des Verfahrens ist festgelegt (resp. ergibt sich), welche Ergebnisse für $\underline{U}$ mit welchen Wahrscheinlichkeiten eintreten. Jedes mögliche Ergebnis von $\underline{U}$ ist ein n-Tupel $(v_1,\ldots,v_n)$ mit Komponenten $v_i \in G$. Die Menge aller möglichen Ergebnisse von $\underline{U}$ ist also eine Teilmenge der Menge aller n-Tupel mit Komponenten aus G:

(1.2.6) $\{\text{Ergebnisse von } \underline{U}\} \subseteq G^n$;

$$G^n = G \times G \times \ldots \times G \text{ (n fach)}$$
$$= \{(v_1,\ldots,v_n): v_i \in G \text{ für } i = 1,\ldots,n\}.$$

Das Stichprobenverfahren für die Auswahl von $\underline{U}$ wird folglich durch eine Wahrscheinlichkeitsverteilung (kurz: W-Verteilung) $P_{(n)}$ auf G^n mathematisch beschrieben:

(1.2.7) $P_{(n)} : G^n \dashrightarrow$ Intervall $[0,1]$, W-Verteilung;

$P_{(n)}(\underline{v})$ = Wahrscheinlichkeit, daß $\underline{U}$ das Ergebnis $\underline{v}$ hat; i.e. für $\underline{v} = (v_1,\ldots,v_n)$:

$P_{(n)}(\underline{v})$ = Wahrscheinlichkeit, daß $U_i = v_i$ für alle $i = 1,\ldots,n$ ist.

Wir schreiben auch kurz: $P_{(n)}(\underline{v}) = P_{(n)}(\underline{U} = \underline{v}) = P(\underline{U} = \underline{v})$.

Anmerkung: Da G nach Voraussetzung stets endlich ist, verzichten wir auf die explizite Angabe einer der W-Verteilung zugrunde liegenden σ-Algebra; man möge z.B. stets die Menge aller Teilmengen unterlegen.

(1.2.8) Definition:

Gegeben sei eine Population G (1.2.1). Eine W-Verteilung $P_{(n)}$ (1.2.7) auf G^n (1.2.6) heißt Stichprobenplan oder Stichprobenverfahren auf G. Die Menge $\{\underline{v}: \underline{v} \in G^n, P_{(n)}(\underline{v}) > 0\}$ heißt Stichprobenraum, seine Elemente heißen Stichprobenergebnisse. Das durch $(G^n, P_{(n)})$ beschriebene Zufallsexperiment heißt (Ziehung einer) Stichprobe der Länge n aus G; es werde kurz mit $\underline{U} = (U_1,\ldots,U_n)$ bezeichnet. Wir schreiben auch kurz: $P_{(n)}(\underline{U}) = P_{(n)}(\underline{v})$, falls $U_i = v_i$ für alle i ist und $\underline{v} = (v_1,\ldots,v_n)$. Statt $P_{(n)}$ schreiben wir oft auch P, falls Mißverständnisse nicht zu befürchten sind. (Zu Verallgemeinerungen dieser Definition: siehe (1.2.10).)

Die in (1.2.8) gewählte Bezeichnung "Stichprobenplan/-Verfahren" für $P_{(n)}$ wird durch folgenden Sachverhalt gerechtfertigt:

(1.2.9) Zu jeder W-Verteilung (1.2.7) gibt es ein technisches Verfahren der Stichprobenziehung, das die W-Verteilung "realisiert": bei Anwendung dieses technischen Verfahrens tritt jedes Ergebnis mit der gemäß der W-Verteilung vorgegebenen Wahrscheinlichkeit ein.

Zum Beweis: siehe GODAMBE (1965), Theorem 1 S.246.

Das vielleicht bekannteste Beispiel zu (1.2.9) ist folgendes: Für $P_{(n)}(\underline{v}) = 1/N^n$ lautet das technische Verfahren "Ziehe n Elemente aus G nacheinander mit Zurücklegen nach jedem Zug und ohne Bevorzugung irgend eines Elements". Siehe hierzu auch 2.1 und 2.3, insbesondere (2.3.2)(1).

Wir werden zu den gebräuchlichsten Verteilungen/Verfahren an jeweils geeigneter Stelle Techniken der Realisierung angeben. (Siehe z.B. 2.3, (3.1.9), 4.2, 4.4.)

(1.2.10) Bemerkung: In (1.2.8) sind offenbar nur Stichproben mit vorgegebener fester Länge subsummiert. Will man auch variable Stichprobenlängen zulassen, muß man statt G^n die Vereinigungsmenge $G \cup G^2 \cup G^3 \cup \ldots$ zugrunde legen; denn diese Vereinigungsmenge besteht aus allen endlichen Folgen (beliebiger (!) Länge) mit Komponenten in G. Nicht alle in den folgenden Kapiteln dargestellten Verfahren lassen sich -- streng genommen -- unter (1.2.8) einordnen; dennoch kommen wir mit (1.2.8) aus und verzichten auf die Präzisierung von Stichproben mit variabler Länge.

Wir wenden uns nun dem eigentlichen Gegenstand unseres Interesses zu, dem "Untersuchungsmerkmal" Y, seinem Mittelwert μ, seiner Varianz σ^2. Wir präzisieren:

(1.2.11) Definition:
Ein Merkmal Y ist eine Zuordnung von G in die reellen Zahlen $\mathbb{R}$; kurz: $Y : G \dashrightarrow \mathbb{R}$. Aufgrund der Anmerkung nach (1.2.7) können wir auch sagen: ein Merkmal ist eine auf G definierte Zufallsvariable. Die reelle Zahl $y_j = Y(u_j)$ resp. $y = Y(u)$ heißt Merkmalswert des Elements $u_j \in G$ resp. $u \in G$. Ferner ist

(1.2.12) $\mu = \frac{1}{N}\sum_{j=1}^{N} y_j = \frac{1}{N}\sum_{u \in G} Y(u)$

der Mittelwert von Y (in G),

(1.2.13) $\sigma^2 = \frac{1}{N}\sum_{j=1}^{N} (y_j - \mu)^2 = \frac{1}{N}\sum_{u \in G} (Y(u) - \mu)^2$

die Varianz (oder Streuung) von Y (in G),

(1.2.14) $\sigma^{*2} = \frac{N}{N-1}\sigma^2 = \frac{1}{N-1}\sum_j (y_j - \mu)^2$

die korrigierte Varianz (Streuung) von Y (in G).

Bekannt und oft benutzt ist die Zerlegung

(1.2.15) $\sigma^2 = \frac{1}{N}\sum_{j=1}^{N} y_j^2 - \mu^2$.

Gelegentlich fassen wir die y_j^2 als Werte des Merkmals Y^2 auf, das durch $Y^2(u) = (Y(u))^2$ definiert ist. Analoges gilt für andere Funktionen eines Merkmals oder auch mehrerer Merkmale.

Ein Untersuchungsmerkmal/ Erhebungsmerkmal zeichnet sich von anderen Merkmalen dadurch aus, daß seine Werte auf der Stichprobe erhoben werden. Wir präzisieren:

(1.2.16) Definition:

Es sei Y ein Merkmal auf G; dann lassen sich auf G^n n Zufallsvariable $Y_1,\ldots,Y_n$ definieren durch

(1.2.17) $Y_j(\underline{v}) = Y(v_j)$ für $\underline{v} = (v_1,\ldots,v_n) \in G^n$.

Ist $\underline{U}$ eine Stichprobe aus G der Länge n, so setzen wir

(1.2.18) $Y_j = Y_j(\underline{U}) = Y(U_j)$ für $\underline{U} = (U_1,\ldots,U_n)$.

$\underline{Y} = (Y_1,\ldots,Y_n)$ heißt Stichprobe aus Y.

Die Verteilung $P_{(n)}$ auf G^n erzeugt in der üblichen Weise eine Verteilung von $\underline{Y}$ gemäß

(1.2.19) $P_{\underline{Y}}(\underline{y}') = P_{(n)}(\underline{Y} = \underline{y}')$ für $\underline{y}' \in \mathbb{R}^n$, $\underline{y}' = (y_1',\ldots,y_n')$,

wobei wir die abgekürzte Schreibweise

$$P_{(n)}(\underline{Y} = \underline{y}') = P_{(n)}\{\underline{v} : (Y_1(\underline{v}),\ldots,Y_n(\underline{v})) = (y_1',\ldots,y_n')\}$$
$$= P_{(n)}\{\underline{v} : (Y(v_1),\ldots,Y(v_n)) = (y_1',\ldots,y_n')\}$$

benutzen. Analog erzeugt eine Verteilung P auf G eine Verteilung von Y: $P_Y(y) = P(Y = y)$. Von besonderem Interesse wird die uniforme Verteilung auf G sein, die wir stets mit P_o bezeichnen und für die gilt:

(1.2.20) $P_o(u_i) = 1/N$ für $i=1,\ldots,N$ resp. $P_o(u) = 1/N$ für alle $u \in G$.

Eine nur von <u>Y</u> abhängende Zufallsvariable auf G^n heißt <u>Statistik</u>. Von besonderer Wichtigkeit werden sein:

(1.2.21) $\bar{Y} = \frac{1}{n}\sum_{i=1}^{n} Y_i$, das <u>arithmetische</u> <u>Mittel</u> (auch kurz <u>Stichprobenmittel</u> genannt),

(1.2.22) $S^2 = \frac{1}{n}\sum_{i=1}^{n} (Y_i - \bar{Y})^2$, die <u>Stichprobenstreuung</u>,

(1.2.23) $S^{*2} = \frac{n}{n-1} S^2 = \frac{1}{n-1}\sum_{i=1}^{n} (Y_i - \bar{Y})^2$, die <u>korrigierte</u> <u>Stichprobenstreuung</u>/-<u>Varianz</u>.

Bekannt und häufig benutzt ist die Zerlegung:

(1.2.24) $S^2 = \frac{1}{n}\sum_i Y_i^2 - \bar{Y}^2$.

Gelegentlich werden wir μ , σ^2, S^2 etc... mit dem Index Y versehen und μ_Y, σ_Y^2, S_Y^2 (etc...) schreiben, um eventuelle Mißverständnisse zu vermeiden, wenn von mehreren Merkmalen die Rede ist.

1.3 <u>EINIGE TYPEN VON AUSGANGSSITUATIONEN</u>.

Wir schildern in diesem Abschnitt einige Typen von Situationen, die das anzuwendende Stichprobenverfahren teilweise oder ganz bestimmen resp. nahe legen, sei es aus "technischen" Gründen, sei es, weil bestimmte Verfahren in bestimmten Situationen besonders günstig sind.

(1.3.1) <u>Situations-Typ 1</u>.
Alle Elemente von G sind in einer "Datei" verfügbar und können ohne Probleme mit den Nummern ("Adressen" oder "Adressen-Nummern") 1,2,...,N versehen werden. Eine Auswahl aus G kann dann unmittelbar aus G dadurch vorgenommen werden, daß aus den Nummern 1,...,N ausgewählt und jede Nummer mit dem zugehörigen Element in G "identifiziert" wird.

<u>Beispiel</u>: G = Studenten einer bestimmten Universität, N = 20 000. Das Studentensekretariat hat die Adressen (zu denen natürlich jeweils der Name gehört!) und kann sie mit den Zahlen 1,...,N versehen, gegebenenfalls "verschlüsselt" mit Hilfe der Matrikelnummer.

<u>Schematische Darstellung</u>

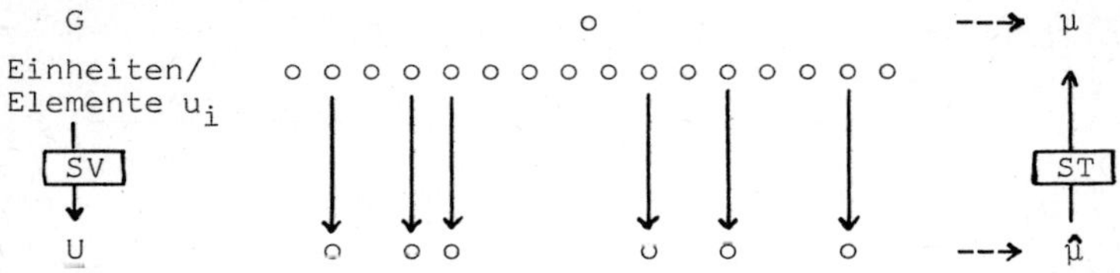

Die Behandlung dieser wohl elementarsten Situation findet man in Kapitel 2 unter der Annahme, daß alle Elemente von G gleich "wichtig" sind und daher keine Elemente bei der Ziehung bevorzugt werden. Kapitel 4 hingegen behandelt die Situation (1.3.1) unter der zusätzlichen Annahme, daß verschiedenen Elementen in G auch verschiedene Bedeutung zukommt und daß folglich die Wahrscheinlichkeit, mit der ein bestimmtes $u \in G$ in der Stichprobe vorkommt, von diesem u abhängt. In diesem Fall muß man zusätzliche Informationen über die "Bedeutung" der einzelnen Elemente in G haben.

(1.3.2) <u>Situations-Typ 2</u>.
Die Gesamtheit G ist in Teilgesamtheiten zerlegt resp. "organisiert" (wie z.B. die Bundesrepublik in Bundesländer). Wir bezeichnen diese Teilgesamtheiten mit $G_1,...,G_k$. Liegen nur für die G_i Dateien vor (resp. lassen sich nur für diese G_i "Dateien" relativ problemlos erstellen), nicht jedoch für G insgesamt, ist es zweckmäßig, die Gesamtstichprobe $\underline{U}$ aus Teilstichproben zusammen-zu-setzen, wobei aus jedem G_i genau eine Teilstichprobe zu ziehen ist. Dieses Vorgehen (das aus organisatorischen Gründen unumgänglich sein kann) ist

besonders dann vorteilhaft, wenn jede Teilgesamtheit G_i möglichst "homogen" bezüglich des Untersuchungsmerkmals Y ist, d.h. wenn Y in jedem G_i nur "wenig" schwankt. Man könnte dann auch sagen, daß Y gleichsam "schichtenspezifisch" ist in den "Schichten" $G_1,\ldots,G_k$. (Man denke etwa an "soziale" Schichten und damit verknüpftes "schichtenspezifisches" Verhalten bestimmter Charakteristika/Merkmale.) Unabhängig davon, wie "homogen" Y in den G_i nun wirklich ist, hat sich der Name <u>Schichten</u> für $G_1,\ldots,G_k$ eingebürgert.

Um eine solche "geschichtete Stichprobe" zu ziehen (i.e. eine Stichprobe, die aus Teilstichproben zusammengesetzt ist, wobei aus jeder Schicht genau eine Teilstichprobe stammt), muß natürlich jede Schicht G_i für eine Ziehung "verfügbar" sein -- wie dies von G in (1.3.1) verlangt wurde. (Stichworte: Verfügbarkeit von "Adressen", leicht anzuordnen etc...)

<u>Beispiel</u>: G = Einwohner der Bundesrepublik, G_i = i-tes Bundesland. Vielleicht ist (in gewissem Grad) das Merkmal Y = jährlicher Weinkonsum "schichtenspezifisch" in den Schichten = Bundesländern?!
<u>Beispiel</u>: In der amtlichen Statistik kommt eine Schichtung nach Bundesländern bei Stichproben außerordentlich häufig vor. (Siehe z.B. STAT.B.A. (1976),"Arbeitsgebiet" S.374ff.)
<u>Beispiel</u>: G = Einwohner einer Stadt, G_i = Einwohner des i-ten Stadtteils, Y = Ausgaben für Wohnen. Läßt sich jedem Stadtteil eine bestimmte "Wohnqualität" zuordnen, so wird Y in den Schichten G_i "homogen" sein.

In Kapitel 3 werden die hier angedeuteten "geschichteten" Stichproben behandelt. Ferner wird untersucht, wie man auch in der unter (1.3.1) geschilderten Situation und nach Ziehung einer "einfachen", nicht geschichteten Stichprobe versuchen kann, die Vorteile einer geschichteten Stichprobe zu nutzen (Stichworte: Nachträgliche Schichtung,

Quoten-Stichproben.)

Schematische Darstellung

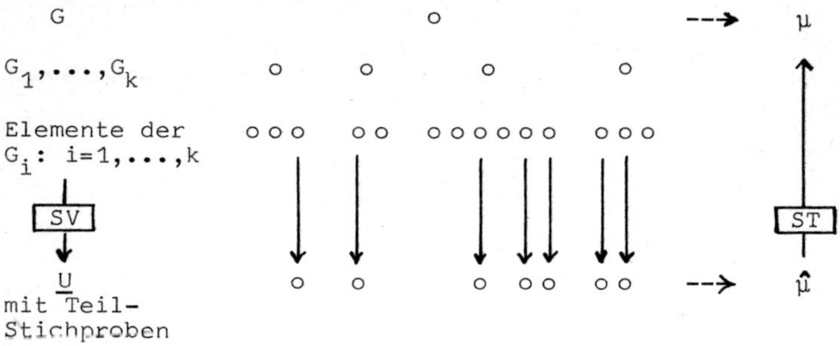

(1.3.3) Situations-Typ 3.
Es kann zweckmäßig sein, die Stichprobe nicht durch das Ziehen einzelner Elemente (sei es aus G oder sei es aus Schichten) zu gewinnen sondern durch das Ziehen ganzer Gruppen von Elementen. Solche für die Ziehung zur Verfügung stehenden bzw. gebildeten Gruppen heißen dann auch "Klumpen".

Es gibt im wesentlichen drei Gründe für ein solches Vorgehen:
(1) Kostengesichtspunkte. Liegen die Elemente einer Gruppe (eines Klumpens) "nahe" beieinander, so kann der "Interviewer" alle Elemente eines Klumpens "leicht" erreichen, wenn er erst einmal ein Element befragt hat. Dadurch werden "Wegekosten", Zeit etc... gespart.
Beispiel: G = die Studenten einer bestimmten Universität; die Klumpen seien mit Hilfe von Veranstaltungen (wie Vorlesung, Seminar etc...) definiert in z.B. folgender Weise: es gebe genau R-1 "Veranstaltungen" Montags, 10 bis 12 Uhr; jeder Student kann an höchstens einer dieser Veranstaltungen teilnehmen. Setze dann: "i-ter Klumpen" = Teilnehmer der i-ten Veranstaltung, i=1,...,R-1;"R-ter Klumpen" = "Sonstige, die an keiner der R-1 Veranstal-

tungen teilnehmen". Die Erhebung bei den Elementen eines Klumpens könnte "leicht" erfolgen durch austeilen/ ausfüllen lassen/ einsammeln von Fragebögen in/vor/nach einer Veranstaltung. Lediglich beim R-ten Klumpen müßte jedes Element einzeln besucht werden.

(2) Ist jeder Klumpen ein guter "Repräsentant" (bezüglich des Untersuchungsmerkmals Y) für die gesamte Population G, d.h. spiegeln sich die"Y-Verhältnisse" von G in jedem Klumpen getreu wieder (Präzisierungen erfolgen an geeigneter Stelle in Kapitel 5), so kann die Schätzung des Mittelwertes von Y in G von den Mittelwerten in den untersuchten/erhobenen Klumpen profitieren.

(3) Liegen keine "Dateien", Gruppierungen, Strukturierungen der Population G vor, so wird man notfalls "künstlich" Gruppierungen erzeugen, sodann für weitere Untersuchungen einige Gruppen auswählen, die ausgewählten Gruppen abermals strukturieren in Gruppen etc.. etc... Auf diese Weise kann man schließlich zu so "kleinen", "überschaubaren" Klumpen kommen, daß die Erhebung von Y nunmehr mit vertretbarem Aufwand zu bewerkstelligen ist. Beim Durchlaufen einer solchen Hierarchie von Strukturierungen/ Gruppierungen reden wir von "mehrstufigen (Klumpen-)Stichproben".

<u>Schematische Darstellung</u>.

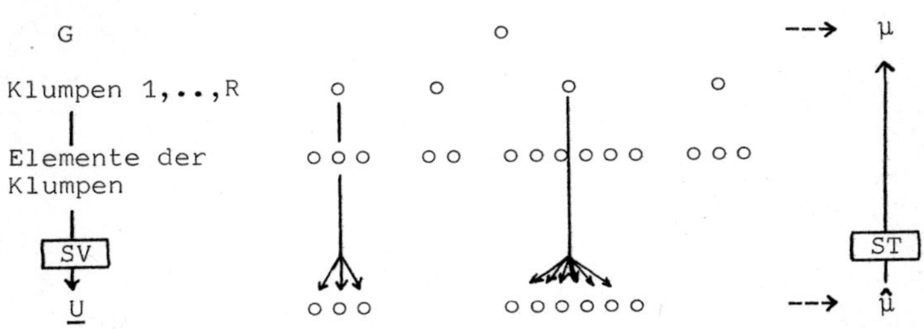

(Vergleiche hierzu (1.3.2) und die dortige schematische Darstellung!)

Kapitel 5 behandelt die unter (1.3.3) geschilderten "Klumpenstichproben". Dabei machen wir uns Ergebnisse aus dem 4. Kapitel zu nutze, da aufgrund unterschiedlicher Größen der Klumpen (z.B. Einwohnerzahlen der Gemeinden) die Stichprobenziehung oft nicht mehr mit "gleichen Chancen für alle" erfolgt resp. erfolgen sollte.

(1.3.4) Situations-Typ 4.
Oft kann man davon ausgehen, daß das Untersuchungsmerkmal Y in einem (mehr oder weniger engen) Zusammenhang steht mit einem anderen Merkmal X, über das gewisse "brauchbare" Informationen bereits vorhanden sind. Typisch ist die Situation, in der

X = Merkmal M z.Zt. t_o,
Y = Merkmal M z.Zt. t_1

mit $t_o < t_1$ ist. Als Beispiel könnte man anführen: M = "Wahlverhalten" eines Wahlberechtigten bei Bundestagswahlen, $t_o = 1976$, $t_1 = 1980$. Ein weiteres Beispiel könnte sein: M = Investitionsvolumen eines Unternehmens pro Jahr, $t_o = 1979$, $t_1 = 1980$.

Wir gehen davon aus, daß stets μ_X = Mittelwert von X in G bekannt ist. Ferner wird ein im wesentlichen linearer Zusammenhang zwischen X und Y unterstellt. Die damit verbundenen Interpretations- und Präzisierungsprobleme werden in Abschnitt 6.5 ausführlich behandelt. In den Abschnitten 6.1 bis 6.4 werden verschiedene Verfahren vorgestellt, μ_Y zu schätzen unter Ausnutzung der Kenntnis über μ_X und über die Koeffizienten in der linearen Relation zwischen μ_X und μ_Y. Hinsichtlich der Verfügbarkeit von G für eine Stichprobenziehung betrachten wir lediglich die in Typ 1 (1.3.1) geschilderte Situation. Modifikationen für Typ 2 (1.3.2) sind leicht möglich (und in der Literatur ausführlich dargestellt; cf. COCHRAN (1972) S.200 ff), unterbleiben hier jedoch aus Raum-Gründen.

Schematische Darstellung

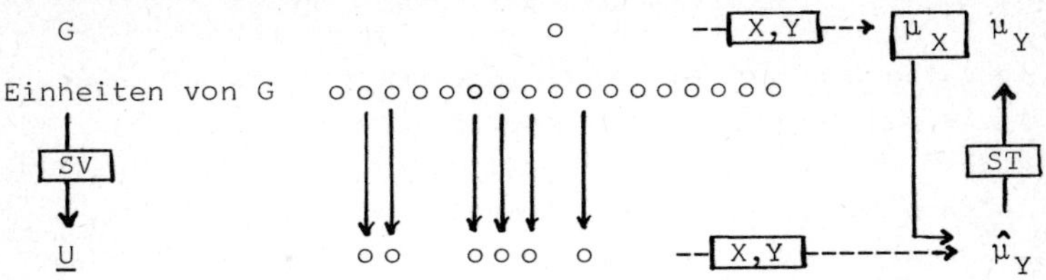

(1.3.5) Situations-Typ 5.

In der soeben in (1.3.4) geschilderten Situation kann es oft vorkommen, daß zwar μ_X nun doch nicht bekannt ist, daß jedoch die Erhebung von X -- im Vergleich mit der Erhebung von Y -- außerordentlich leicht, preiswert, schnell etc... zu bewerkstelligen ist. Eine "lange" Stichprobe für die Erhebung von X allein und für die dann mögliche "zuverlässige" Schätzung von μ_X erscheint dann angebracht. Die eigentliche Stichprobe für die vergleichsweise "aufwendige", langwierige (etc..) Erhebung von Y wird eher "kurz" sein.

Ein ähnliches Problem liegt vor, wenn in (1.3.2) die "Schichten" $G_1,\ldots,G_k$ mit Hilfe eines "Schichtungsmerkmals" X definiert sind, die G_i jedoch nicht explizit vorliegen und verfügbar sind. Als Beispiel betrachte man das "Schichtungsmerkmal" X: X(u) = 1, falls u Raucher ist, X(u) = 0, falls u Nichtraucher ist. Es macht i.a. keine Mühen festzustellen, ob jemand Raucher oder Nichtraucher ist. Die Erhebung von Y = Zustand der Lunge/Atemwege ist jedoch i.a. mit erheblichem Aufwand verbunden. Die Schichten G_1 = "Raucher", G_2 = "Nichtraucher" sind i.a. für eine Stichprobenziehung und Erhebung von Y nicht verfügbar. Man kann sich jedoch helfen, indem man eine "lange" Stichprobe aus G zieht -- sie werde mit $\underline{U}'$ bezeichnet --, auf dieser Stichprobe $\underline{U}'$ das Merkmal X erhebt und so eine Schichtung von $\underline{U}'$ in G_1' = Raucher von $\underline{U}'$, G_2' = Nichtraucher von $\underline{U}'$ erhält; aus $\underline{U}'$ mit Schichtung G_1', G_2'

ziehe man nun eine kurze geschichtete Stichprobe (siehe (1.3.2)) für die Erhebung von Y.

Bisweilen benötigt man solche "Doppelstichproben" nicht, um die Schichten G_i für eine Stichproben-ziehung "verfügbar" zu machen, sondern um die <u>Quoten</u> q_i = "Anzahl der Elemente in G_i/Anzahl der Elemente in G" zu schätzen. Das 7. Kapitel befaßt sich mit den hier skizzierten Problemen. Für die eingangs hier in (1.3.5) geschilderte Problemlage der Schätzung von μ_X aufgrund von <u>U</u>' läßt sich die Situation verdeutlichen -- auch im Gegensatz zur Darstellung in (1.3.4) -- durch folgende

<u>Schematische Darstellung</u>.

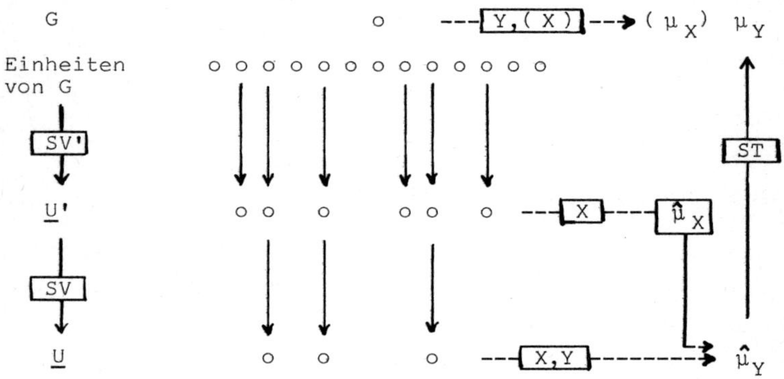

In der Praxis werden i.a. kompliziertere Situationen vorliegen als die in diesem Abschnitt geschilderten. Dennoch dürfte eine Orientierung an den geschilderten "Typen" zumindest in Teilbereichen instruktiv und von Nutzen sein. Auch wenn oft "neue" Verfahren in neuen Situationen vonnöten sind, bleibt doch die Kenntnis der "alten" unerläßlich. (An dieser Stelle sei der Leser auf KELLERER (1963) und RAJ (1972) verwiesen.)

1.4 ZUR BEURTEILUNG VON SCHÄTZVERFAHREN.

Eine Schätzung $\hat{\mu}$ von $\mu = \mu_Y$ wird durch das Stichprobenergebnis $\underline{v}$ für $\underline{U}$ und durch die Werte, die Y diesem Ergebnis $\underline{v}$ zuordnet, bestimmt. Setzen wir

(1.4.1) $\underline{y}' = (y_1',..,y_n')$ mit $y_i' = Y(v_i)$, $\underline{v} = (v_1,...,v_n)$,

so können wir mit (1.2.17) und (1.2.18) zunächst sagen:

(1.4.2) Ist $\underline{U} = \underline{v}$, so ist $\underline{y}'$ der Wert von $\underline{Y}$ (mit (1.4.1));

sodann stellen wir fest: eine Schätzung $\hat{\mu}$ für μ wird durch eine Funktion gegeben -- die wir ebenfalls mit $\hat{\mu}$ bezeichnen --, die mit folgender "Interpretation" (oder "Lese-Anweisung", "Handlungsanweisung") verbunden wird:

(1.4.3) $\hat{\mu}(\underline{y}',\underline{v})$ = Schätzwert für μ, falls $\underline{U} = \underline{v}$ ist (mit (1.4.2)).

(1.4.4) Definition:
Eine Funktion $\hat{\mu} = \hat{\mu}(\underline{Y},\underline{U})$ (mit (1.2.18)) heißt Schätzfunktion für μ, wenn für ihre Werte $\hat{\mu}(\underline{y}',\underline{v})$ die Anweisung (1.4.3) gilt.

Bemerkung: In der Notation (1.4.3)/(1.4.4) ist ausdrücklich festgehalten, daß $\hat{\mu}$ nicht nur über $\underline{Y}$ von $\underline{U}$, sondern auch noch direkt von $\underline{U}$ abhängt resp. abhängen kann. Dies ist ein wichtiger Unterschied zur (allgemeinen) statistischen Schätztheorie (die sich nicht auf endliche Populationen bezieht), in der eine "Schätz-Statistik" nur von $\underline{Y}$ abhängen würde (siehe z.B. POKROPP (1977) (9.1.2)).(Dieser Unterschied wird noch Folgen haben. Siehe (1.4.11).)

Natürlich ist eine Schätzfunktion $\hat{\mu}$ eine auf G^n erklärte Zufallsvariable (in laxer Notation: $\hat{\mu}(\underline{v}) = \hat{\mu}(\underline{y}',\underline{v})$ mit $\underline{y}'$ aus (1.4.1)); die Verteilung dieser Variablen wird durch den Stichprobenplan $P_{(n)}$ erzeugt; sie hängt überdies von den N "Parametern" $y_1,\dots,y_N$ (= Werte von Y auf G) ab.

In den folgenden Kapiteln werden verschiedene Stichprobenverfahren $P_{(n)}$ geschildert, und zu jedem $P_{(n)}$ wird wenigstens eine Schätzfunktion $\hat{\mu}$ angegeben; es werden also jeweils Paare der Form $(P_{(n)}, \hat{\mu})$ vorliegen.

(1.4.5) <u>Definition</u>:

Ein Paar $(P_{(n)}, \hat{\mu})$ heißt <u>Strategie</u>, wenn $\hat{\mu}$ eine Schätzfunktion im Sinne (1.4.4) und $\underline{U}$ eine Stichprobe zum Stichprobenplan $P_{(n)}$ ist.

Um die "Brauchbarkeit" bzw. "Güte" einer Schätzfunktion $\hat{\mu}$ (oder einer Strategie) zu beurteilen, werden wir jeweils ganz oder teilweise folgende Fragen untersuchen:

(1) Ist $\hat{\mu}$ eine "unverzerrte" (siehe (1.4.6)) Schätzung?

(2) Wie groß ist die Varianz von $\hat{\mu}$?

(3) Wie läßt sich die (i.a. auch unbekannte) Varianz von $\hat{\mu}$ schätzen?

(1.4.6) <u>Definition</u>:

Eine Schätzfunktion $\hat{\mu} = \hat{\mu}(\underline{Y},\underline{U})$ heißt <u>unverzerrt</u> (oder <u>erwartungstreu</u>) <u>für</u> μ, falls gilt: $E_{P_{(n)}}(\hat{\mu}) = \mu$.

Hierbei ist $E_{P_{(n)}}$ der Operator der Erwartungswertbildung bei Vorliegen des Stichprobenplans $P_{(n)}$:

(1.4.7) $E_{P_{(n)}}(\hat{\mu}) = \sum_{\underline{v}} \hat{\mu}(\underline{y}',\underline{v}) P_{(n)}(\underline{v})$ (mit (1.4.1)),

wobei $\sum_{\underline{v}} = \sum_{\underline{v}:\underline{v} \in G^n}$ ist.

In Worten: $\hat{\mu}$ heißt unverzerrt (für μ), wenn der "Durchschnitt" aller möglichen Werte von $\hat{\mu}$ (gewichtet gemäß der durch $P_{(n)}$ erzeugten Verteilung von $\hat{\mu}$) gleich dem zu schätzenden Parameter μ ist.

Statt $E_{P_{(n)}}(\hat{\mu})$ werden wir meistens kurz $E(\hat{\mu})$ schreiben, falls keine Mißverständnisse zu befürchten sind. Gelegentlich jedoch wird es hilfreich sein, auch notationell und explizit anzugeben, über welchen Bereich mit welcher Verteilung eine Erwartungswertbildung erfolgt. Dies ist insbesondere dann der Fall, wenn eine Stichprobenziehung in mehreren "Schritten" erfolgt und auf "Zwischenstufen" "bedingte" Erwartungen auftreten. (Siehe hierzu auch die Erörterungen im Mathematischen Anhang im Anschluß an (M.2.6).)

(1.4.8) Bemerkung: Offenbar ist Unverzerrtheit (1.4.6) ein Begriff, der sich eigentlich auf eine Strategie (!) $(P_{(n)}, \hat{\mu})$ bezieht und nicht auf $\hat{\mu}$ allein! Wir schließen uns jedoch der gängigen Terminologie an und reden lediglich von der Unverzerrtheit einer Schätzfunktion; es wird dann jeweils klar sein, welcher Stichprobenplan $P_{(n)}$ zugrunde liegt und folglich von welcher Strategie die Rede ist. Analoges ist bezüglich des im folgenden definierten mittleren quadratischen Fehlers und der Varianz zu vermerken.

(1.4.9) Definition:

$MSE_{P_{(n)}}(\hat{\mu}) = E_{P_{(n)}}((\hat{\mu} - \mu)^2)$ heißt mittlerer quadratischer Fehler von $\hat{\mu}$ (für μ). (MSE steht für Mean Square Error.)

$Var_{P_{(n)}} \hat{\mu} = E_{P_{(n)}}((\hat{\mu} - E_{P_{(n)}}(\hat{\mu}))^2) = E(\hat{\mu}^2) - (E(\hat{\mu}))^2$ heißt Varianz von $\hat{\mu}$.

$B_{P_{(n)}}(\hat{\mu}) = E_{P_{(n)}}(\hat{\mu}) - \mu$ heißt Verzerrung von $\hat{\mu}$ (für μ). (B steht für Bias.)

Wir verzichten i.d.Regel auf das Subscript $P_{(n)}$; gelegentlich jedoch wird es -- wie in (1.4.9) -- explizit aufgeführt. Offenbar sind MSE, Var, B Operatoren, die sich auf Strategien (1.4.5) und nicht nur auf Schätzfunktionen (1.4.4) beziehen. (Siehe (1.4.8).)

Zwischen den in (1.4.9) definierten Größen läßt sich leicht folgende Relation nachweisen:

(1.4.10) $MSE(\hat{\mu}) = Var\,\hat{\mu} + B^2(\hat{\mu})$ (mit $B^2(\hat{\mu}) = (B(\hat{\mu}))^2$).

Bei einer unverzerrten Schätzfunktion $\hat{\mu}$ ist $B(\hat{\mu}) = 0$ und daher $MSE(\hat{\mu}) = Var\,\hat{\mu}$. Zuweilen liegt nur eine "asymptotische" Unverzerrtheit vor: geht die Stichprobenlänge n gegen ∞, so geht die Verzerrung B (meistens "sehr schnell"; siehe Abschnitt M.4 mit (3.5.5), (3.5.6), (3.5.7), (3.5.8)) gegen Null. Solche unverzerrten oder zumindest asymptotisch unverzerrten Schätzfunktionen spielen in den folgenden Kapiteln die Hauptrolle. Wir betrachten daher in der Regel die Varianz (statt MSE), wenn wir über die "Güte" eines Schätzers Aufschluß haben wollen. (Siehe auch (8.1.1) bis (8.1.6).)

Man kann fragen, in welchem Sinne eine Strategie eine "beste" ist und wie man "beste" Strategien -- sofern sie überhaupt existieren -- konstruieren kann. Damit befindet man sich zunächst innerhalb der Fragestellungen der "klassischen" (allgemeinen) statistischen Schätztheorie. Dennoch ist zu bemerken:

(1.4.11) die Ergebnisse der allgemeinen statistischen Schätztheorie (hinsichtlich Existenz und Konstruktion "bester" Schätzer) lassen sich nicht ohne weiteres auf Strategien in der Stichprobentheorie (1.4.5) resp. auf Schätzfunktionen in der Stichprobentheorie (1.4.4) übertragen.

Ohne (1.4.11) genauer zu formulieren und nachzuweisen, sei doch ein zumindest intuitiv einleuchtendes Argument zur Illustration und Untermauerung von (1.4.11) genannt:

Im Gegensatz zur allgemeinen Schätztheorie geht in einen Schätzer $\hat{\mu}$ (1.4.4) nicht nur die Stichprobe $\underline{Y}$ aus Y (siehe (1.2.18)) ein, sondern auch die Stichprobe $\underline{U}$ selbst. Hat man das Ergebnis $\underline{U} = \underline{v}$ und hat man $\underline{Y} = \underline{y}'$ (mit (1.4.1)), so kann z.B. der Fall $y_1' = y_2'$ zwei verschiedene Gründe haben:

(1) es ist $Y(v_1) = Y(v_2)$, jedoch $v_1 \neq v_2$;

(2) es ist $v_1 = v_2$ und daher $Y(v_1) = Y(v_2)$.

Die allgemeine Schätztheorie könnte (1) und (2) nicht unterscheiden; die in dieser Unterscheidungsmöglichkeit zusätzlich enthaltene Information geht nur in einen Schätzer (1.4.4) ein. Eine Folge davon ist, daß ein in der "klassischen" Schätztheorie "bester" Schätzer in der Stichprobentheorie nicht mehr ein "bester" Schätzer sein muß. (Siehe z.B. Satz (2.6.2).)

Die in den folgenden Kapiteln vorgestellten Schätzer/ Strategien werden -- ohne daß wir das dann jeweils feststellen werden -- i.d.Regel "gute" Eigenschaften haben; sie werden z.B. "zulässig" (also nicht übertroffen durch "bessere" Schätzer) sein oder auch in gewissem Sinne "beste". Eine genauere Erörterung der Eigenschaften von Schätzfunktionen

(1) in der "klassischen" Schätztheorie (wie sie etwa in FERGUSON (1967) enthalten ist) und

(2) in der Stichprobentheorie (wie man sie u.a. bei GODAMBE/JOSHI (1965), JOSHI (1965a), (1965b), (1968b), (1979a) findet)

würde den Rahmen dieses Buches weit überschreiten. (Der Leser sei auf CASSEL/SÄRNDAL/WRETMAN (1977) verwiesen.) Über die "Parameter" $y_1,\dots,y_N$ -- also die Werte von Y auf G -- werden in den folgenden Kapiteln keine weiteren Voraussetzungen gemacht (cum grano salis). Insbesondere werden keine "Verteilungsannahmen" über $y_1,\dots,y_N$ eingeführt. Das müßte nicht so sein! Man erhält wichtige (neue) Schätzverfahren (und Beurteilungs-Kriterien), wenn man Verteilungsannahmen über die y_j oder zumindest über μ zuläßt. Man kann auf diese Weise zu "Super-Populations-Modellen" kommen (die auch in Abschnitt 6.5 angesprochen sind) oder zur "Bayes'schen Schätztheorie" (wie sie z.B. in BAMBERG (1976) betrieben wird) gelangen.

Obgleich die Stichprobenlänge n im Stichprobenplan $P_{(n)}$ (1.2.7)/(1.2.8) -- und damit in Varianz, MSE und Verzerrung (1.4.9) -- fest vorgegeben ist, bleibt doch einstweilen die Frage offen:

(1.4.12) wie ist n (=Stichprobenlänge) zu bestimmen?

Man muß nämlich davon ausgehen, daß die Ziehung einer Stichprobe $\underline{U}$ (und die Erhebung von Y auf $\underline{U}$) Kosten verursacht, die man möglichst gering halten will. Hat man eine Kostenfunktion

(1.4.13) C(n) = Kosten für die Ziehung einer Stichprobe $\underline{U}$ der Länge n (und Erhebung von Y auf $\underline{U}$),
C(n) monoton (echt) wachsend in n,

unterstellt man ferner, daß

(1.4.14) $\text{Var}_{P_{(n)}} \hat{\mu}$ resp. $\text{MSE}_{P_{(n)}} \hat{\mu}$: monoton (echt) fallende Funktion in n

ist, so kann man eine Antwort auf (1.4.12) offenbar nur dann vorschlagen, wenn man angibt, wie wichtig die Minimierung von C(n) (1.4.13) im Vergleich zur Minimierung von Varianz resp. MSE (1.4.14) ist!

In der Stichprobentheorie (wie auch in der "klassischen" (allgemeinen) statistischen Schätztheorie) ist das in (1.4.12) mit (1.4.13), (1.4.14) angesprochene Problem bislang kaum systematisch behandelt worden. Einen Vorschlag hierzu findet man seit kurzem bei THEUERKAUF (1980) (im 3.Kapitel). Im vorliegenden Buch enthält zunächst das dritte Kapitel (Teil-)Überlegungen zur Wahl der Stichprobenlänge. Die systematische Erörterung von (1.4.12) wird jedoch erst in Kapitel 8 gegeben. Für die in den folgenden Kapiteln vorgestellten Strategien werden insbesondere im Abschnitt 8.4 Bestimmungen von "optimalen" Stichprobenlängen vorgenommen. Es sollte dem Leser keine Schwierigkeiten bereiten, die dortigen Überlegungen auch für die Anwendung -- die Bestimmung der Stichprobenlänge in praktischen Problemen -- zu nutzen.

============

LITERATURHINWEISE.

Bemerkung: Ein großer Teil der im folgenden angegebenen Literatur befaßt sich mit grundlegenden Problemen der Stichprobentheorie, die die Eigenschaften der in den Kapiteln 2 bis 7 behandelten Strategien betreffen. Die Kenntnis der Stichprobentheorie/-Verfahren ist dafür fast unerläßlich. Dem Leser (der die Stichprobentheorie nicht schon kennt) wird daher empfohlen, diese Literatur im ersten Durchgang zu übergehen und erst später (z.B. nach der Lektüre des Buches) darauf zurück zu kommen.

Bücher:
CASSEL/SÄRNDAL/WRETMAN (1977); KELLERER (1963); RAJ (1972); STATISTISCHES BUNDESAMT (1976) S.374 ff.

Zeitschriftenartikel:
DALENIUS (1962); FRANK (1970); GODAMBE (1965); GODAMBE/JOSHI (1965); JOSHI (1965a),(1965b),(1968b),(1971a),(1971c),(1979a),(1979b); KARLIN (1974); KISH/FRANKEL (1974); KRUSKAL/MOSTELLER (1979a),(1979b),(1979c); LANKE (1973); MORIMOTO (1973); ROYALL (1968),(1970a); SÄRNDAL (1976); SMITH (1976); SOLOMON/ZACKS (1970); STENGER (1972b),(1973),(1974a),(1979a),(1979b)

2. EINFACHE ZUFALLS-STICHPROBEN.
(Simple Random Sampling)

Gegeben sei die Population G mit $\#(G) = N$. Y sei ein Merkmal auf G mit Mittelwert μ und Streuung σ^2. (Zur Notation: siehe Abschnitt 1.2.) Es liege die in (1.1.1) geschilderte Ausgangssituation vor. Da nun nach Voraussetzung die Elemente von G verfügbar (und angeordnet) sind, läßt sich das "Zufallsexperiment" "Ziehe n Elemente aus G" ausführen, und zwar in den beiden Versionen "mit Zurücklegen" und "ohne Zurücklegen". (Die technische Ausführung dieses Zufallsexperiments wird in 2.3 beschrieben.) Beim Ziehen mit Zurücklegen wird nach jedem Zug das gezogene Element wieder zur Population G gefügt, so daß für den nächsten Zug G vollständig und unabhängig von vorausgegangenen Ergebnissen zur Verfügung steht. Bei der Ziehung ohne Zurücklegen steht ein gezogenes Element für weitere Züge nicht mehr zur Verfügung. (Einstweilen mag man sich die Ziehungen mit Hilfe einer "Fee" und nummerierten Zetteln 1,...,N in einer Lostrommel vorstellen.)

Wir behandeln in Abschnitt 2.1 die Stichproben mit Zurücklegen, in 2.2 die ohne Zurücklegen. In 2.4 geben wir eine gemeinsame Darstellung beider Verfahren, die vor allem im Hinblick auf spätere Kapitel von Interesse ist. Die Stichproben werden benutzt, um den Mittelwert μ durch eine geeignete Schätzfunktion $\hat{\mu}$ zu schätzen und um die Varianz von $\hat{\mu}$ zu schätzen. Abschnitt 2.5 behandelt als Spezialfall die Schätzung von Anteilswerten. (Natürlich ist jeder Anteilswert als Mittelwert darstellbar.) In 2.6 findet man eine Modifikation von Stichproben mit Zurücklegen, bei der nur die verschiedenen Elemente zur Schätzung benutzt werden und so eine Verbesserung der Schätzung erreicht wird.

Soweit wird implizit unterstellt, daß die Erhebung von $\underline{Y}$ keine Probleme verursacht, d.h. daß prinzipiell mit der Stichprobe $\underline{U}$ auch die Stichprobe $\underline{Y}$ vorliegt. In 2.7 schildern wir einen Versuch, $\underline{Y}$ ein wenig von $\underline{U}$ "abzukoppeln" und zuzulassen, daß man die Antworten $\underline{Y}$ auf $\underline{U}$ nur mit gewissen Wahrscheinlichkeiten erhält. Mit einer solchen "Abkoppelung" ist in vielen praktischen Situationen zu rechnen. (Davon zu unterscheiden ist das Problem der "Verweigerer", die ihren Y-Wert überhaupt nicht preisgeben. Damit befassen wir uns erst in 7. 5 .)

2.1 EINFACHE ZUFALLS-STICHPROBEN MIT ZURÜCKLEGEN.
(Simple Random Sampling with Replacement)

Bei einer einfachen Stichprobe mit Zurücklegen (mZ) werden alle Elemente von G gleich behandelt; alle n Züge sind voneinander unabhängig und erfolgen unter identischen Bedingungen. Wir spezifizieren daher die in (1.2.8) und (1.2.16) gegebenen Definitionen wie folgt:

(2.1.1) Definition:

Es sei P_o die uniforme Verteilung auf G; d.h. es ist

(2.1.2) $P_o(u_i) = 1/N$ für $i = 1,\ldots,N$;

Es sei ferner P_o^n das n-fache Produkt von P_o auf G^n:

(2.1.3) $P_o^n(v_1,\ldots,v_n) = P_o(v_1)\cdot P_o(v_2)\cdot\ldots\cdot P_o(v_n) = (1/N)^n$.

Setze $P_{(n)} = P_o^n$ in (1.2.8). Dann heißt $\underline{U}$ eine einfache mZ-(Zufalls-)Stichprobe aus G. $\underline{Y} = (Y_1,\ldots,Y_n)$ heißt einfache mZ-Stichprobe aus Y.

Wir betrachten nun folgende Schätzfunktion $\hat{\mu}$ für μ und für die Varianz von $\hat{\mu}$ (siehe hierzu (1.2.12) bis (1.2.14), ferner (1.2.21) bis (1.2.23)):

(2.1.4) $\hat{\mu} = \bar{Y}$, $\widehat{\mathrm{Var}}\ \hat{\mu} = \frac{1}{n-1} S^2 = \frac{1}{n} S*^2$.

(2.1.5) Satz:

(1) $E(\hat{\mu}) = \mu$,

(2) $\mathrm{Var}\,\hat{\mu} = (1/n)\cdot\sigma^2$,

(3) $E(\widehat{\mathrm{Var}}\,\hat{\mu}) = \mathrm{Var}\,\hat{\mu}$.

Bevor wir (2.1.5) beweisen, zeigen wir

(2.1.6) Lemma:

Mit der durch P_o erzeugten Verteilung von Y gilt:

(1) $E(Y) = \mu$, $\mathrm{Var}\,Y = \sigma^2$;

(2) Jedes Y_i hat dieselbe Verteilung wie Y;

(3) $Y_1,\ldots,Y_n$ sind voneinander stochastisch unabhängig.

Beweis von (2.1.6):

Zu (1): $E(Y) = \sum_y y\cdot P_o(Y=y) = \sum_{u\in G} Y(u)\cdot P_o(u) = \sum_u Y(u)\cdot(1/N) = \mu$. $\mathrm{Var}\,Y = E(Y^2) - \mu^2 = \sum_{u\in G} Y^2(u)\cdot P_o(u) - \mu^2 = (1/N)\cdot\sum_u Y^2(u) - \mu^2 = \sigma^2$ (mit (1.2.15)). Wir bemerken nebenbei:

(2.1.7) $E(Y^2) = (1/N)\cdot\sum_{u\in G} Y^2(u)$.

Zu (2): In einer abgekürzten, aber offensichtlichen Schreibweise ist $P_{Y_i}(y) = P_{\underline{Y}}(\mathbb{R},\ldots,\mathbb{R}, y, \mathbb{R},\ldots,\mathbb{R}) = P_o^n(G,\ldots,\{Y=y\}, G,\ldots,G)$ wegen (1.2.18), wobei $\mathbb{R}$ die Menge der reellen Zahlen bezeichnet. Also ist wegen (2.1.3) $P_{Y_i}(y) = P_o(G)\cdot\ldots\cdot P_o(G)\cdot P_o(Y=y)\cdot P_o(G)\cdot\ldots\cdot P_o(G) = P_o(Y=y) = P_Y(y)$.

Zu (3): Wegen (2.1.3) ist $P_o^n(Y_1=y_1,\ldots,Y_n=y_n) = P_o(Y_1=y_1)\cdot\ldots\cdot P_o(Y_n=y_n)$, und hieraus hat man die Behauptung.

(2.1.8) Anmerkung: Die Aussagen (2) und (3) wurden ohne Gleichung (2.1.2) nur mit Hilfe von (2.1.3) bewiesen. Sie gelten also auch dann, wenn P_o durch irgend eine W-Verteilung auf G ersetzt wird.

<u>Beweis von (2.1.5)</u>:

<u>Zu (1)</u>: $E(\hat{\mu}) = E(\bar{Y}) = (1/n)\sum_{i=1}^{n} E(Y_i)$. Wegen (2.1.6) (1) und (2) ist $E(Y_i) = E(Y) = \mu$, und hieraus folgt die Behauptung.

<u>Zu (2)</u>: $\mathrm{Var}\ \hat{\mu} = \mathrm{Var}\ \bar{Y} = (1/n^2)\sum_{i=1}^{n} \mathrm{Var}\ Y_i$ wegen (3) aus (2.1.6). Mit (1) und (2) aus (2.1.6) erhält man $\mathrm{Var}\ Y_i = \sigma^2$ und damit $\mathrm{Var}\ \hat{\mu} = (1/n^2)\cdot n\sigma^2 = (1/n)\sigma^2$.

<u>Zu (3)</u>: Es genügt offenbar zu zeigen

(2.1.9) $E(S^2) = \frac{n-1}{n}\sigma^2$ oder $E(S*^2) = \sigma^2$.

Es ist $E(S^2) = E(\frac{1}{n}\sum Y_i^2) - E(\bar{Y}^2)$ mit (1.2.24), also $E(S^2)$ $= E(Y^2) - E(\bar{Y}^2)$ (wegen (2.1.6) (2)) $= (\mu^2 + \sigma^2) -$ $(\mu^2 + \frac{1}{n}\sigma^2)$ (wegen (2.1.7) und (1.2.15) für Y und $\bar{Y}$ (!)) $= \sigma^2\cdot(1 - \frac{1}{n})$.

2.2 <u>EINFACHE ZUFALLS-STICHPROBEN OHNE ZURÜCKLEGEN</u>.
(Simple Random Sampling without Replacement)

Bei einer einfachen Stichprobe ohne Zurücklegen (oZ) $\underline{U} = (U_1,\dots,U_n)$ erfolgt die Ziehung von U_i aus der Menge $G - \{U_1,\dots,U_{i-1}\}$, wobei keines der zur Verfügung stehenden Elemente bevorzugt wird. Wir spezifizieren daher die in (1.2.8) und (1.2.16) gegebenen Definitionen wie folgt:

(2.2.1) <u>Definition</u>:

Es sei $P_{(n)}$ auf G^n wie folgt erklärt:

(2.2.2) $P_{(n)}(v_1,\dots,v_n) = \frac{1}{N(N-1)\ \dots\ (N-n+1)}$ für

verschiedene $v_1,\dots,v_n$; $P_{(n)}(\underline{v}) = 0$, falls es

in $\underline{v}$ Komponenten v_i, v_j mit $v_i = v_j$, $i \neq j$ gibt.

Dann heißt $\underline{U}$ eine <u>einfache oZ-Stichprobe</u> aus G; $\underline{Y}$ heißt <u>einfache oZ-Stichprobe</u> aus Y.

Wir betrachten nun die in (2.2.3) erklärten Schätzfunktionen $\hat{\mu}$ für μ und $\widehat{\text{Var}}\ \hat{\mu}$ für die Varianz von $\hat{\mu}$:

(2.2.3) $\hat{\mu} = \bar{Y}$, $\widehat{\text{Var}}\ \hat{\mu} = \frac{1}{n-1} s^2(1 - \frac{n}{N}) = \frac{1}{n} s*^2 (1 - \frac{n}{N})$.

(2.2.4) <u>Satz</u>:

(1) $E(\hat{\mu}) = \mu$;

(2) $\text{Var}\ \hat{\mu} = \frac{1}{n}\sigma^2(1 - \frac{n-1}{N-1}) = \frac{1}{n}\sigma*^2(1 - \frac{n}{N})$;

(3) $E(\widehat{\text{Var}}\ \hat{\mu}) = \text{Var}\ \hat{\mu}$.

Zum Beweis benötigen wir

(2.2.5) <u>Lemma</u>:

Mit der durch P_o aus (2.1.2) erzeugten Verteilung von Y gilt:

(1) Jedes Y_i hat dieselbe Verteilung wie Y ;

(2) $\text{Cov}(Y_i, Y_j) = -\frac{1}{N-1}\sigma^2 = -\frac{1}{N}\sigma*^2$ für $i \neq j$,

wobei Cov die Kovarianz bezeichnet.

<u>Beweis von (2.2.5)</u>:

Wir zeigen zunächst

(2.2.6) $P_{(n)}(U_i = u) = \frac{1}{N}$ für alle $u \in G$, alle $i = 1,..,n$.

<u>Anmerkung</u>: In (2.2.6) haben wir uns offensichtlicher notationeller Abkürzungen (wie in (1.2.19)) bedient.

Aufgrund von (2.2.2) ist $P_{(n)}(U_i = u) =$

$$P_{(n)}(U_1 \in G-\{u\}, U_2 \in G-\{u,U_1\}, \ldots, U_{i-1} \in G-\{u,U_1,..,U_{i-2}\},$$
$$U_i = u, U_{i+1} \in G-\{U_1,\ldots,U_i\},\ldots,U_n \in G-\{U_1,\ldots,U_{n-1}\}) =$$
$$\Sigma_{(1)}\Sigma_{(2)}\cdots\Sigma_{(n)} P_{(n)}(v_1,\ldots,v_{i-1},u,v_{i+1},\ldots,v_n),$$

wobei die Summe $\Sigma_{(1)}$ über alle v_1: $v_1 \neq u$ geht und in $\Sigma_{(j)}$ für $j > 1$ über alle $v_j : v_j \neq u, v_1, \ldots, v_{j-1}$ summiert wird. Die Anzahl aller Summanden ist daher $(N-1)\cdot\ldots\cdot(N-i+1)\cdot 1\cdot(N-i)\cdot\ldots\cdot(N-n+1)$, so daß nun wiederum mit (2.2.2) Aussage (2.2.6) folgt. Auf ganz analoge Weise zeigt man

(2.2.7) $P_{(n)}(U_i=u,\ U_j=v) = \frac{1}{N(N-1)}$ für alle u,v mit $u \neq v$

und alle $i,j = 1,\dots,n$ mit $i \neq j$.

Nach diesen Vorbereitungen kommen wir im Beweis von (2.2.5) nun

Zu (1): Aufgrund von (1.2.18) und (2.2.6) können wir schreiben: $P_{(n)}(Y_i = y) = \frac{1}{N}\#\{u \in G: Y(u) = y\} = P_o(Y = y)$.

Zu (2): $\mathrm{Cov}\,(Y_i,Y_j) = E(Y_i \cdot Y_j) - E(Y_i)\cdot E(Y_j)$. Wegen (1) und (2.1.6) (1) ist $E(Y_i)\cdot E(Y_j) = \mu^2$. Wegen (2.2.7) ist ferner $E(Y_i \cdot Y_j) = \frac{1}{N(N-1)} \sum_{\substack{r,s=1 \\ r \neq s}}^{N} y_r \cdot y_s =$

$\frac{N}{N-1}\left(\frac{1}{N^2} \sum_{r,s=1}^{N} y_r y_s - \frac{1}{N^2} \sum_{r=1}^{N} y_r^2 \right) = \frac{N}{N-1}\mu^2 -$

$E(Y^2)/(N-1)$ (mit (2.1.7)). Also ist $\mathrm{Cov}\,(Y_i,\ Y_j) =$

$\frac{N-(N-1)}{N-1}\,\mu^2 - E(Y^2)/(N-1) = -\,(E(Y^2) - \mu^2)/(N-1) = \frac{-\sigma^2}{N-1}$.

Nachdem nun Lemma (2.2.5) bewiesen ist, kommen wir zum

Beweis von (2.2.4):

Zu(1): Folgt sofort aus (2.2.5) (1) und (2.1.6) (1), da nun $E(Y_i) = \mu$ für alle $i = 1,\dots,n$ ist.

Zu (2): $\mathrm{Var}\ \hat{\mu} = (1/n^2)\cdot\left(\sum_i \mathrm{Var}\ Y_i + \sum_{\substack{i,j \\ i \neq j}} \mathrm{Cov}(Y_i,Y_j)\right)$

$= (1/n^2)\cdot\left(n\sigma^2 - \frac{n(n-1)}{N-1}\sigma^2 \right)$ (mit (2.2.5) (1), (2.1.6)(1) und (2.2.5)(2)). Also ist $\mathrm{Var}\ \hat{\mu} = \frac{1}{n}\sigma^2\cdot\left(1 - \frac{n-1}{N-1}\right)$.

Natürlich ist

(2.2.8) $\sigma^2\left(1 - \frac{n-1}{N-1}\right) = \sigma^2\,\frac{N-n}{N-1} = \sigma^{*2}\,\frac{N-n}{N} = \sigma^{*2}\left(1 - \frac{n}{N}\right)$.

Zu (3): Es genügt offenbar zu zeigen

(2.2.9) $E(S^{*2}) = \sigma^{*2}$.

Es ist $E(S^{*2}) = \frac{n}{n-1}E(S^2) = \frac{n}{n-1}\,E\left(\frac{1}{n}\sum_i Y_i^2 - \bar{Y}^2\right) =$

$\frac{n}{n-1}\left(E(Y^2) - E(\bar{Y}^2) \right)$ (mit (2.2.5)(1)). Da $E(Y^2) = \mu^2 + \sigma^2$ und $E(\bar{Y}^2) = \mu^2 + \frac{\sigma^2}{n}\cdot\left(1 - \frac{n-1}{N-1}\right)$ ist, erhält man nach leichten Umformungen die Behauptung (2.2.9).

(2.2.10) Bemerkung: Analog zu (2.2.7) kann man leicht überlegen, daß für irgendwelche r Komponenten von $\underline{U}$ $P(U_{i_1}=v_1,\ldots,U_{i_r}=v_r) = 1/N(N-1)\ldots(N-r+1)$ gilt, sofern $v_i \neq v_j$ für $i \neq j$ ist. Daraus erhält man mit Hilfe bekannter Sätze über bedingte Wahrscheinlichkeiten

(2.2.11) $P_{(n)}(U_i = u \mid U_1=v_1,\ldots,U_{i-1}=v_{i-1}) = 1/(N-i+1)$,

sofern $u,v_1,\ldots,v_{i-1}$ verschieden sind. (2.2.11)(alle i) bestimmt offenbar $P_{(n)}$ vollständig und kann (2.2.2) ersetzen. Gegenüber (2.2.2) ist in (2.2.11) der Vorgang des sukzessiven Ziehens oZ formalisiert. Wir werden noch öfter, ohne dies dann jeweils hervorzuheben, von solchen Darstellungen von $P_{(n)}$ durch bedingte Verteilungen Gebrauch machen.

Ein Vergleich von mZ- mit oZ-Stichproben aufgrund der in (2.2.4)(2) und (2.1.5)(2) berechneten Varianzen zeigt:

(2.2.12) $\mathrm{Var}_{P_{(n),oZ}}(\bar{Y}) = (1 - \frac{n-1}{N-1})\cdot \mathrm{Var}_{P_o^n}(\bar{Y})$.

So gesehen ist die Strategie $(P_{(n),oZ}, \bar{Y})$ besser als die Strategie $(P_{(n),mZ}, \bar{Y})$ (für $n > 1$). Will man μ durch das Stichprobenmittel $\bar{Y}$ schätzen, sollte man folglich eine oZ- einer mZ-Stichprobe vorziehen. In vielen praktischen Anwendungen wird jedoch n im Vergleich mit N so klein sein, daß der die Größe der "Verbesserung" bestimmende Faktor $(n-1)/(N-1)$ vernachlässigbar klein ist, jedenfalls keine interessanten Größenordnungen hat. Dann allerdings sprechen andere Gründe für mZ-Stichproben: Der in (2.2.12) zu Tage tretende Nachteil der mZ-Stichproben wird nämlich oft aufgewogen durch die Tatsache, daß die Stichprobenkomponenten $Y_1,\ldots,Y_n$ bei mZ-Stichproben unabhängig sind. Dieser Umstand kann von beträchtlichem Nutzen in Beweisführungen und bei diversen Berechnungen sein. (Man vergleiche die Berechnung von Var $\bar{Y}$ im Beweis von (2.1.5)(2) und im Beweis von (2.2.4)(2) mit (2.2.5)(2) !) Im übrigen steht für die aus einer mZ-Stichprobe stammenden Variablen $Y_1,..,Y_n$ die gesamte Fülle der Sätze/Aussagen zur Verfügung, die in der statistischen Theorie über unabhängige, identisch verteilte Zufallsvariable bekannt sind.

2.3 ZUR TECHNIK DER ZIEHUNG VON EINFACHEN ZUFALLS-STICHPROBEN.

Wir beschreiben zunächst ein technisches Verfahren, n Elemente aus N Elementen zu ziehen und zeigen sodann, daß das Verfahren die in (2.1.3) bzw. (2.2.2) angegebenen Verteilungen "realisiert". Für das Verfahren benötigen wir "Zufallszahlen":

(2.3.1) Definition:

Es sei $\{X_n : n = 1, 2, ...\}$ eine Folge von Zufallsvariablen (auf demselben Wahrscheinlichkeitsraum), die unabhängig sind und für die gilt: $P(X_n = k) = 0.1$ für $k = 0, 1, ..., 9$ und für alle n. Es sei T eine endliche Realisation dieser Folge. Dann heißt T eine Tafel von (uniform verteilten) Zufallszahlen.

Am Schluß des mathematischen Anhangs ist eine solche Tafel beigefügt. (Siehe M.6.)

Es sei nun eine Tafel T von Zufallszahlen gegeben. Die Ziehung von $\underline{U}$ erfolgt mit Hilfe von T in 5 Schritten.

1. Schritt:

"Identifiziere" die Elemente von G mit den Zahlen $1,...,N$ (gegebenenfalls mit $0,...,N-1$; siehe hierzu den 3. Schritt). Wir könnten auch sagen: G wird angeordnet, so daß wir (1.2.2) $G = (u_1,...,u_N)$ haben; mit jedem $j = 1,\ldots,N$ ist uns das Element u_j selbst gegeben, vefügbar, zugänglich etc..

Anmerkung: In der Praxis kann dieser erste Schritt mit viel Schwierigkeiten/Kosten verbunden sein.

2. Schritt:

Man wähle eine Stelle a in T, genannt Anfangsstelle; ferner bestimme man ein Fortsetzungsschema (kurz: FS). Ein FS ist eine Anweisung, gemäß der man von einer Stelle in T zur "nächsten" Stelle gelangt. Die Bestimmung von a und FS sollte "rein zufällig" erfolgen. Wir erläutern das Gesagte am Beispiel:

Zur Wahl von a: Jede Stelle in T ist durch -- sagen wir -- drei Koordinaten bestimmt: a_1 = Seitennummer von T, auf der a steht, a_2 = Zeilennummer der Stelle a, a_3 = Spaltennummer von a. Beispielsweise habe T 4 Seiten, jede Seite habe 25 Zeilen und 20 Spalten. Zur Bestimmung von a lose man (mit Hilfe der "Fee"!) dann a_1 aus den Zahlen 1,..,4, a_2 aus 1,...,25, a_3 aus 1,...,20. Die an der Stelle a stehende Ziffer in T bezeichnen wir mit z_a.

Zur Wahl von FS: Man halte eine Anzahl von FS's bereit, etwa die folgenden:

FS 1: Fortlaufend zeilenweise, wie man liest (i.e. die "nächste" Stelle nach a steht rechts neben a, die "nächste" rechts daneben etc...)

FS 2: Diagonal von links oben nach rechts unten (i.e. die "nächste" Stelle nach a steht in der nächsten Zeile und in der nächsten Spalte etc...)

..... etc .....

FS 10: "rückwärts lesend", zeilenweise von rechts nach links, von unten nach oben gehend.

Man lose aus den bereitgestellten FS's -- hier also aus 1,...,10 -- das anzuwendende FS aus. Damit ein FS nie zu früh abbricht, weil das Ende von T erreicht ist, werden geeignete Konventionen eingeführt, die T gleichsam beliebig verlängern, etwa 1. Konvention: "nach der letzten Seite von T folgt wieder die erste"; 2. Konvention: "auf die letzte Zeile einer Seite folgt die erste Zeile derselben Seite"; 3. Konvention: "auf die letzte Spalte einer Seite folgt die erste Spalte der nächsten Seite" etc...

3. Schritt:

Es sei N eine b-stellige Zahl. (Ist N von der Form $N = 10^b$, so ist (N-1) eine (b-1)-stellige Zahl. Dann "identifiziere" man N mit O und wähle aus $0,\ldots,N-1$ statt aus $1,\ldots,N$.) Nach Wahl von a und FS wende man FS auf a an und erhalte so die nächste Stelle FS(a); darauf wende man wieder FS an und erhalte die Stelle $FS(FS(a)) = (FS)^2(a)$. So erzeugt man sich sukzessive eine Folge von Stellen a, FS(a), $(FS)^2(a)$, $(FS)^3(a)$,... Diese Stellenfolge erzeugt eine Ziffernfolge $z_1, z_2, z_3,\ldots$ wobei wir setzen: $z_1 = z_a$, z_j = Ziffer an der Stelle $(FS)^{j-1}(a)$ für $j = 2,\ldots$ Aus dieser Ziffernfolge bilde man die b-stelligen Zahlen

$$t_1 = z_1z_2\ldots z_b,\quad t_2 = z_{b+1}z_{b+2}\ldots z_{2b},\quad t_3 = \ldots \text{ etc}$$

4. Schritt:

Für eine mZ-Stichprobe wähle man aus $t_1, t_2,\ldots$ die ersten n (b-stelligen) Zahlen, die $\leq N$ sind; erhalte so die Zahlen $T_1,\ldots,T_n$.

Für eine oZ-Stichprobe wähle man aus $t_1, t_2,\ldots$ die ersten n verschiedenen Zahlen, die $\leq N$ sind; erhalte so die Zahlen $T_1,\ldots,T_n$.

5. Schritt:

Setze $U_i = u_{T_i}$ und erhalte so die Stichprobe $\underline{U} = (U_1,\ldots,U_n) = (u_{T_1},\ldots, u_{T_n})$.

6. Schritt:

Ermittele $\underline{Y}$ (erhebe Y auf $\underline{U}$); berechne $\hat{\mu}$.

(2.3.2) Satz:

Für das oben beschriebene Verfahren gilt:

(1) bei mZ-Stichproben: $P(\underline{U} = \underline{v}) = (1/N)^n$ für jedes $\underline{v} \in G^n$;

(2) bei oZ-Stichproben: $P(\underline{U} = \underline{v}) = 1/N(N-1)\ldots(N-n+1)$ für jedes $\underline{v} \in G^n$ mit verschiedenen Komponenten.

Beweis:

Es sei $\underline{v} = (u_{i_1},\ldots,u_{i_n})$. Dann ist $P(\underline{U} = \underline{v}) = P(T_1 = i_1,\ldots, T_n = i_n)$.

Zu (1): Aufgrund des stochstischen Prozesses, der T zugrunde liegt (siehe (2.3.1)), gilt $P(T_1=i_1,\ldots,T_n=i_n)$ $=P(t_1=i_1,\ldots,t_n=i_n \mid t_1 \leq N,\ldots,t_n \leq N) =$ $P(t_1=i_1,\ldots,t_n=i_n)/P(t_1 \leq N,\ldots,t_n \leq N) =$ $\prod_j P(t_j = i_j)/ \prod_j P(t_j \leq N) = (10^{-b})^n/(N\cdot 10^{-b})^n = 1/N^n$.

Zu (2): $P(T_1=i_1,\ldots,T_n=i_n) =$ $P(t_1=i_1,\ldots,t_n=i_n \mid t_1 \leq N,\ldots,t_n \leq N;\ t_1,\ldots,t_n$ verschieden) $=P(t_1=i_1,\ldots,t_n=i_n)/P(t_1 \leq N,\ldots,t_n \leq N;\ t_1,\ldots,t_n$ verschieden) $= (10^{-b})^n/N\cdot 10^{-b}(N-1)\cdot 10^{-b} \ldots (N-n+1)\cdot 10^{-b} =$ $1/N(N-1)\ldots(N-n+1)$.

Zur Übung betrachte man folgendes fiktives Beispiel: Aus 428 wahlberechtigten Bewohnern eines Dorfes sind für eine Befragung 5 auszuwählen. Für die Auswahl oZ mit Hilfe von T wurde bestimmt: a = (1.Seite, 3.Zeile, 7.Spalte), FS entlang der Hauptdiagonalen. Wir entnehmen T nunmehr die Ziffernfolge (siehe M.6):
0 2 0 4 5 5 4 1 7 6 0 7 2 5 7 4 6 7 5 1 4 1 6 6 8 9 3 0 1 3 0 2 6 ... Daraus ergeben sich die 3stelligen Zahlen t_i : 20, 455, 417, 607, 257, 467, 514, 166, 893, 13, 26, und hieraus erhält man T_1= 20, T_2= 417, T_3= 257, T_4= 166, T_5= 13. Damit sind die 5 zu Befragenden ausgewählt: $\underline{U} = (u_{20}, u_{417}, u_{257}, u_{166}, u_{13})$.

2.4 GEMEINSAME DARSTELLUNG VON EINFACHEN mZ- UND oZ-STICHPROBEN.

Es sei weiterhin die Population $G = (u_1, \ldots, u_N)$ gegeben. (Siehe (1.2.2).) Es sei nun $\underline{U}$ eine Stichprobe aus G der Länge n. Für jedes $i = 1, \ldots, N$ definiere auf dem Stichprobenraum

(2.4.1) $H_i = H_i(\underline{U})$ = Häufigkeit von u_i in $\underline{U}$

$$= \#\{j : U_j = u_i \text{ für } j = 1, \ldots, n\}.$$

Für die in 2.1 und 2.2 benutzte Schätzfunktion $\hat{\mu} = \bar{Y}$ (siehe (2.1.4) und (2.2.3)) für den Mittelwert μ des Merkmals Y erhält man dann sofort die Darstellung

(2.4.2) $\hat{\mu} = \bar{Y} = \frac{1}{n} \sum_{i=1}^{N} y_i H_i \quad$ mit $y_i = Y(u_i)$.

Die statistischen Eigenschaften von $\bar{Y}$ sind also ausschließlich durch die Eigenschaften der H_i bestimmt.

(2.4.3) Satz:

Es sei $\underline{U}$ eine einfache mZ-Stichprobe. Dann gilt:

(1) H_i ist binomialverteilt mit Parametern n und 1/N;

(2) $E(H_i) = n/N$, $\operatorname{Var} H_i = \frac{n}{N}(1 - \frac{1}{N})$;

(3) $\operatorname{Cov}(H_i, H_j) = -n/N^2$ für $i \neq j$.

Beweis:

Zu (1): Definiere $H_{ij} = H_{ij}(\underline{U}) = 1$, falls $U_j = u_i$, $H_{ij} = 0$, falls $U_j \neq u_i$. Aufgrund von (2.1.2) und (2.1.3) gilt: H_{ij} ist binomialverteilt mit Parametern 1 und 1/N, $H_{i1}, \ldots, H_{in}$ sind voneinander unabhängig. Da $H_i = \sum_{j=1}^{n} H_{ij}$ ist, folgt die Behauptung aus (M.1.1) im mathematischen Anhang.

Zu (2): Folgt sofort aus (1). (Siehe z.B. POKROPP (1977) S.160, (8.2.1).)

<u>Zu (3)</u>: Cov $(H_i,H_j) = E(H_iH_j) - E(H_i)E(H_j)$.
Nach (M.2.9) und (M.2.10) ist $E(H_iH_j) = E(E(H_iH_j \mid H_j)) = E(H_j \cdot E(H_i \mid H_j))$. Nun sind $H_1,\dots,H_N$ multinomial-verteilt mit den Parametern n und $p_j = 1/N$ für $j=1,\dots,N$. (Siehe hierzu z.B. die Herleitung von (10.1.5) in POKROPP (1977) S.183ff.) Folglich gilt nach (M.1.2): $E(H_i \mid H_j=k) = (n-k)\frac{1/N}{1-1/N} = (n-k)/(N-1)$. Folglich haben wir:

$$E(H_j \cdot E(H_i \mid H_j)) = \sum_{k=0}^{n} k \cdot \frac{n-k}{N-1} P(H_j=k) = \frac{1}{N-1}(nE(H_j) - E(H_j^2)).$$

Setzen wir nun (2) ein, so erhalten wir: Cov $(H_i,H_j) = \frac{1}{N-1}(n^2/N - n^2/N^2 - \frac{n}{N}(1-\frac{1}{N})) - n^2/N^2$, und nach elementaren Umformungen folgt die Behauptung.

(2.4.4) <u>Satz</u>:

Ist <u>U</u> eine einfache oZ-Stichprobe, so gilt:

(1) H_i ist binomialverteilt mit Parametern 1 und n/N;

(2) $E(H_i) = n/N$, Var $H_i = \frac{n}{N}(1 - \frac{n}{N})$;

(3) Cov $(H_i,H_j) = \frac{n}{N}(\frac{n-1}{N-1} - \frac{n}{N})$ für $i \neq j$.

<u>Beweis</u>:

<u>Zu (1)</u>: Wegen (2.2.2) hat H_i nur die Werte 0 und 1; Wegen (2.2.6) ist weiter $P(H_i = 1) = \sum_{j=1}^{n} P(U_j = u_i) = n/N$.

<u>Zu (2)</u>: folgt sofort aus (1).

<u>Zu (3)</u>: Es ist $E(H_iH_j) = 1 \cdot P(H_iH_j = 1) = P(H_i=1,H_j=1)$
$= \sum_{\substack{r,s=1\\ r\neq s}}^{n} P(U_r = u_i, U_s = u_j) = \frac{n(n-1)}{N(N-1)}$ (mit (2.2.7)).

Mit (2) erhält man nun: Cov $(H_i,H_j) = \frac{n(n-1)}{N(N-1)} - n^2/N^2$.

Wir führen nun die folgenden "Koeffizienten" ein, die eine gemeinsame Behandlung von mZ- und oZ-Stichproben bequem ermöglichen:

(2.4.5) $f = \begin{cases} n/N & \text{für eine oZ-Stichprobe} \\ 0 & \text{für eine mZ-Stichprobe} \end{cases}$

$f^* = \begin{cases} (n-1)/(N-1) & \text{für eine oZ-Stichprobe} \\ 0 & \text{für eine mZ-Stichprobe} \end{cases}$

Offenbar gilt (siehe auch (2.2.8)):

(2.4.6) $(1-f)/(N-1) = (1-f^*)/N; \quad \sigma^2(1-f^*) = \sigma^{*2}(1-f)$
sofern $f \neq 0$, $f^* \neq 0$.

(2.4.7) <u>Lemma</u>:
(1) $\operatorname{Var} H_i = \frac{n}{N}(1-\frac{1}{N})(1-f^*)$;

(2) $\operatorname{Cov}(H_i,H_j) = -(n/N^2)(1-f^*)$.

<u>Beweis</u>:
Man beachte (2.4.3)(2),(3) und (2.4.4)(2),(3) sowie (2.4.5) und führe die nötigen elementaren Berechnungen aus.

(2.4.8) <u>Satz</u>:
Für die Schatzfunktion $\hat{\mu} = \bar{Y}$ aus (2.4.2) gilt:
(1) $E(\hat{\mu}) = \mu$;

(2) $\operatorname{Var} \hat{\mu} = (\sigma^2/n)(1-f^*)$.

<u>Beweis</u>:
Sowohl (1) wie (2) kann man sofort aus (2.1.5),(2.2.4) und (2.4.5) ablesen. Es ist jedoch instruktiv, (2.4.8) mit Hilfe von (2.4.7) noch einmal nachzurechnen.

<u>Zu (1)</u>: trivial wegen $E(H_i) = n/N$.

<u>Zu (2)</u>: $\operatorname{Var} \hat{\mu} = (1/n^2) \sum_{i=1}^{N} y_i^2 \operatorname{Var} H_i$ + $(1/n^2)\sum_{i,j=1,\, i\neq j}^{N} y_i y_j \operatorname{Cov}(H_i,H_j)$. Setzt man nun (2.4.7) ein, folgt $\operatorname{Var} \hat{\mu} = \frac{1}{n}(1-f^*)\cdot(\sum_i y_i^2 \frac{1}{N}(1-\frac{1}{N}) - \sum_{i,j,\, i\neq j} y_i y_j (1/N^2))$
$= \frac{1}{n}(1-f^*)\cdot(\sum_i y_i^2 \frac{1}{N} - (1/N^2)\sum_{i,j} y_i y_j)$. Man beachte nun noch (1.2.15).

Auch die in (2.1.4) und (2.2.3) angegebenen Schätzfunktionen für Var $\hat{\mu}$ lassen sich durch (2.4.5) einheitlich beschreiben:

(2.4.9) $\widehat{\text{Var}}\ \hat{\mu} = (1-f)S^2/(n-1) = (1-f)S^{*2}/n$.

Wir haben stets (bei mZ- und oZ-Stichproben):

(2.4.10) $E(\widehat{\text{Var}}\ \hat{\mu}) = \text{Var}\ \hat{\mu}$ oder $E(S^{*2})(1-f) = \sigma^2(1-f^*)$.

2.5 SCHÄTZUNG VON ANTEILSWERTEN.

In vielen praktischen Problemen geht es darum, mit Hilfe einer Stichprobe zu schätzen, wie hoch der (unbekannte) Anteil p derjenigen Elemente in der gesamten Population G ist, die eine bestimmte Eigenschaft E haben. Wir definieren dann die Variable $Y = Y_E$ wie folgt: Setze zunächst $G_E = \{u: u \in G, \text{ u hat Eigenschaft E}\}$. (Oft schreibt man statt G_E einfach E.) Sodann erkläre

(2.5.1) $Y_E(u) = Y(u) = \begin{cases} 1 \text{ für } u \in G_E \\ 0 \text{ für } u \notin G_E \end{cases}$.

Natürlich gilt :

(2.5.2) Y ist binomial verteilt mit Parametern 1 und p,

wobei wir haben

(2.5.3) $p = P_o(G_E) = P_o(Y = 1) = E_{P_o}(Y)$.

Da insbesondere p gleich dem Mittelwert von Y in G ist, ist das Problem der Schätzung des Anteilswertes p reduziert auf das Problem der Mittelwertschätzung.

Ein weiterer interessanter Fall ist der, daß p der (unbekannte) zu schätzende Wert der Verteilungsfunktion (Anteilswert) einer Zufallsvariablen X ist. Genauer: Es sei X eine Zufallsvariable auf G mit Verteilungsfunktion F_o (unter P_o), so daß $F_o(a) = P_o(X \leq a)$ für alle reellen Zahlen a ist. Setze nun für ein fest gewähltes a .

(2.5.4) $p = p_a = F_o(a)$,

(2.5.5) $Y(u) = \begin{cases} 1 & \text{falls } X(u) \leq a\,, \\ 0 & \text{sonst.} \end{cases}$

Offenbar gilt (unter P_o) (2.5.2) auch für Y aus (2.5.5) mit (2.5.4).

Es sei nun $\underline{Y}$ eine einfache Stichprobe der Länge n aus Y. (Im Fall (2.5.5) würde diese Stichprobe erzeugt werden durch eine einfache Stichprobe $\underline{X} = (X_1,\dots,X_n)$, indem wir (2.5.5) für jedes i haben: $Y_i = 1$, falls $X_i \leq a$, und $Y_i = 0$ sonst.) Wir betrachten nun

(2.5.6) $\hat{p} = \hat{p}(\underline{Y}) = (1/n)\cdot\#\{i\colon Y_i = 1,\ i=1,\dots,n\}$.

= Anteil derjenigen Elemente in der Stichprobe $\underline{U}$, denen Eigenschaft E zukommt.

Es gilt (wegen (2.5.6) und wegen $Y^2 = Y$):

(2.5.7) $\hat{p} = \bar{Y}\,,\quad \hat{p}(1-\hat{p}) = s_Y^2$.

Ferner rufen wir in Erinnerung:

(2.5.8) $p = \mu_Y\,,\quad p(1-p) = \sigma_Y^2$.

(2.5.9) Satz:

Bei einer einfachen Zufallsstichprobe gilt:

(1) $E(\hat{p}) = p$;

(2) $\operatorname{Var}\hat{p} = (1/n)p(1-p)(1-f^*)$ mit f^* aus (2.4.5) ;

(3) $\widehat{\operatorname{Var}}\,\hat{p} = \frac{1}{n-1}\hat{p}(1-\hat{p})(1-f)$ ist eine unverzerrte Schätzfunktion für $\operatorname{Var}\hat{p}$.

Beweis:

Beachtet man (2.5.7) und (2.5.8), so folgen (1) und (2) aus (2.4.8); (3) erhält man aus (2.4.9) und (2.4.10).

2.6 SCHÄTZUNG AUS mZ-STICHPROBEN MIT VERSCHIEDENEN ELEMENTEN.

Der in (2.2.12) gegebene Varianzvergleich (für $\bar{Y}$) bei mZ- und oZ-Stichproben macht die Vermutung plausibel, daß auch bei einer mZ-Stichprobe die Schätzung "verbessert" (i.e. Var $\bar{Y}$ verringert) werden könnte, wenn man nur die verschiedenen Elemente der Stichprobe für die Schätzung benutzt. Diese Idee wird im folgenden präzisiert (siehe auch RAJ/KHAMIS (1958)).

Es sei $\underline{U}$ eine einfache mZ-Stichprobe aus G der Länge n. Es sei ferner

M = Anzahl der verschiedenen Elemente (Komponenten) in $\underline{U}$,

U_i' = i-tes verschiedenes Element in $\underline{U}$ (i.e. $U_1' = U_1$, $U_i' = U_{j(i)}$, falls es unter $U_1,\dots,U_{j(i)-1}$ genau i-1 Elemente $\neq U_{j(i)}$ gibt),

$\underline{U}' = (U_1',\dots,U_M')$,

$Y_i' = Y_i'(\underline{U}') = Y(U_i')$;

(2.6.1) $\hat{\mu}' = (1/M)\sum_{i=1}^{M} Y_i'$

(2.6.2) <u>Satz</u>:

(1) $E(\hat{\mu}') = \mu$;

(2) Var $\hat{\mu}' \leq$ Var $\hat{\mu}$, wobei $\hat{\mu} = \bar{Y}$ ist.

<u>Beweis</u>:

<u>Zu (1)</u>: Aufgrund von (M.2.9) ist $E(\hat{\mu}) = E(E(\hat{\mu} \mid M))$. Ist $M = r$ (mit $r = 1,\dots,n$), so ist $\hat{\mu} = (1/r)\sum_i Y(U_{j(i)})$. Also ist $E(\hat{\mu} \mid M = r) = \mu$ für jedes $r = 1,\dots,n$, und hieraus folgt sofort (1).

<u>Zu (2)</u>: Es sei H_i' = Häufigkeit von U_i' in $\underline{U}$. Dann können wir für $\bar{Y}$ schreiben: $\bar{Y} = (1/n)\sum_{i=1}^{M} H_i' Y_i'$.

Aufgrund von (M.3.5) ist nun $\operatorname{Var} \bar{Y} = \operatorname{Var} E(\bar{Y} \mid \underline{U}') + E(\operatorname{Var} (\bar{Y} \mid \underline{U}'))$. Da stets $\operatorname{Var} (\bar{Y} \mid \underline{U}') \geq 0$ ist , ist auch der Erwartungswert davon ≥ 0, so daß wir haben: $\operatorname{Var} \bar{Y} \geq \operatorname{Var} E(\bar{Y} \mid \underline{U}')$. Wir beweisen nun (2), indem wir zeigen:

(2.6.3) $E(\bar{Y} \mid \underline{U}') = \bar{Y}' = \hat{\mu}'$.

Zunächst ist $E(\bar{Y} \mid \underline{U}') = (1/n)\sum_{i=1}^{M} E(H_i'Y_i' \mid \underline{U}') = (1/n)\sum_i Y_i' \cdot E(H_i' \mid \underline{U}')$ (mit (M.2.10)), da Y_i' mit $\underline{U}'$ gegeben ist. Zur Bestimmung von $E(H_i' \mid \underline{U}')$ beachte man, daß wegen $\sum_i H_i' = n$ auch $\sum_i E(H_i' \mid \underline{U}') = n$ ist. Ferner ist aus Symmetriegründen $E(H_1' \mid \underline{U}') = \ldots = E(H_M' \mid \underline{U}')$, so daß wir $E(H_i' \mid \underline{U}') = n/M$ für alle $i = 1,\ldots,M$ erhalten. Also ist $E(\bar{Y} \mid \underline{U}') = (1/n)\sum_{i=1}^{M} Y_i' \cdot (n/M) = \bar{Y}'$, wie in (2.6.3) behauptet war.

2.7 STICHPROBEN MIT VARIABLER ERFOLGSWAHRSCHEINLICHKEIT BEI DER ERHEBUNG.

Bislang waren wir (implizit) davon ausgegangen, daß mit der Stichprobe $\underline{U}$ auch die Stichprobe $\underline{Y}$ vorliegt. Nun wird jedoch in vielen praktischen Situationen der Schritt von $\underline{U}$ zu $\underline{Y}$ keineswegs so glatt und leicht zu vollziehen sein. Die Ziehung von $\underline{U}$ kann z.B. am "grünen Tisch" erfolgen mit Hilfe der "Adressendatei" und dem in 2.3 beschriebenen Verfahren. Für die Erhebung von $\underline{Y}$ wird man hingegen gößeren Aufwand treiben müssen, sofern nicht Y auch in einer Datei verfügbar ist. Man wird (z.B.) einen Fragebogen an U_i schicken, oder ein Interviewer wird U_i besuchen, um dessen Y-Wert Y_i zu erfragen. Dabei nun kann es leicht vorkommen, daß eine einmalige "Erhebungsaktivität" erfolglos bleibt, weil U_i z.B. nicht zu Hause war, weil U_i den Fagebogen verlegt hat etc...

Wir wollen im folgenden unterstellen, daß jedem $u_i \in G$ eine Wahrscheinlichkeit q_i zugeordnet ist, mit der eine "Erhebungsaktion" erfolgreich ist. Setze also:

(2.7.1) A_i = Ereignis, daß eine "Erhebungsaktion" bei u_i erfolgreich ist (und folglich y_i bekannt wird); unabhängig von A_j für $i \neq j$;
q_i = Wahrscheinlichkeit für A_i.

<u>Anmerkung</u>: Das "Ereignis" und die "Wahrscheinlichkeit" in (2.7.1) haben natürlich nichts mit dem durch das Stichprobenverfahren gegebenen Wahrscheinlichkeitsraum zu tun. Dieser W-Raum der "Erhebungsereignisse" beschreibt das "Antwortverhalten" der Elemente von G, ohne daß dabei das angewandte Stichprobenverfahren eine Rolle spielt.

Es wird nun unterstellt, daß bis zu r ($r \geq 1$) Versuche unternommen werden, eine erfolgreiche Erhebung bei einem Stichprobenelement zu erhalten. Wir setzen also:

(2.7.2) A_i^r = Ereignis, daß bei bis zu r voneinander unabhängig durchgeführten Erhebungsaktionen beim Element u_i ein "Erhebungserfolg" eintritt; unabhängig von A_j^r für $i \neq j$.

Aufgrund von (2.7.1) und (2.7.2) ist natürlich

(2.7.3) $1 - (1-q_i)^r$ = Wahrscheinlichkeit für A_i^r.

Es sei nun $\underline{U}$ eine einfache oZ-Stichprobe aus G der Länge n. Aufgrund der obigen Anmerkung (nach (2.7.1)) und von (2.7.2) unterstellen wir:

(2.7.4) $\underline{U}$ ist unabhängig von A_i^r für alle $i = 1,\ldots,N$.

Das Ereignis, daß u_i in der Stichprobe $\underline{U}$ vorkommt, bezeichnen wir kurz mit $u_i \in \underline{U}$. Für die Praxis ist dann das Ereignis "$(u_i \in \underline{U})$ und A_i^r" von Interesse. Wir haben dann mit Hilfe von (2.7.4), (2.7.3) und (2.4.4)(1) (wobei aus letzterem folgt: $P(u_i \in \underline{U}) = P(H_i=1) = n/N$):

(2.7.5) $P((u_i \in \underline{U})$ und $A_i^r) = (n/N)\cdot(1 - (1-q_i)^r) = \frac{n}{N} p_i^r$.

Um eine Schätzfunktion für μ angeben zu können, die nur von den bekannten ("erfolgreich" erhobenen) $Y_i = Y(U_i)$ Gebrauch macht, führen wir die folgende "Indikator"-Variable ein:

$$L_i^{n,r} = L_i = \begin{cases} 1 & \text{falls } (u_i \in \underline{U}) \text{ und } A_i^r \\ 0 & \text{andernfalls} \end{cases} \quad \text{(mit n,r fest).}$$

Es ist wegen (2.7.5):

(2.7.6) L_i ist binomialverteilt mit Parametern 1 und $(n/N)\cdot p_i$ mit $p_i = p_i^r = 1 - (1-q_i)^r$.

Wir setzen nun

(2.7.7) $\hat{\mu} = (1/n)\cdot\sum_{i=1}^N (y_i/p_i)\, L_i$.

(2.7.8) <u>Satz</u>:

(1) $E(\hat{\mu}) = \mu$;

(2) $\text{Var}\ \hat{\mu} = \frac{1}{n}(1-\frac{n-1}{N-1})\sigma^2 + \frac{1}{nN}\sum_{j=1}^N y_j^2(1-p_j)/p_j$.

(3) $\widehat{\text{Var}}\ \hat{\mu} = \frac{1}{n^2}\Big[\sum_j (1-\frac{n}{N}p_j)\frac{y_j^2}{p_j^2}L_j + \sum_{i\neq j} \frac{y_i y_j}{p_i p_j}(1-\frac{n}{N}\cdot\frac{N-1}{n-1})L_i L_j\Big]$

ist eine unverzerrte Schätzfunktion für $\text{Var}\ \hat{\mu}$.

<u>Beweis</u>:

<u>Zu (1)</u>: Folgt aus (2.7.7) und (wegen (2.7.6)) der Tatsache $E(L_i) = (n/N)p_i$.

<u>Zu (2)</u>: $\text{Var}\ \hat{\mu} = (1/n^2)\sum_j (y_j/p_j)^2\ \text{Var}\ L_j + (1/n^2)\sum_{i,j;\ i\neq j} (y_i/p_i)(y_j/p_j)\ \text{Cov}\ (L_i,L_j)$. Nun ist, wie man (2.7.6) entnimmt und wie man mit Hilfe von (2.2.7) und (2.7.4), (2.7.5), (2.7.6) leicht nachrechnet:

$\operatorname{Var} L_i = (n/N)p_i(1 - (n/N)p_i)$ und $E(L_iL_j) = \frac{n}{N}\cdot\frac{n-1}{N-1}\, p_ip_j$,

also $\operatorname{Cov}(L_i,L_j) = \frac{n}{N}(\frac{n-1}{N-1} - \frac{n}{N})p_ip_j$. Folglich erhalten wir

$$\operatorname{Var}\hat{\mu} = (1/n^2)\sum_j \tfrac{n}{N}(1-\tfrac{n}{N}p_j)y_j^2/p_j \;+\; (1/n^2)\sum_{\substack{i,j\\ i\neq j}} \tfrac{n}{N}(\tfrac{n-1}{N-1}-\tfrac{n}{N})y_iy_j.$$

Benutzt man nun die Beziehungen $\frac{n-1}{N-1} - \frac{n}{N} = -\frac{1}{N-1}(1 - \frac{n}{N})$

und $1 - \frac{n}{N}p_j = (1 - p_j) + (1 - \frac{n}{N})p_j$, so sieht man:

$$\operatorname{Var}\hat{\mu} = \tfrac{1}{nN}\sum_j (y_j^2/p_j)(1-p_j) \;+\; \tfrac{1}{n}(1-\tfrac{n}{N})\sum_j y_j^2/N$$

$$-\; \tfrac{1}{n}(1-\tfrac{n}{N})\sum_{\substack{i,j\\ i\neq j}} y_iy_j/N(N-1)\,.$$

Um den Beweis von (2) zu vollenden, brauchen wir nach (2.2.8) für die beiden letzten Terme des soeben errechneten Ausdrucks für $\operatorname{Var}\hat{\mu}$ nur noch zu zeigen:

$$(2.7.9)\quad \sigma^{*2} = \tfrac{1}{N}\sum_j y_j^2 \;-\; \tfrac{1}{N(N-1)}\sum_{\substack{i,j\\ i\neq j}} y_iy_j.$$

Die rechte Seite von (2.7.9) ist gleich

$$\tfrac{N}{N-1}\Big[((N-1)/N^2)\sum_j y_j^2 \;-\; (1/N^2)\sum_{\substack{i,j\\ i\neq j}} y_iy_j\Big] =$$

$$\tfrac{N}{N-1}\Big[(1/N)\sum_j y_j^2 \;-\; (1/N^2)\sum_{i,j} y_iy_j\Big] = \tfrac{N}{N-1}\,\sigma^2\,,$$

und das ist tatsächlich gleich der linken Seite in (2.7.9).

Zu (3): Beachtet man die obigen Ausdrücke für $E(L_i)$ und $E(L_iL_j)$ und setzt man sie in $E(\widehat{\operatorname{Var}}\,\hat{\mu})$ ein, so erhält man den im Beweis von (2) (Zeile 3 dieser Seite) hergeleiteten Ausdruck für $\operatorname{Var}\hat{\mu}$.

Man beachte, daß der erste Term in $\operatorname{Var}\hat{\mu}$ gleich $\operatorname{Var}\bar{Y}$ (gemäß (2.2.4)(2)) ist. Da der zweite Term in $\operatorname{Var}\hat{\mu}$ stets nicht-negativ ist (und positiv in nicht trivialen Fällen), hat man sofort: $\operatorname{Var}\hat{\mu} \geq \operatorname{Var}\bar{Y}$.

SCHLUSS-BEMERKUNGEN.

Zur Wahl der Stichprobenlänge:

In (8.2.5), (8.2.6), sodann in (8.3.6) und (8.3.7) findet man Vorschläge zur Wahl von n. Der systematische Hintergrund dazu wird in den Abschnitten 8.1 bis 8.3 abgehandelt. Ergänzungen dazu sind in den Abschnitten 8.5 und 7.7 enthalten. Des weiteren beachte man die Schluß-Bemerkungen zu Kapitel 8.

Zu Beispielen:

Abschnitt 10.1 enthält mit Beispiel 1 und Beispiel 2 Illustrationen der in 2.1, 2.2 und 2.3 beschriebenen Verfahren. Insbesondere das 2.Beispiel bringt überdies eine manchmal nützliche Ergänzung der in 2.3 behandelten Technik.

====================

LITERATURHINWEISE.

Bücher:
RAJ (1968), S. 33-43; STENGER (1971) S.66-101.
Zeitschriftenartikel:
BASLER (1979); JOSHI (1968b),(1977),(1979a),(1979b); KARLIN (1974); KORWAR/SERFLING (1970); LANKE (1972); MANOUSSAKIS (1977); RAJ/KHAMIS (1958); RAMAKRISHNAN (1970); Sudman (1966).

3. GESCHICHTETE STICHPROBEN.

(Stratified Sampling)

Der Grundgedanke der "geschichteten" Stichprobe ist, die Gesamtstichprobe U aus mehreren Teilstichproben zusammenzusetzen. Die Teilstichproben stammen dabei aus verschiedenen Teilgesamtheiten (z.B. verschiedenen sozialen "Schichten") der Population G. Voraussetzung für ein solches Verfaheren ist die in (1.1.2) beschriebene Ausgangssituation: Die Zerlegung (Aufteilung) von G in wohldefinierte Teilgesamtheiten muß gegeben oder eventuell "leicht" herstellbar sein, und jede dieser Teilgesamtheiten muß für eine Stichprobenziehung zur Verfügung stehen.

Die Schätzung des Mittelwertes μ erfolgt mit Hilfe von Schätzungen der Mittelwerte μ_i in den Teilgesamtheiten $G_1,\ldots,G_k$ (z.B.); die Varianz dieser Mittelwertschätzung hängt entscheidend von den Varianzen in den Teilgesamtheiten ab.

Es gibt im wesentlichen zwei Gründe für die Schätzung mit Hilfe von solchen "geschichteten" Stichproben: (1) organisatorische Gründe, (2) die Möglichkeit der Bildung "homogener" Schichten.

Zu (1): Man betrachte das folgende sehr wichtige Beispiel. Die Population G = "Einwohner der Bundesrepublik" läßt sich (disjunkt) zerlegen in die Teilgesamtheiten G_i = "Einwohner des Bundeslandes No.i" . Eine Stichprobe aus G wird sehr oft durch die Statistischen Landesämter erhoben, wobei natürlich jedes Landesamt die Stichprobe nur aus seinem Bundesland zieht. Die Gesamtstichprobe wird dann aus den "Landes-Stichproben" zusammengefügt; jedes Landesamt nimmt eine Schätzung des Mittelwertes, z.B.

Durchschnittsalter, in seinem Bundesland vor, und die Schätzung des Mittelwertes in der Bundesrepublik wird aus den Schätzungen für die Durchschnittsalter in den einzelnen Bundesländern ermittelt.

Zu (2): Es wird sich zeigen, daß die Varianz der so aus einer "geschichteten" Stichprobe gewonnenen Mittelwertschätzung besonders dann klein wird, wenn die Schichten möglichst "homogen" bezüglich des Untersuchungsmerkmals sind, d.h. wenn die Varianz des Untersuchungsmerkmals in jedem G_i möglichst klein wird. (Man könnte dann auch sagen, daß es bezüglich des Untersuchungsmerkmals ein "schichtenspezifisches" Verhalten gibt.) Daraus kann man freilich nur dann praktischen Vorteil ziehen, wenn es tatsächlich gelingt, solche "homogenen" Schichten zu bilden und für die Stichprobenziehung verfügbar (!) zu halten. Als Beispiel betrachte man den Umstand, daß es bei vielen Krankheiten ein "schichtenspezifisches Verhalten" gibt, wenn man die Schichten "Raucher" und "Nicht-Raucher" zugrunde legt. Es dürfte jedoch schwierig sein, aus der Schicht der Raucher (bzw. Nichtraucher) eine Stichprobe zu ziehen, solange es keine Datei der "Raucher" gibt. (Wie man sich in dergleichen Situationen dennoch helfen kann, betrachten wir in 7.1.)

Wir wollen in diesem Kapitel unterstellen, daß wir die Schichten nicht nur problemlos "definieren" sondern auch so bilden können, daß sie für Stichprobenziehungen verfügbar sind. Einen kurzen Hinweis auf die damit verbundenen Probleme geben wir in Abschnitt 3.4.

Abschnitt 3.1 formuliert die grundlegenden Modellannahmen und Notationen für geschichtete Stichproben. In Abschnitt 3.2 findet man dann Ausführungen zur Mittelwertschätzung bei geschichteten Stichproben. Insbesondere werden die besonders wichtigen Fälle behandelt, daß die Ziehungen aus den einzelnen Schichten als einfache mZ- oder oZ-Stichproben erfolgen.

Über die Frage, wie denn die Teilstichprobenlängen zu wählen sind (i.e. wieviel Elemente aus jeder Schicht zu ziehen und zu befragen sind) handelt Abschnitt 3.3. Es werden drei Verfahren der Bestimmung dieser Stichprobenlängen untersucht: (1) Vorgegeben wird die Gesamtlänge; die Aufteilung auf die einzelnen Schichten erfolgt so, daß in der Stichprobe jede Schicht den Anteil hat, den sie auch in der Population hat. Auf diese naive Weise soll also die Stichprobe die Population "repräsentieren". (2) Vorgegeben werden die Gesamtkosten (bei festgelegter Kostenfunktion); die Längen der Teilstichproben sind so zu wählen, daß die Varianz der Schätzung minimal wird. Dual dazu wird (3) die Varianz der Schätzung vorgegeben; die einzelnen Teilstichprobenlängen sind so zu bestimmen, daß die Kosten minimiert werden.

Abschnitt 3.5 gibt an, wie man die (in Abschnitt 3.3 zutage getretenen) Vorteile der geschichteten Stichprobe auch dann nutzen kann, wenn man bereits eine einfache Stichprobe gezogen hat. Durch die "nachträgliche" Schichtung treten bei der Schätzung Verzerrungen auf, die jedoch mit wachsender Stichprobenlänge gegen 0 gehen. Schließlich wird in 3.6 der Versuch unternommen, die in der Praxis so wichtigen, in der Theorie bislang wohl kaum gewürdigten "Quoten-Stichproben" zu präzisieren.

3.1 MODELLANNAHMEN.

Es sei im folgenden $G_1,\dots,G_k$ eine Zerlegung von G:

(3.1.1) $G = G_1 \cup \dots \cup G_k$; $G_i \cap G_j = \emptyset$ für $i \neq j$; $G_i \neq \emptyset$ für alle i.

Es sei ferner

(3.1.2) $N_i = \#(G_i)$, $N = \#(G) = \sum_i N_i$; $\frac{N_i}{N}$ = Quote von G_i.

Es sei nun $Y^i = (Y \mid G_i)$ = das auf G_i restringierte Merkmal Y = das nur auf G_i betrachtete Merkmal Y. Setze

(3.1.3) $\mu_i = E_{P_o}(Y \mid G_i)$; $\sigma_i^2 = Var_{P_o}(Y \mid G_i)$. [1)]

Offenbar gilt (siehe hierzu Abschnitt M.2):

(3.1.4) $\mu_i = (1/N_i) \sum_{u \in G_i} Y(u)$,

$$\sigma_i^2 = (1/N_i) \sum_{u \in G_i} (Y(u) - \mu_i)^2 .$$

Aufgrund bekannter Zerlegungssätze für $\mu = E_{P_o}(Y)$, $\sigma^2 = Var_{P_o}(Y)$ gilt:

(3.1.5) $\mu = \sum_{i=1}^{k} (N_i/N) \mu_i$,

$$\sigma^2 = \sum_{i=1}^{k} (N_i/N)\sigma_i^2 + \sum_{i=1}^{k} (N_i/N)(\mu_i - \mu)^2 .$$

Wir spezifizieren nun die in (1.2.8) gegebene Definition einer Stichprobe in der Weise, daß eine geschichtete Stichprobe durch voneinander unabhängig gezogene Teilstichproben gebildet wird. Das bedeutet, daß der die geschichtete Stichprobe beschreibende Stichprobenplan durch die Produkt-Wahrscheinlichkeitsverteilung der einzelnen Stichprobenpläne gegeben wird.

Wir betrachten im folgenden (einstweilen) die Teilstichprobenlängen n_i und folglich die Gesamtstichprobenlänge $n = n_1 + \ldots + n_k$ als gegeben. Nähere Ausführungen zur Wahl der n_i finden sich in Abschnitt 3.3 (auch 3.4!).

1) Hierbei ist P_o die in (2.1.2) angegebene uniforme Verteilung: $P_o(u) = 1/N$ für jedes $u \in G$. Zu der dadurch erzeugten Verteilung von Y und $(Y \mid G_i)$ siehe Lemma (2.1.6).

(3.1.6) Definition:

Es sei $(G_i^{n_i}, P_{(n_i)})$ eine Stichprobe aus G_i, die wir auch kurz mit $\underline{U}_i$ bezeichnen. Es sei $(G^n, P_{(n)})$ eine Stichprobe aus G, die wir auch kurz mit $\underline{U}$ bezeichnen. $\underline{U}$ heißt geschichtete Stichprobe aus G mit den Teilstichproben $\underline{U}_i$, Quoten n_i/n (der $\underline{U}_i$)$(i=1,..,k)$, falls

$$(3.1.7)\quad (G^n, P_{(n)}) = \prod_i (G_i^{n_i}, P_{(n_i)}).$$

Statt (3.1.7) schreiben wir auch kurz:

$$(3.1.8)\quad \underline{U} = (\underline{U}_1,\ldots,\underline{U}_k),\ P_{(n)}(\underline{U}) = P_{(n_1)}(\underline{U}_1)\cdot\ldots\cdot P_{(n_k)}(\underline{U}_k).$$

Die gemäß (1.2.16) erzeugte Stichprobe von $\underline{Y}$ (erzeugt durch $\underline{U}$) heißt geschichtete Stichprobe aus Y, falls $\underline{Y} = (\underline{Y}_1,\ldots,\underline{Y}_k)$ ist und $\underline{Y}_i$ durch $\underline{U}_i$ gemäß (1.2.16) erzeugt wird für alle $i = 1,\ldots,k$. Natürlich ist dann $\underline{Y}_i$ eine Stichprobe aus $Y^i = (Y \mid G_i)$. $G_1,\ldots,G_k$ heißen die der Stichprobe zugrunde liegenden Schichten.

(3.1.9) Bemerkung. Die Technik der Ziehung einer geschichteten Stichprobe wird offenbar bestimmt durch
(1) die Techniken zur Ziehung der Teilstichproben,
(2) die Tatsache, daß diese k Ziehungen der Teilstichproben voneinander unabhängig zu erfolgen haben.

Wir werden uns im weiteren Verlauf dieses Kapitels mit dem wichtigen Spezialfall befassen, daß jedes $\underline{U}_i$ eine einfache Zufallsstichprobe (siehe Kapitel 2) ist.

3.2 MITTELWERTSCHÄTZUNG AUS GESCHICHTETEN STICHPROBEN.

Es sei μ der zu schätzende Mittelwert des auf G betrachteten Merkmals Y. Die Schätzung von μ erfolgt mit Hilfe von Schätzungen der Mittelwerte $\mu_i = E_{P_o}(Y \mid G_i)$ (siehe hierzu auch (3.1.3), (3.1.4)). Wir unterstellen daher zunächst, daß uns für jedes $i = 1,..,k$ eine Schätzfunktion

(3.2.1) $\hat{\mu}_i = \hat{\mu}_i(\underline{Y}_i)$ mit $E(\hat{\mu}_i) = \mu_i$, $\operatorname{Var} \hat{\mu}_i = \tau_i^2$

gegeben ist, wobei natürlich $\underline{Y} = (\underline{Y}_1,\dots,\underline{Y}_k)$ eine geschichtete Stichprobe aus Y ist. (Die Bildung von Erwartungswert und Varianz in (3.2.1) geschieht natürlich mit Hilfe der durch $P_{(n_i)}$ erzeugten Verteilung von $\hat{\mu}_i$.)

Wir setzen nun (mit (3.1.2)):

(3.2.2) $\hat{\mu} = \sum_{i=1}^{k} (N_i/N)\,\hat{\mu}_i$.

(3.2.3) <u>Satz</u>:

(1) $E(\hat{\mu}) = \mu$,

(2) $\operatorname{Var} \hat{\mu} = \sum_{i=1}^{k} (N_i/N)^2\,\tau_i^2$.

(3) Ist für jedes $i = 1,\dots,k$ $\hat{\tau}_i^2$ eine unverzerrte Schätzfunktion für τ_i^2, so ist $\widehat{\operatorname{Var}}\,\hat{\mu} = \sum_i (N_i/N)^2\,\hat{\tau}_i^2$ eine unverzerrte Schätzung für die Varianz von $\hat{\mu}$.

<u>Beweis</u>:

<u>Zu (1)</u>: Man beachte (3.2.1) und (3.1.5).

<u>Zu (2)</u>: Aufgrund von (3.1.8) und (3.2.1) gilt: $\hat{\mu}_1,\dots,\hat{\mu}_k$ sind voneinander unabhängig. Folglich gilt $\operatorname{Cov}(\hat{\mu}_i, \hat{\mu}_j) = 0$ für $i \neq j$. Hieraus folgt (mit (3.2.1)) die Behauptung.

<u>Zu (3)</u>: trivial wegen (2).

(3.2.4) <u>Definition</u>:

Eine geschichtete Stichprobe $\underline{Y} = (\underline{Y}_1,\dots,\underline{Y}_k)$ heißt <u>einfache geschichtete Stichprobe aus</u> Y, falls für jedes $i = 1,\dots,k$ $\underline{Y}_i$ eine einfache Zufallsstichprobe aus $Y^i = (Y \mid G_i)$ ist.

Es sei im folgenden $\underline{Y}$ eine einfache geschichtete Stichprobe aus Y mit $n_i = \#(\underline{Y}_i)$. Setze dann

(3.2.5) $\hat{\mu}_i = \bar{Y}^i = \frac{1}{n_i}\sum_{j=1}^{n_i} Y_j^i$ mit $\underline{Y}_i = (Y_1^i,\ldots,Y_{n_i}^i)$,

(3.2.6) $S_i^2 = \frac{1}{n_i}\sum_j (Y_j^i - \bar{Y}^i)^2$, $S_i^{*2} = \frac{n_i}{n_i-1} S_i^2$.

Wir führen ferner in Analogie zu (2.4.5) die folgenden Koeffizienten ein:

(3.2.7) $f_i = \begin{cases} (n_i/N_i) & \text{falls } \underline{Y}_i \text{ eine oZ-Stichprobe ist} \\ 0 & \text{falls } \underline{Y}_i \text{ eine mZ-Stichprobe ist;} \end{cases}$

$f_i^* = \begin{cases} (n_i-1)/(N_i-1) & \text{falls } \underline{Y}_i \text{ oZ-Stichprobe ist} \\ 0 & \text{falls } \underline{Y}_i \text{ mZ-Stichprobe ist.} \end{cases}$

Die in (3.2.2) erklärte Schätzfunktion hat nun die Gestalt

(3.2.8) $\hat{\mu} = \sum_i (N_i/N)\,\bar{Y}^i$.

(3.2.9) Satz:

$\underline{Y}$ sei eine einfache geschichtete Stichprobe aus Y. Dann gilt für die in (3.2.8) gegebene Schätzfunktion

(1) $E(\hat{\mu}) = \mu$,

(2) $\mathrm{Var}\,\hat{\mu} = \sum_{i=1}^{k} (N_i/N)^2(\sigma_i^2/n_i)(1 - f_i^*)$,

(3) $\widehat{\mathrm{Var}}\,\hat{\mu} = \sum_i (N_i/N)^2(S_i^{*2}/n_i)(1 - f_i)$ ist eine unverzerrte Schätzfunktion für Var $\hat{\mu}$.

Beweis:

Zu (1): Es ist $E(\bar{Y}^i) = \mu_i$ wegen (2.1.4), (2.1.5)(1), wegen (2.2.3), (2.2.4)(1); der Rest folgt nun aus (3.2.3)(1).

Zu (2): Mit (3.1.3) und (2.4.8)(2) erhält man: $\mathrm{Var}\,\bar{Y}^i = (\sigma_i^2/n_i)(1 - f_i^*) = \tau_i^2$. Der Rest folgt nun aus (3.2.3)(2).

Zu (3): Setze $\hat{\tau}_i^2 = (S_i^{*2}/n_i)(1 - f_i)$. Nach (2.4.9) und (2.4.10) ist dann $E(\hat{\tau}_i^2) = \tau_i^2$. Der Rest ist nun eine unmittelbare Konsequenz von (3.2.3)(3).

Um genauere Aussagen über Var $\hat{\mu}$ in (3.2.9)(2) machen zu können (und um dann eine geschichtete Stichprobe mit einer einfachen Zufallsstichprobe vergleichen zu können), müssen wir die Wahl der Teilstichprobenlängen n_i nun spezifizieren. Wir behandeln daher im folgenden Abschnitt das Problem der Aufteilung der Gesamtlänge n auf die Teilstichproben. Man spricht auch von der "Allokation" der Stichprobenlängen.

3.3 BESTIMMUNG DER STICHPROBENLÄNGEN.

Sind uns die Schichten $G_1,\ldots,G_k$ gegeben (wie wir das hier ja voraussetzen), so sind die Größen N_i und σ_i^2 in Var $\hat{\mu}$ in (3.2.9)(2) bestimmt. Wir betrachten daher Var $\hat{\mu}$ nur noch als Funktion der k Variablen $n_1,\ldots,n_k$. Wir behandeln das Problem der Wahl der n_i (der "Allokation") in drei Versionen, wobei freilich die zweite und dritte Version "dual" sind.

(1) Proportionale Allokation.
Wähle die n_i so daß gilt

(3.3.1) $n_i = n\cdot(N_i/N)$ oder $n_i/n = N_i/N$.

(Man macht sich leicht klar, daß (3.3.1) aus der Forderung folgt, n_i solle proportional zu N_i sein.)

(2) Kosten-optimale Allokation.
Gegeben sei die folgende Kostenfunktion, die die Kosten der Stichprobe in Abhängigkeit von den n_i angibt:

(3.3.2) $C = c_o + \sum_{i=1}^{k} c_i n_i$ (c_o, c_i Konstante).

Wähle nun die n_i so daß gilt:

(3.3.3) Var $\hat{\mu}$ = Min! unter der Bedingung $C = C_o$ mit vorgegebenen Kosten C_o.

(3) Kosten minimierende Allokation.
Wähle die n_i so, daß für die in (3.3.2) gegebene Kostenfunktion gilt:

(3.3.4) C = Min ! unter der Bedingung Var $\hat{\mu}$ = V_o

mit vorgegebener Varianz V_o (als Maß für die Schätzungenauigkeit).

Bemerkungen zu (1): Als Begründung für (1) könnte man einen naiven "Repräsentanz"-Gedanken anführen: damit die Stichprobe $\underline{U}$ die Population möglichst gut "repräsentiert", soll der Anteil n_i/n von $\underline{U}_i$ an $\underline{U}$ genau so groß sein wie der Anteil N_i/N von G_i an G. Diese Argumentation, so häufig sie in der Praxis auch vorkommen mag, berücksichtigt weder die Tatsache, daß in verschiedenen Schichten die Kosten für eine Ziehung verschieden sein können (siehe auch die Bemerkungen zu (2)) noch die Tatsache, daß z.B. bei einer sehr "homogenen" Schicht G_i (i.e. bei kleinem σ_i) schon mit vergleichsweise wenigen Stichprobenelementen eine "gute" Schätzung von μ_i erreicht werden kann, selbst wenn N_i "groß" ist.

Bemerkungen zu (2): Die in (3.3.2) gegebene Kostenfunktion geht davon aus, daß in Schicht G_i die Ziehung (und Befragung) eines Elements mit den Kosten c_i verbunden ist; ferner fallen -- unabhängig von den gewählten Stichprobenlängen -- fixe (Anfangs-)Kosten in Höhe c_o an. (In Schichten, die gut "erschlossen" sind -- wo also viele Daten verfügbar oder leicht beschaffbar, wo die zu Befragenden leicht erreichbar sind -- werden die Ziehungs-/Erhebungskosten pro Element geringer sein als in wenig "erschlossenen" Schichten. Man vergleiche z.B. die kurzen Wege zwischen den zu Befragenden innerhalb einer Stadt mit den Wegen in ländlichen Gebieten.)

Allokation (2) berücksichtigt die Kostensituation, gibt die Kosten für die Gesamtstichprobe vor und fragt nun nach der unter dieser Nebenbedingung "besten" Schätzung $\hat{\mu}$ aus (3.2.2) resp. (3.2.8) mit minimaler Varianz.

Bemerkungen zu (3): Die Kostensituation ist zunächst die gleiche wie in Allokation (2). Hier hat jedoch die Schätzgenauigkeit den Vorrang vor den Kostengesichtspunkten. Die Kosten sollen zwar minimiert werden, jedoch nicht zu Lasten der Schätzgenauigkeit.

Wir untersuchen nun genauer die vorgeschlagenen Bestimmungen von $n_1,\dots,n_k$.

(1) Proportionale Allokation.
Die n_i seien gemäß (3.3.1) bestimmt. Setzt man dies in Gleichung (2) von (3.2.9) ein, so erhält man

(3.3.5) Satz:
Bei proportionaler Allokation (3.3.1) gilt für (3.2.8)

$$\operatorname{Var} \hat{\mu} = \frac{1}{n}\sum_{i=1}^{k} (N_i/N)\,\sigma_i^2\,(1 - f_i^*).$$

Um den obigen Varianz-Ausdruck mit Var $\hat{\mu}$ bei einer einfachen Zufallsstichprobe zu vergleichen, setzen wir die in (3.1.5) angegebene Zerlegung von σ^2 in (2.4.8)(2) ein und erhalten (mit $P_{(n)}$ aus (2.1.3) oder (2.2.2)):

(3.3.6) $$\operatorname{Var}_{P_{(n)}} \bar{Y} = \frac{1}{n}\sum_i (N_i/N)\sigma_i^2(1-f^*) + \frac{1}{n}\sum_i (N_i/N)(\mu_i-\mu)^2(1-f^*).$$

Ferner beachten wir, daß wegen (3.3.1) gilt:

(3.3.7) $\bar{Y} = \hat{\mu}$ für $\hat{\mu}$ aus (3.2.8).

Die Schätzfunktion $\hat{\mu}$ ist also bei einer geschichteten Stichprobe mit proportionaler Allokation gleich dem arithmetischen Mittel der Stichprobe, das bei einfachen Zufallsstichproben (Kapitel 2) als Schätzfunktion diente. Dennoch unterscheiden sich die Varianzen, wie nun der aufgrund von (3.3.7) besonders instruktive Vergleich von (3.3.5) und (3.3.6) zeigt! Unterstellen wir, daß (wie dies in der Praxis fast immer der Fall ist) n_i/N_i "klein" ist für alle i, so daß wir "praktisch" $f_i^* \approx f_i$ für alle i und wegen (3.3.1) dann auch $f_i^* \approx f$ für alle i haben, so gilt nach (3.3.6) und (3.3.5):

$$(3.3.8) \quad Var_{(einfach)}\,\bar{Y} \approx Var_{(geschichtet)}\,\bar{Y} + \frac{1}{n}\sigma^2_{extern}$$

$$\text{mit } \sigma^2_{extern} \approx \sum_i (N_i/N)(\mu_i - \mu)^2(1 - f).$$

Der Ausdruck $\frac{1}{n}\sigma^2_{extern}$ stellt gleichsam den "Genauigkeitsgewinn" dar, den eine geschichtete Stichprobe gegenüber einer einfachen Zufalls-Stichprobe hat. Bei der Wahl der Schichten $G_1,\ldots,G_k$ wird man daher eine goße externe Varianz σ^2_{extern} bevorzugen. Das bedeutet nach (3.1.5), daß die internen σ_i^2 möglichst klein, die Schichten G_i bezüglich des Untersuchungsmerkmals Y also möglichst homogen sind.

Die obigen Überlegungen zum "Genauigkeitsgewinn" gelten a forteriori für die Allokationen (2) und (3), da die linke Seite in (3.3.8) ja gar nicht von den n_i abhängt und in (2) bzw. (3) bezüglich der n_i optimiert wird!

(2) <u>Kosten-optimale Allokation</u>.
Nach (3.3.3) und (3.3.2) lautet mit (3.2.9)(2) die Aufgabe: Minimiere

$$(3.3.9) \quad V = V(n_1,\ldots,n_k) = \sum_i (N_i/N)^2(\sigma_i^2/n_i)(1 - f_i^*)$$

unter der Nebenbedingung (mit $C_o' = C_o - c_o$ gegeben!)

$$(3.3.10) \quad C' = C'(n_1,\ldots,n_k) = \sum_i c_i n_i = C_o' ,$$

wobei $C' = C - c_o$ die variablen Kosten sind. Um diese Aufgabe zu lösen, hat man nach der bekannten Lagrangeschen Methode (siehe z.B. OSTROWSKI (1961) S.229ff) das folgende Gleichungssystem zu lösen:

$$(3.3.11)\quad \frac{\partial}{\partial n_i} F = 0, \frac{\partial}{\partial \alpha} F = 0 \quad \text{mit } F = V + \alpha(C' - C_o').$$

Das Problem in (3.3.11) ist, daß die in V in (3.3.9) auftretenden f_i^* von den n_i abhängen, sofern nicht $f_i^* = 0$ ist, also eine mZ-Stichprobe $\underline{U}_i$ vorliegt. Ist $f_i^* \neq 0$, so hat man in (3.3.11) freilich noch die Nebenbedingung $0 < n_i \leq N_i$ zu beachten. Bei hinreichend großen Schichten und nicht allzu großen $\sigma_i^2 = \mathrm{Var}(Y \mid G_i)$(siehe (3.3.14)) wird diese Bedingung in der Praxis jedoch obsolet sein. Beachten wir nun noch, daß in Analogie zu (2.4.6) gilt: $\sigma_i^2(1-f_i^*) = \sigma_i^{*2}(1-f_i)$ für $f_i^* \neq 0$, so wird, da f_i/n_i von n_i nicht mehr abhängt, die Aufgabe V zu minimieren identisch mit der Aufgabe, den Ausdruck

$$(3.3.12)\quad V' = V'(n_1,\ldots,n_k) = \textstyle\sum_i (N_i/N)^2 \sigma_i^{*2}/n_i$$

zu minimieren. Für die praktische Anwendung mit hinreichen großen N_i wird $\sigma_i^{*2} \approx \sigma_i^2$ sein, so daß wir dann haben:(V' aus (3.3.12))$\approx$(V aus (3.3.9) mit $f_i^* = 0$ für alle i). Sowohl bei mZ- wie bei oZ-Stichproben setzen wir daher in (3.3.11) $f_i^* = 0$ für alle i und erhalten nach einer leichten Rechnung aus (3.3.11):

$$(3.3.13)\quad -(N_i\sigma_i/N)^2 n_i^{-2} + \alpha c_i = 0, \quad \textstyle\sum_j c_j n_j = C_o' \quad \text{(alle i).}$$

Die Auflösung von (3.3.13) nach den n_i führt zum Ergebnis

$$(3.3.14)\quad n_i = K_o \frac{N_i}{N} \sigma_i / \sqrt{c_i} \quad \text{mit}$$

$$(3.3.15)\quad K_o = C_o' / \textstyle\sum_j (N_j \sigma_j \sqrt{c_j}/N) .$$

Daß in (3.3.14) n_i mit N_i und σ_i wächst und abnimmt, wenn c_i wächst, ist auch intuitiv einsichtig.

Aus (3.3.14), (3.3.15) läßt sich sofort die folgende Aussage ableiten:

(3.3.16) Satz:

Ist σ_i von i unabhängig, also etwa $\sigma_i = \sigma_o$ für alle i, ist desgleichen c_i von i unabhängig, also etwa $c_i = c$ für alle i, so ist die Kosten-optimale Allokation (3.3.14) identisch mit der proportionalen Allokation (3.3.1).

(3) Kosten minimierende Allokation.

Nach (3.3.4) haben wir C bzw. C' aus (3.3.10) zu minimieren unter der Nebenbedingung $V = V_o$ mit V aus (3.3.9). Aufgrund der zu (3.3.12) führenden Überlegungen setzen wir in (3.3.9) $f_i^* = 0$ für alle i. Die Lösung dieser Minimierungsaufgabe muß dann aber die Gestalt haben:

(3.3.17) $n_i = K_{oo} \frac{N_i}{N} \sigma_i / \sqrt{c_i}$ (mit K_{oo} in (3.3.18))

mit der zu bestimmenden Porportionalitätskonstanten K_{oo}. Natürlich folgt (3.3.17) aus (3.3.14) wegen der Dualität der Aufgaben (2) und (3).

Um K_{oo} in (3.3.17) zu bestimmen, setzen wir (3.3.17) in (3.3.9) mit $f_i^* = 0$ ein und erhalten so

$V_o' = \sum_i (N_i/N)^2 \sigma_i^2 N \sqrt{c_i} / (K_{oo} N_i \sigma_i)$; löst man diese Gleichung nach K_{oo} auf, so findet man

(3.3.18) $K_{oo} = \frac{1}{V_o'} \sum_i (N_i/N) \sigma_i \sqrt{c_i}$, wobei

(3.3.19) V_o' = gegebener Wert für $\sum_i (N_i/N)^2 (\sigma_i^2/n_i)$.

Da n_i aus (3.3.17) mit n_i aus (3.3.14) übereinstimmt, erhalten wir eine interessante Relation zwischen C_o' aus (3.3.10) und V_o' aus (3.3.19), indem wir in (3.3.19) n_i aus (3.3.14) einsetzen und noch (3.3.15) beachten:

(3.3.20) $V_o' C_o' = (\sum_i \sigma_i \sqrt{c_i} N_i / N)^2$.

Der Spezialfall $c_i = c$ für alle i führt zu $C_o' = c\,n$, so daß wir aus (3.3.20) dann

(3.3.21) $V_o' = \frac{1}{n} (\sum_i \sigma_i N_i / N)^2 = V_{min}$

erhalten; V_{min} ist das Minimum des von den f_i^* unabhängigen Teils von V aus (3.3.9). (Man pflegt bei (3.3.21) auch von "Neyman-optimaler" Varianz resp. Allokation zu reden.)

(3.3.22) Bemerkung: Will man mehrere Merkmale gleichzeitig betrachten -- etwa $Y^{(1)},...,Y^{(m)}$ --, so erhält man modifizierte Aufgaben: man hat die Varianzen von m Schätzfunktionen in den Nebenbedingungen oder in der zu minimierenden Zielfunktion. Wir verweisen hierzu z.B. auf SCHÄFFER (1971), SCHNEEBERGER (1973).

3.4 BEMERKUNGEN ZUR WAHL DER SCHICHTEN.

In den vorausgegangenen Abschnitten waren die Schichten $G_1,...,G_k$ und damit die Parameter $\mu_i = E(Y \mid G_i)$ und $\sigma_i^2 = Var\,(Y \mid G_i)$ fest vorgegeben. Nun gehen die σ_i entscheidend in die Varianz des Schätzers $\hat{\mu}$ ein (siehe (3.2.9)(2)). Es entsteht daher die Frage, ob man -- sofern die Bildung der Schichten nicht von vornherein festgelegt ist (z.B. durch vorgefundene institutionelle Bedingungen) -- durch geeignete Wahl resp. Definition der "Schichten" erreichen kann, daß die internen Varianzen innerhalb dieser Schichten "klein" werden.

Es liegt hier ein weiteres Optimierungsproblem vor, das zu behandeln nur mit Hilfe nicht-elementarer Methoden und Techniken möglich ist (siehe die weiter unten angegebene Literatur); bei einfacheren Verfahren der Wahl der

Schichten mit Hilfe von "Schichtungsmerkmalen" (wie sie in (3.4.3) erklärt sind) müssen zusätzliche Informationen über Zusammenhänge zwischen Erhebungs- und Schichtungsmerkmal vorliegen.

Für eine kurze Übersicht über die in der Literatur vorgeschlagenen Methoden möge der Leser RAJ (1968) konsultieren. Dort sind auch ausführlichere Literaturhinweise zu finden. Zur neueren Literatur siehe u.a. ANDERSON/KISH/CORNELL (1976), BAXI(1971), KOSSACK/BAXI (1971), BÜHLER/DEUTLER (1975). Wir skizzieren im folgenden die beiden wichtigsten Verfahren der Schichtenbildung.

(1) Die Dalenius-Gleichungen.
Man betrachte k-1 Variable $a_1,\ldots,a_{k-1}$; ferner $a_o = \text{Min}\{Y(u): u \in G\}$, $a_k = \text{Max}\{Y(u): u \in G\}$. Definiere G_i und damit N_i resp. N_i/N und σ_i^2 in Abhängigkeit von $a_1,\ldots,a_{k-1}$ durch die Gleichung:

$$(3.4.1)\quad G_i = G_i(a_{i-1},a_i) = \{u \in G:\ a_{i-1} < Y(u) \leq a_i\}$$

(mit einer offensichtlichen Modifikation für $i-1=0$).
Bei der Neyman-optimalen Allokation (3.3.17) mit $c_i = c$ und damit mit (3.3.21) müssen die für V_{min} optimalen a_i die folgenden "Dalenius"-Gleichungen erfüllen:

$$(3.4.2)\quad (\sigma_i^2 + (a_i - \mu_i)^2)/\sigma_i = (\sigma_{i+1}^2 + (a_i - \mu_{i+1})^2/\sigma_{i+1}\,.$$

(Siehe z.B. RAJ (1968) S.71f.) Da über (3.4.1) die σ_i^2 und μ_i von den a_i abhängen, ist (3.4.2) nicht elementar zu lösen. Überdies sind weitere Informationen a priori über Y nötig, um diese Abhängigkeiten in brauchbarer Form angeben zu können.

(2) Schichtungsmerkmale.
In der Praxis wird man oft nach einem mit dem Erhebungsmerkmal Y eng korrelierten Merkmal X suchen, über das

man schon geeignete Vorinformationen hat, die eine Schichtenbildung über X in der folgenden Weise gestatten: Setze

(3.4.3) $G_i = \{u : u \in G,\ X(u) \in B_i\}$, wobei $B_1,\ldots,B_k$ eine Zerlegung des Wertebereiches von X ist.

Wird X so für die Schichtenbildung genutzt, nennt man X ein <u>Schichtungsmerkmal</u>.

In vielen praktischen Fällen wird ein Schichtungsmerkmal X nur "qualitativer" Natur sein mit den Merkmalsausprägungen $B_1,\ldots,B_k$. X schwankt dann in G_i überhaupt nicht, und bei einer guten Korrelation zwischen Y und X wird dann auch Y nur "wenig" in G_i variieren.

In der amtlichen Statistik der Bundesrepublik werden u.a. folgende qualitative Schichtungsmerkmale benutzt: Bundesland, Gemeindegrößenklasse, Straßenart u.v.a.m. (siehe STATISTISCHES BUNDESAMT: Arbeitsgebiet (1976), S.374ff).

3.5 NACHTRÄGLICHE SCHICHTUNG (Post-Stratification)

Die "nachträgliche" Schichtung ist in gewisser Weise eine Mischform aus einfacher und geschichteter Stichprobe; sie versucht, bei einer gezogenen einfachen Zufallsstichprobe die Vorteile einer geschichteten Stichprobe (siehe (3.3.8)) wenigstens nachträglich zu nutzen. Dies wird in der Praxis u.a. dann angezeigt sein, wenn man anhand der gezogenen einfachen Stichprobe "sieht", daß eine geschichtete Stichprobe vorteilhafter gewesen wäre. (Man stellt z.B. nach Ermittelung von $\underline{Y}$ fest, daß Y in der Gruppe der Frauen und in der Gruppe der Männer jeweils "relativ wenig" schwankt. Eine geschichtete Stichprobe mit den Schichten "Frauen" und "Männer" wäre angezeigt gewesen.)

(3.5.1) <u>Anmerkung</u>: Man kann die nachträgliche Schichtung als Spezialfall von "geschichteten Doppelstichproben" betrachten, die in Kapitel 7 behandelt werden. (Siehe auch (7.1.4).)

Es sei $\underline{U} = (U_1,\dots,U_n)$ eine einfache mZ-Stichprobe aus G, $\underline{Y}$ eine einfache mZ-Stichprobe aus Y (siehe (2.1.1)). Es sei ferner die Schichtung $G_1,\dots,G_k$ von G gegeben mit $N_i > 0$ (siehe (3.1.2)) für alle i. Definiere nun die folgenden k von $\underline{U}$ abhängenden Zufallsvariablen

(3.5.2) $n_i^! = \# \{ j: U_j \in G_i \}$; für $n_i^! = 0$ setze auch $\frac{1}{n_i^!} = 0$.

$n_i^!$ gibt also an, wieviel Stichprobenelemente von $\underline{U}$ aus der Schicht G_i stammen. Natürlich kann -- bei gegebener Schichtung -- $n_i^! = 0$ vorkommen. Für das arithmetische Mittel der Y_j, die aus der i-ten Schicht kommen, setzen wir daher

(3.5.3) $\hat{\mu}_i^! = (1/n_i^!) \sum_{j:\, U_j \in G_i} Y_j$, falls $n_i^! > 0$ ist,

$\hat{\mu}_i^! = 0$, falls $n_i^! = 0$ ist.

Die Idee der <u>nachträglichen</u> <u>Schichtung</u> ist nun, in die Schätzung für μ die "Teilschätzung" $\hat{\mu}_i^!$ mit dem Gewicht N_i/N eingehen zu lassen -- ganz analog zu (3.2.2):

(3.5.4) $\hat{\mu}' = \sum_{i=1}^{k} (N_i/N)\, \hat{\mu}_i^!$.

(Im Gegensatz zu (3.5.4) enthält das arithmetische Mittel $\bar{Y}$ die Teilschätzung $\hat{\mu}_i^!$ mit dem Gewicht $n_i^!/n$, da ja $\bar{Y} = \sum_i (n_i^!/n)\, \hat{\mu}_i^!$ ist.)

Wir werden im folgenden nur approximative Aussagen über Erwartungswert und Varianz von $\hat{\mu}'$ aus (3.5.4) machen. Dies geschieht, indem wir $E(\hat{\mu}')$ und Var $\hat{\mu}'$ "zerlegen" in jeweils einen "wesentlichen" Teil und einen "Restteil" und untersuchen, wie schnell diese Reste gegen Null streben, wenn die Stichprobenlänge n gegen "unendlich" geht. Um die "Geschwindigkeit" genauer angeben zu können, mit der ein solcher "Rest" r_n in Abhängigkeit von n gegen 0 geht, wenn $n \rightarrow \infty$ geht, vergleichen wir die Nullfolge (r_n: n=1,2,...) mit den speziellen Nullfolgen (d_n: n=1,2,...) der Form $d_n = (1/n^t)$, wobei $t > 0$ eine feste reelle Zahl ist.

(3.5.5) Definition:

Eine Folge (r_n: n=1,2,...) — hier auch kurz mit (r_n) bezeichnet — heißt von der Ordnung t falls gilt: Es gibt eine Konstante A(t) mit

(3.5.6) $$r_n \cdot n^t \leq A(t) \quad \text{für alle } n.$$

Wir schreiben dann auch kurz

(3.5.7) $(r_n) = O(1/n^t)$ oder nur $r_n = O(1/n^t)$

und sagen daß die Folge (r_n) genau so schnell gegen 0 geht wie die Folge ($1/n^t$). Gilt (3.5.7) für jedes $t > 0$, so schreiben wir kurz

(3.5.8) $r_n = O(1/n^{\infty})$.

Im mathematischen Anhang in den Abschnitten M.4 und M.5 sind die wichtigsten hier benötigten Aussagen über Nullfolgen zusammengestellt. Wir geben nun Erwartungswert und Varianz von $\hat{\mu}'$ aus (3.5.4) approximativ an:

(3.5.9) Satz:

(1) $E(\hat{\mu}') = \mu + O(1/n^{\infty})$;

(2) $\operatorname{Var} \hat{\mu}' = \frac{1}{n}\sum_{i=1}^{k}(N_i/N)\sigma_i^2 + O(n^{-2})$.

Beweis:

Zu (1): Zunächst gilt für n_i' aus (3.5.2):

(3.5.10) n_i' ist BV(n, $p_i = N_i/N$)-verteilt.

(n_i' ist gleich der Anzahl der positiven Antworten auf die n voneinander unabhängigen Fragen: liegt das Ergebnis U_j in G_i ? mit $j=1,..,n$. Siehe auch (M.1.1).) Für $\hat{\mu}_i'$ aus (3.5.3) erhält man mit Hilfe von (M.2.2) :
$E(\hat{\mu}_i') = E(\hat{\mu}_i' | n_i' > 0)P(n_i' > 0) + E(\hat{\mu}_i' | n_i' = 0)P(n_i' = 0)$.
Aus (M.4.5)(1) und (3.5.10) folgern wir alsbald

(3.5.11) $E(\hat{\mu}_i') = \mu_i + O(1/n^{\infty})$;

denn es ist ja $E(\hat{\mu}_i') = E(\hat{\mu}_i' | n_i' > 0)(1 - O(1/n^{\infty})) + 0$ $= E(\hat{\mu}_i' | n_i' > 0) + O(1/n^{\infty})$, und für jeden Wert m von n_i' mit $m > 0$ gilt offenbar (siehe (3.5.3)!): $E(\hat{\mu}_i' | n_i' = m) = \mu_i$; hieraus ergibt sich dann (3.5.11).

Aufgrund von (3.5.11) erhalten wir nun aus (3.5.4): $E(\hat{\mu}') = \sum_i (N_i/N)\mu_i + O(1/n^{\infty})$. (3.1.5) ergibt dann die in (1) ausgesprochene Behauptung.

<u>Zu (2)</u>: Aus (M.3.5) erhalten wir

(3.5.12) $\mathrm{Var}\ \hat{\mu}' = E(\mathrm{Var}(\hat{\mu}' | n_1',..,n_k')) + \mathrm{Var}\ E(\hat{\mu}' | n_1',..,n_k')$.

Wir zeigen zunächst:

(3.5.13) $\mathrm{Var}\ E(\hat{\mu}' | n_1',...,n_k') = O(1/n^{\infty})$.

Um (3.5.13) zu zeigen, beweisen wir:

(3.5.14) $\mathrm{Var}\ E(\hat{\mu}_i' | n_i') = O(1/n^{\infty})$,

$\mathrm{Cov}\ (E(\hat{\mu}_i' | n_i'), E(\hat{\mu}_j' | n_j')) = O(1/n^{\infty})$ für $i \neq j$.

$E(\hat{\mu}_i' | n_i')$ hat die Werte μ_i und 0 mit den Wahrscheinlichkeiten $P(n_i' > 0)$ und $P(n_i' = 0)$ resp., hat also die Verteilung einer Zufallsvariablen $\mu_i \cdot X$, wobei X BV($1, P(n_i' > 0)$)-verteilt ist. Daher ist $\mathrm{Var}\ E(\hat{\mu}_i' | n_i') = \mu_i^2\ \mathrm{Var}\ X$, und $\mathrm{Var}\ X = P(n_i' > 0)P(n_i' = 0) = O(1/n^{\infty})$ wegen (3.5.10) und (M.4.5)(1). Damit ist der erste Teil von (3.5.14) bewiesen. Zum Nachweis des zweiten Teils in (3.5.14) bemerken wir zunächst, daß wegen (3.5.11) und (M.2.9) gilt: $E(E(\hat{\mu}_i' \mid n_i')) \cdot E(E(\hat{\mu}_j' \mid n_j')) = \mu_i \cdot \mu_j + O(1/n^\infty)$. Wir brauchen daher nur noch zu zeigen: $E(E(\hat{\mu}_i' \mid n_i') \cdot E(\hat{\mu}_j' \mid n_j')) = \mu_i \cdot \mu_j + O(1/n^\infty)$. Diese letzte Gleichung folgt jedoch aus der Tatsache, daß die Produkt-Variable $E(\hat{\mu}_i' \mid n_i')E(\hat{\mu}_j' \mid n_j')$ nur die Werte $\mu_i \cdot \mu_j$ und 0 annimmt mit den Wahrscheinlichkeiten $P(n_i' > 0, n_j' > 0)$ und $P(n_i' = 0$ oder $n_j' = 0)$ resp.; $P(n_i' = 0$ oder $n_j' = 0) \leq P(n_i' = 0) + P(n_j' = 0)$ ist aber von der Ordnung $O(1/n^\infty)$, so daß $P(n_i' > 0, n_j' > 0) = 1 - O(1/n^\infty)$ ist. Damit ist auch der zweite Teil von (3.5.14), also auch (3.5.13) nachgewiesen. Um den Beweis der Behauptung (2) zu vollenden, zeigen wir nun:

$$(3.5.15) \quad E(Var(\hat{\mu}' \mid n_1', \ldots, n_k')) = \frac{1}{n}\sum_i (N_i/N)\,\sigma_i^2 + O(n^{-2}) .$$

Aus (3.5.12) und (3.5.15) folgt mit (M.4.1) und (3.5.13) dann die Behauptung (2). Zum Nachweis von (3.5.15) beachten wir, daß mit gegebenen n_i' die Schätzung $\hat{\mu}'$ wie bei einer geschichteten Stichprobe mit Teilstichprobenlängen n_i' erfolgt, so daß wir aus (3.2.3)(2) erhalten:

$$(3.5.16) \quad E(Var(\hat{\mu}' \mid n_1', \ldots, n_k')) = \sum_i (N_i/N)^2 E(Var(\hat{\mu}_i' \mid n_i')).$$

Damit wir (3.5.15) aus (3.5.16) folgern können, zeigen wir:

$$(3.5.17) \quad E(Var(\hat{\mu}_i' \mid n_i')) = \frac{1}{n}(N/N_i)\sigma_i^2 + O(n^{-2}) .$$

Aufgrund von (2.1.5)(2) und (3.5.3) können wir die Werte der Zufallsvariablen $Var(\hat{\mu}_i' \mid n_i')$ angeben: 0 falls $n_i' = 0$ ist, σ_i^2/n_i' falls $n_i' > 0$ ist. Daher ist $E(Var(\hat{\mu}_i' \mid n_i')) = E(\sigma_i^2/n_i')$, wobei wir noch ausnutzen, daß nach (3.5.2) die Zufallsvariable $1/n_i'$ den Wert 0 annimmt, falls n_i' gleich 0 ist.

Um nun (3.5.17) zu beweisen, brauchen wir also nur noch zu zeigen: $E(\sigma_i^2/n_i^!) = \frac{1}{n}(N/N_i)\sigma_i^2 + O(n^{-2})$ oder

(3.5.18) $E(1/n_i^!) = \frac{1}{n}\frac{N}{N_i} + O(n^{-2}) = 1/E(n_i^!) + O(n^{-2})$.

Zum Beweis von (3.5.18) stellen wir $n_i^!$ dar als $n_i^! = n\,\overline{Z}_i$ mit $\overline{Z}_i = \frac{1}{n}\sum_{j=1}^{n} Z_{ij}$, wobei die $Z_{ij} = Z_{ij}(\underline{U})$ wie folgt erklärt sind:

$$Z_{ij} = \begin{cases} 1 & \text{falls } U_j \text{ aus } G_i \text{ stammt,} \\ 0 & \text{sonst.} \end{cases}$$

Die Z_{ij} sind für $j = 1,..,n$ (i fest!) unabhängig und identisch $BV(1, N_i/N)$- verteilt, so daß wir nun (M.5.5)(4) anwenden können: $E(1/\overline{Z}_i) = 1/E(\overline{Z}_i) + O(1/n)$. Da aber $E(\overline{Z}_i) = N_i/N$, also $1/E(\overline{Z}_i) = N/N_i$ ist, erhält man: $E(1/n_i^!) = (1/n)E(1/\overline{Z}_i) = \frac{1}{n}\frac{N}{N_i} + \frac{1}{n}O(1/n)$, also (3.5.18).

Zur Frage, ob statt Var $\hat{\mu}'$ der Ausdruck

(3.5.19) $Var(\hat{\mu}' |\, n_1^! > 0,\ldots,n_k^! > 0) = \sum_i (N_i/N)^2\,\sigma_i^2/n_i^!$

als "Maß" für die "Güte" der Schätzung $\hat{\mu}'$ aus (3.5.4) zu benutzen ist: siehe HOLT/SMITH (1979) .

3.6 QUOTEN-STICHPROBEN.

Oft ist es nicht möglich, bei einer gegebenen Schichtung $G_1,\ldots,G_k$ von G eine geschichtete Stichprobe zu ziehen, weil die Elemente der einzelnen Schichten nicht "verfügbar" sind resp. keine "Adressenlisten" der G_i existieren. Dies ist in der Praxis sehr oft dann der Fall, wenn man gleichzeitig nach mehreren Merkmalen wie Beruf, Einkommen, Religion, bevorzugte Partei (u.v.a.m) schichtet. Als Ausweg kann man dann wie folgt verfahren: Man zieht fortlaufend aus G, bis man für jede Schicht die gewünschte

Quote (bei der Idee der proportionalen Allokation also die Quote N_i/N für G_i) erhält und dabei die für die (weitere) Befragung nicht mehr benötigten Stichprobenelemente außer acht läßt. (Ein anderer Ausweg sind die in Abschnitt 7.1 beschriebenen "geschichteten Doppelstichproben".)

Wir präzisieren in diesem Abschnitt das oben skizzierte Verfahren. Natürlich sind auch andere Möglichkeiten denkbar, die gewünschten Quoten auszuwählen -- bis hin zu der Maßgabe, der "Interviewer" suche sich die zu Befragenden völlig willkürlich, so daß statistische Eigenschaften der Schätzung nicht mehr angegeben und untersucht werden können. (Das ist oft alles, was in Büchern über Stichproben zum Thema "Quoten-Stichproben gesagt wird. Siehe RAJ (1968) S.26, KONIJN (1973) S.189f. u.a.)

Es sei $G_1,\dots,G_k$ eine Schichtung von G mit $N_i > 0$ für alle i (siehe (3.1.2)). Es sei ferner gegeben:

(3.6.1) m = gewünschte Länge der gesamten Stichprobe,
$m_i = m \cdot N_i/N$ = gewünschte Länge der aus G_i stammenden i-ten Teilstichprobe.

<u>Bemerkung</u>: Statt der Quoten $m_i/m = N_i/N$ kann man natürlich andere Quoten vorgeben. Wichtig ist nur, daß $m_1,\dots,m_k$ und damit deren Summe m vorgegeben ist.

Zu jeder natürlichen Zahl n sei $\underline{U}_n = (U_{n,1},\dots,U_{n,n})$ eine einfache mZ-Stichprobe aus G. Wir betrachten nur solche Folgen $(\underline{U}_n : n = 1,2,3,\dots)$ von Stichproben für die gilt:

$\underline{U}_{n+1} = (\underline{U}_n, U_{n+1,n+1})$. Für jedes $i = 1,\dots,k$ sei nun

(3.6.2) $I_{n,i} = \{ j : U_{n,j} \in G_i \}$;
$n(i) = \operatorname{Min}\{ n : \#(I_{n,i}) = m_i \}$.

Um die i-te Teilstichprobe $\underline{U}_n^i$ zu definieren, führen wir folgende Schreibweise ein (man kann $\sqcap$ als eine Art "Durchschnittssymbol" interpretieren):

(3.6.3) $\underline{U}_n \sqcap G_i = (U_{n,j_1},\dots,U_{n,j_r})$ mit

$$I_{n,i} = \{j_1,\dots,j_r\}, \quad j_1 < \dots < j_r .$$

$\#(\underline{U}_n \sqcap G_i) = r$ ist die Anzahl der Komponenten des Tupels $\underline{U}_n \sqcap G_i$; r ist gleich der Anzahl der aus G_i stammenden Elemente der Stichprobe $\underline{U}_n$. Die i-te Teilstichprobe wird nun definiert als

(3.6.4) $\underline{U}_n^i = \underline{U}_n \sqcap G_i$, falls $\#(\underline{U}_n \sqcap G_i) \leq m_i$,

$\quad = \underline{U}_{n(i)} \sqcap G_i$, falls $\#(\underline{U}_n \sqcap G_i) > m_i$

mit n(i) aus (3.6.2). Da $\underline{U}_n$ eine mZ-Stichprobe ist, brauchen die Komponenten von $\underline{U}_n \sqcap G_i$ nicht verschieden zu sein; da sie jedoch verschiedene Indizes $j_1,\dots,j_r$ tragen, sind sie unterscheidbar und können wie verschiedene Elemente behandelt werden.

(3.6.5) Definition:

Das durch (3.6.4) mit (3.6.2), (3.6.3) erklärte Tupel $\underline{U}_n^Q = (\underline{U}_n^1,\dots,\underline{U}_n^k)$ heißt die durch $\underline{U}_n$ induzierte Quotenstichprobe mit den durch (3.6.1) gegebenen Quoten.

Gemäß (3.6.4) gilt offenbar $\#(\underline{U}_n^i) \leq m_i$ für alle i und daher $\#(\underline{U}_n^Q) \leq m$. Würde man n so wählen wollen, daß für alle i gilt: $\#(\underline{U}_n^i) = m_i$, so hätte man ein "sequentielles" Verfahren vorliegen, bei dem die Anzahl n der in $\underline{U}_n$ zu ziehenden Elemente gegebenenfalls beliebig groß werden kann. Um dies zu verhindern, setzen wir (wie dies in der Praxis unausweichlich ist) für n eine Obergrenze n_{Ob} fest. Die tatsächliche Länge der einfachen mZ-Stichprobe $\underline{U}$ ist dann offensichtlich

(3.6.6) $n_o = \mathrm{Min}\,\{ n_{Ob},\ n:\ n = 1,2,\dots;\ \#(\underline{U}_n^i) = m_i$ für alle $i = 1,\dots,k \}$.

(3.6.7) Definition:

Mit $n = n_o$ in (3.6.5) heißt $\underline{U}^Q_{n_o}$ eine Quotenstichprobe.

Die Teilstichprobenlängen sind

$m_{o,i} = \#(\underline{U}^i_{n_o}) = \text{Min}\{m_i, \#(\underline{U}^i_{n_{Ob}})\}$; $m_o = \sum_i m_{o,i}$

$= \#(\underline{U}^Q_{n_o})$ ist die Länge der Quotenstichprobe.

Für die Schätzung von μ verfahren wir wie bei der nachträglichen Schichtung (siehe (3.5.3) und (3.5.4)):

$$(3.6.8)\quad \hat{\mu}^Q_i = (1/m_{o,i}) \sum_{(u \in \underline{U}^i_{n_o})} Y(u), \text{ falls } m_{o,i} > 0,$$

$$\hat{\mu}^Q_i = 0 \text{ falls } m_{o,i} = 0 \text{ ist,}$$

wobei die Summation in der ersten Zeile über die $m_{o,i}$ Komponenten von $\underline{U}^i_{n_o}$ läuft (so ist dort die Notation $u \in \underline{U}^i_{n_o}$ zu verstehen; siehe auch (3.6.11)). Setze nun

$$(3.6.9)\quad \hat{\mu}^Q = \sum_{i=1}^k (N_i/N)\,\hat{\mu}^Q_i .$$

(3.6.10) Satz:

$$E(\hat{\mu}^Q) = \mu + O(1/n^{\infty}_{Ob}) .$$

Beweis:

Es genügt für (3.6.8) zu zeigen: $E(\hat{\mu}^Q_i) = \mu_i + O(1/n^{\infty}_{Ob})$. Analog zum Beweis von (3.5.11) haben wir mit (M.2.9) und mit (M.2.2): $E(\hat{\mu}^Q_i) = E(E(\hat{\mu}^Q_i \mid m_{o,i}) \mid m_{o,i} > 0) P(m_{o,i} > 0) =$ $\mu_i \cdot (1 - P(m_{o,i} = 0))$, da für jeden festen Wert $m'_{o,i}$ von $m_{o,i}$ mit $m'_{o,i} > 0$ gilt: $E(\hat{\mu}^Q_i \mid m_{o,i} = m'_{o,i}) = \mu_i$. Wir haben daher nur noch zu zeigen: $P(m_{o,i} = 0) = O(1/n^{\infty}_{Ob})$. Nun ist aber $P(m_{o,i} = 0) = P(\underline{U}_{n_{Ob}} \cap G_i = \emptyset) = (1 - (N_i/N))^{n_{Ob}}$. Dies ist nach (M.4.3) von der Ordnung $O(1/n^{\infty}_{Ob})$.

(3.6.11) Bemerkung: In (3.6.8) durchläuft der Summationsindex u eine geordnete Menge. Dabei -- und künftig -- beachte man folgende Konvention: Ist die geordnete Menge ein m-Tupel, so sind die Komponenten mit den m verschiedenen Indices 1,...,m versehen und werden wie m verschiedene (unterscheidbare) Elemente behandelt. Ob die Komponenten selbst verschieden sind, ist obsolet.

SCHLUSS-BEMERKUNGEN.

Zur Wahl der Stichprobenlänge:

Zur Ergänzung und systematischen Einordnung von Abschnitt 3.3 siehe (8.4.3), (8.4.4), (8.4.5), (8.4.6) und die Abschnitte 8.1 bis 8.3.

Zu Beispielen:

Abschnitt 10.2 enthält Beispiele zu diesem 3.Kapitel: 3.Beispiel zu mZ-Stichproben mit proportionaler Allokation, 4.Beispiel zur Kostenoptimalen Allokation, 5. Beispiel zur nachträglichen Schichtung.

==================

LITERATURHINWEISE.

Bücher:

RAJ (1968) S.61-78; SOM (1973) Ch's 9, 10, 12, 13; STENGER (1971) S.147-168.

Zeitschriftenartikel:

ANDERSON/KISH/CORNELL (1976); BAXI (1971); BÜHLER/DEUTLER (1975); DALENIUS/HODGES (1959); FRANK (1970); HOLT/SMITH (1979); KOKAN/KHAN (1967); KOSSACK/BAXI (1971); ROYALL/HERSSON (1973b); SÄRNDAL (1968); SCHÄFFER (1971); SCHNEEBERGER (1970), (1973); SCHNEEBERGER/GOLLER (1979); SINGH (1975a), (1975b); STANGE (1971); SWINDEL/YANDLE (1972); THOMSEN (1977).

4. ZUFALLS-STICHPROBEN ZU ALLGEMEINEN VERTEILUNGEN.

(Sampling with Unequal Probabilities)

Bei den in Kapitel 2 behandelten einfachen Zufalls-Stichproben werden alle Elemente der für eine Ziehung zur Verfügung stehenden Population gleich behandelt. Wir wollen diese "Symmetrie" nun aufgeben und zulassen, daß die Elemente der Population uns verschieden "wichtig" sind: wir wollen zulassen resp. gewährleisten, daß die Wahrscheinlichkeit, mit der ein bestimmtes Element $u \in G$ in der Stichprobe vorkommt, von diesem u abhängt. Ist dieses u "wichtig", so soll diese Wahrscheinlichkeit "groß" werden.

Der Grund für ein solches Vorgehen ist, daß eine solche Verallgemeinerung von Zufallsstichproben zu Mittelwertschätzungen führt, die "besser" sind als die in Kapitel 2 benutzten arithmetischen Mittel; i.e. die Varianz eines Schätzers aus einer Zufallsstichprobe zu einer allgemeinen Verteilung kann kleiner sein als die Varianz des Stichprobenmittels. Um diese Verbesserung wirklich nutzbar machen zu können, braucht man freilich zusätzliche Informationen über die Merkmalswerte y_j (zur Notation: siehe Abschnitt 1.2; hier insbesondere (1.2.11)). Es wird sich nämlich zeigen, daß die der Ziehung zugrunde liegende Verteilung

(4.0.1) $P : u_j \longrightarrow p_j = P(u_j)$ mit $G = \{u_1,\ldots,u_N\}$

die Bedingung erfüllen sollte:

(4.0.2) $p_j = c \cdot y_j \quad (j = 1,\ldots,N)$ mit $y_j = Y(u_j)$.

(Siehe hierzu Abschnitt 4.2.) Die in (4.0.1) und (4.0.2) unterstellte Information ist i.a. natürlich nicht vorhanden; über "Hilfsvariable" werden wir (4.0.1), (4.0.2) dennoch zu nutzen versuchen. Vorzugsweise fungiert die "Größe" eines Elements $u \in G$ als eine solche Hilfsvariable. Über (4.0.2) kommt man dann zu Stichproben mit "größenproportionalen" Wahrscheinlichkeiten.

Die allgemeinen mZ-Stichproben werden in Abschnitt 4.1 behandelt. Abschnitt 4.2 begründet dann die Wahl der Verteilung P mit den oben genannten "größenproportionalen" Wahrscheinlichkeiten und gibt für mZ-Stichproben eine Technik der Ziehung an. Zufallsstichproben oZ zu einer Verteilung P findet man in 4.3; eine Technik dazu wird in Abschnitt 4.4 beschrieben.

Die wichtigsten Instrumente, mit deren Hilfe die Schätzfunktionen für μ formuliert werden, sind die folgenden Größen:

(4.0.3) $H_i = H_i(\underline{U})$ = Häufigkeit von u_i in der Stichprobe $\underline{U}$;

(4.0.4) π_i = Wahrscheinlichkeit, daß u_i in $\underline{U}$ vorkommt

$= P(H_i > 0)$;

$\pi_{ij} = P(H_i > 0,\ H_j > 0) = P(u_i$ und u_j sind in $\underline{U})$.

Es mag an dieser Stelle hilfreich sein, zu Abschnitt 2.4 zurück zu blättern, wo der Spezialfall $p_j = 1/N$ für alle $j = 1,\ldots,N$ behandelt wurde.

Die für die Ziehung notwendige Ausgangssituation ist zunächst identisch mit der in (1.1.1) dargestellten; man benötigt jedoch zusätzlich die Vorgabe P und damit die Kenntnis der den u_j gemäß (4.0.1) zugeordneten Werte p_j.

4.1 STICHPROBEN MIT ZURÜCKLEGEN (mZ) ZUR VERTEILUNG P.

Gegeben sei die Population $G = \{u_1,\dots,u_N\}$ und auf G das Merkmal Y mit dem Lage- bzw. Streuungsparameter μ bzw. σ^2 aus (1.2.11), (1.2.12), (1.2.13) und $\sigma*^2$ aus (1.2.14). Es sei P eine beliebige W-Verteilung auf G mit

(4.1.1) $p_j = P(u_j) > 0$ für alle $j = 1,\dots,N$.

Bei einer allgemeinen mZ-Stichprobe mit Verteilung P soll bei jedem Zug gelten: $P(u_j$ wird gezogen$) = p_j$. Wir spezifizieren daher die in (1.2.8) und (1.2.16) gegebenen Definitionen in folgender Weise:

(4.1.2) Definition:

Es sei $P_{(n)} = P^n$ die Produkt-Verteilung von P auf G^n. Dann heißt $\underline{U} = (U_1,\dots,U_n)$ aus (1.2.8) eine mZ-Stichprobe zur Verteilung P der Länge n. $\underline{Y} = (Y_1,\dots,Y_n)$ aus (1.2.16) heißt mZ-Stichprobe aus Y zur Verteilung P.

Aufgrund der Definition der Produktverteilung gilt (in abgekürzter, jedoch offensichtlicher Schreibweise):

(4.1.3) $P^n(\underline{U}) = P(U_1)\cdot \ldots \cdot P(U_n)$.

Es wird sich als bequem herausstellen, P auch als ein auf G definiertes Merkmal (gemäß (4.0.1)) aufzufassen. Die Stichprobe $\underline{U}$ erzeugt dann gemäß (1.2.16) eine Stichprobe aus P:

(4.1.4) $P_i = P_i(\underline{U}) = P(U_i)$; $\underline{P} = (P_1,\dots,P_n)$.

Wir betrachten nun den folgenden Schätzer für μ:

(4.1.5) $\hat{\mu}_P = \frac{1}{n}\sum_{i=1}^{n} Y_i/(NP_i)$.

(4.1.6) Satz:

(1) $E(\hat{\mu}_P) = \mu$, wobei $E = E_P$ der Operator der Erwartungswertbildung bezüglich der durch P^n (resp. P auf G) erzeugten Verteilung von $\hat{\mu}_P$ ist; siehe hierzu (1.4.7);

(2) $\mathrm{Var}\ \hat{\mu}_P = \frac{1}{n}\sum_{j=1}^{N} p_j\left(\frac{y_j}{Np_j} - \mu\right)^2 = \frac{1}{n}\left\{\sum_j \frac{1}{p_j}\left(\frac{y_j}{N}\right)^2 - \mu^2\right\}$,

wobei wiederum $\mathrm{Var} = \mathrm{Var}_P$ bezüglich der durch P^n auf G^n (resp. P auf G) erzeugten Verteilung von $\hat{\mu}_P$ zu bilden ist;

(3) Ein alternativer Ausdruck für die Varianz (2) ist

$$\mathrm{Var}_P\ \hat{\mu}_P = (1/nN^2)\sum_{\substack{i,j=1\\ i<j}}^{N} (y_i/p_i - y_j/p_j)^2\, p_i p_j \, .$$

Beweis:

Zu (1): Offenbar ist $\hat{\mu}_P$ aus (4.1.5) das arithmetische Mittel der Zufallsvariablen Y_i/NP_i, die gemäß (1.2.18) und (4.1.4) mit Hilfe der Zufallsvariablen Y/NP wie folgt erklärt sind:

(4.1.7) $(Y_i/NP_i)(\underline{U}) = (Y/NP)(U_i) = Y(U_i)/NP(U_i)$.

Wegen (4.1.3) und (4.1.7) gilt:

(4.1.8) Y_i/NP_i für $i = 1,\ldots,n$ sind unabhängig und identisch verteilt wie Y/NP.

Aufgrund von (4.1.8) und (4.1.5) können wir nun schließen (siehe etwa POKROPP (1977) (11.1.1) mit (10.2.3) oder auch hier den Beweis von (2.1.5) zusammen mit (2.1.6)(2) und (3) und Bemerkung (2.1.8)):

(4.1.9) (1) $E(\hat{\mu}_P) = E(Y/NP)$ mit $E = E_P$;

(2) $\mathrm{Var}\ \hat{\mu}_P = \frac{1}{n}\mathrm{Var}\,(Y/NP)$ mit $\mathrm{Var} = \mathrm{Var}_P$.

Da für die auf G erklärte Variable Y/NP gilt

(4.1.10) $(Y/NP)(u_j) = y_j/Np_j$ für $j = 1,\ldots,N$,

erhält man aus (4.1.10): $E(Y/NP) = \sum_j p_j(y_j/Np_j) = \frac{1}{N}\sum_j y_j$ $= \mu$; aus (4.1.9) (1) folgt nun die Behauptung.

Zu (2): Aus (4.1.10) erhält man: $Var\,(Y/NP) =$ $\sum_j p_j((y_j/Np_j) - \mu)^2$. (4.1.9)(2) ergibt nun die Behauptung.

Zu (3): Der in (3) angegebene Ausdruck ist gleich

$$(1/nN^2)\Big[\sum_{\substack{i,j\\ i<j}} (y_i^2/p_i)p_j + \sum_{\substack{i,j\\ i<j}} (y_j^2/p_j)p_i - 2\sum_{\substack{i,j\\ i<j}} y_iy_j\Big] =$$

$$(1/nN^2)\Big(\sum_{\substack{i,j\\ i\neq j}} (y_i^2/p_i)p_j - \sum_{\substack{i,j\\ i\neq j}} y_iy_j\Big) =$$

$$(1/nN^2)\Big(\sum_i (y_i^2/p_i)(1-p_i) - \sum_{\substack{i,j\\ i\neq j}} y_iy_j\Big) =$$

$$(1/nN^2)\Big(\sum_i y_i^2/p_i - \sum_{i,j} y_iy_j\Big) = \text{rechte Seite in (2).}$$

Wir betrachten, um die Berechnung von $\hat{\mu}_P$ in (4.1.5) zu erläutern, ein kleines fiktives

Beispiel: Es sei $G = \{u_1,\ldots,u_5\}$ (z.B. die 5 Betriebe in einem Ort); es seien für $i = 1,\ldots,5$ resp. $p_i =$ 0.1; 0.4; 0.2; 0.1; 0.2; (die p_i könnten z.B. proportional zu den Umsätzen gewählt sein). Eine Stichprobe mZ zur Verteilung P (deren Ziehung im folgenden Abschnitt beschrieben wird) möge das Ergebnis $U_1=u_3$, $U_2=u_2$ $(n = 2)$ erbracht haben. Wir erhalten dann: $\hat{\mu}_P = \frac{1}{10}(y_3/0.2 + y_2/0.4)$.

Wir sehen, daß Werte, die mit einer "großen" (resp. "kleinen") Wahrscheinlichkeit p_i gezogen werden, in $\hat{\mu}_P$ nur mit dem "kompensierenden" "kleinen" (resp. "großen") Faktor $1/p_i$ eingehen.

Um die Varianz $Var\,\hat{\mu}_P$ zu schätzen, führen wir den Ausdruck

(4.1.11) $S^2_{Y/NP} = \frac{1}{n}\sum_{i=1}^{n}(Y_i/NP_i - \hat{\mu}_P)^2$, $S^{*2}_{Y/NP} = \frac{n}{n-1}S^2_{Y/NP}$

ein und zeigen:

(4.1.12) <u>Satz</u>:

Für $\widehat{\text{Var}}\ \hat{\mu}_P = \frac{1}{n} S^{*2}_{Y/NP} = \frac{1}{n-1} S^2_{Y/NP}$ gilt:

$E(\widehat{\text{Var}}\ \hat{\mu}_P) = \text{Var}\ \hat{\mu}_P$.

<u>Beweis</u>:

Man beachte (2.1.8) und (2.1.9), um zu schließen, daß auch hier gilt: $E_P(S^{*2}_{Y/NP}) = \text{Var}(Y/NP)$. (Siehe auch POKROPP (1977) (11.1.4) mit (10.2.3).) Aus (4.1.9)(2) erhält man dann sofort die Behauptung.

Bevor wir nun die Technik der Ziehung beschreiben, wollen wir $\hat{\mu}_P$ in Analogie zur in (2.4.2) gewählten Form darstellen. Mit den in (4.0.3) definierten Größen können wir offensichtlich schreiben:

(4.1.12) $\hat{\mu}_P = \frac{1}{N}\sum_{j=1}^{N} \frac{Y_j}{np_j} H_j$.

Ferner gilt, wie man z.B. dem Beweis von (2.4.3)(1) entnimmt (mutatis mutandis):

(4.1.13) H_j ist $BV(n,p_j)$-verteilt.

Satz (4.1.6) läßt sich nun auch über (4.1.12) und (4.1.13) beweisen, wenn wir beachten:

(4.1.14) (1) $E(H_j) = np_j$;

(2) $\text{Var}\ H_j = np_j(1-p_j)$;

(3) $\text{Cov}\ (H_i,H_j) = -\,np_ip_j$ für $i \neq j$.

Die Aussagen (1) und (2) folgen sofort aus (4.1.13); Aussage (4.1.14)(3) beweist man völlig analog zu (2.4.3)(3), wobei man nun statt (1/N) die Wahrscheinlichkeiten p_i bzw. p_j hat und daher $p_i/(1-p_j)$ statt $\frac{1/N}{1-1/N} = 1/(N-1)$.

Beachtet man (4.1.12) und (4.1.14)(1), so hat man

(4.1.15) $\hat{\mu}_P = \frac{1}{N}\sum_{j=1}^{N} Y_jH_j/E(H_j)$.

Wir werden in Abschnitt 4.3 auf die Darstellung (4.1.15) zurück kommen.

4.2 WAHL DER VERTEILUNG P UND TECHNIK DER ZIEHUNG MIT GRÖSSEN-PROPORTIONALEN WAHRSCHEINLICHKEITEN.

(Sampling with Probabilities Proportionate to Size: pps-Sampling)

Wir behandeln zunächst das folgende Problem: Welches P hat man in (4.1.2) der Stichprobe U zugrunde zu legen? Oder anders: Für welche Verteilung P gilt, daß $Var_P(\hat{\mu}_P)$ minimal wird?

(4.2.1) Satz:

Es sei $y_j = Y(u_j) > 0$ für alle $j = 1,\ldots,N$; es sei $P^Y = P'$ die folgende Verteilung auf G: $P^Y(u_j) = p_j' = y_j/N\mu$.

Dann gilt:

$Var_{P'}\ \hat{\mu}_{P'} \leq Var_P\ \hat{\mu}_P$ für alle Verteilungen P auf G.

Beweis:

Minimiere in (4.1.6)(2) $Var_P\ \hat{\mu}_P$ bezüglich der Variablen $p_1,\ldots,p_N$ und beachte dabei die Nebenbedingung: $\sum_i p_i = 1$. Gemäß (4.1.6)(2) genügt es offenbar, die Summe $\sum_i y_i^2/p_i$ unter der Nebenbedingung $\sum_i p_i = 1$ zu minimieren. Mit Hilfe der "Lagrangeschen Methode" (siehe z.B. OSTROWSKI (1961) S.229ff) verfahren wir in folgender Weise: Wir differenzieren die Funktion

$$F(p_1,\ldots,p_N,\alpha) = \sum_i y_i^2/p_i + \alpha(\sum_i p_i - 1)$$

nach den p_i und nach α (partiell), setzen diese Ableitungen gleich 0 und lösen sodann nach den p_i auf. Offenbar haben wir dabei die Gleichungen

$-y_j^2/p_j^2 + \alpha = 0$ und $\sum_i p_i = 1$ zu lösen. Man erhält:

$p'_j = y_j/\sqrt{\alpha}$ und nach Summation über alle i: $1 = N\mu/\sqrt{\alpha}$; also ist $\sqrt{\alpha} = N\mu$, $p'_j = y_j/N\mu$. Betrachtet man noch die zweiten Ableitungen von F, so sieht man, daß $Var_{P'}\,\hat{\mu}_{P'}$ tatsächlich das gesuchte Minimum ist.

Die in (4.2.1) angegebene Lösung P' hat natürlich den Hacken, daß die y_j ja unbekannt sind!; die p'_j hat man also nicht zur Verfügung. Dennoch ist (4.2.1) nicht gänzlich unbrauchbar. Hat man nämlich ein anderes Merkmal X auf G, das mit Y in hoher Korrelation steht und dessen Werte $x_j = X(u_j)$ bekannt oder leicht ermittelbar sind, so könnte es vorteilhaft sein, eine Stichprobe zur Verteilung

(4.2.2) $P^X\colon u_j \longrightarrow p''_j = c \cdot x_j = P^X(u_j)$ mit $c = 1/\sum_i x_i$

zu ziehen (statt einer einfachen Zufallsstichprobe). Es gilt nämlich (mit P_o = uniforme Verteilung auf G) :

(4.2.3) <u>Satz</u>:

$Var_{P''}\,\hat{\mu}_{P''} \leq Var_{P_o}\,\bar{Y}$ genau dann, falls gilt:

(4.2.4) $\sum_{j=1}^{N} y_j^2(1 - (\mu_X/x_j)) > 0$,

wobei $P'' = P^X$ aus (4.2.2) und $\mu_X = \frac{1}{N}\sum_j x_j$ ist.

<u>Beweis</u>:

Aufgrund von (4.1.6)(2) ist $Var\,\hat{\mu}_{P''} \leq Var\,\hat{\mu}_{P_o}$ genau dann, wenn $\sum(y_j^2/p''_j)\frac{1}{N} \leq \sum y_j^2$ ist (wobei man (1.2.15) und (2.1.5)(2) beachten möge); dies ist genau dann der Fall, wenn $\sum y_j^2(1 - (1/Np''_j)) \geq 0$ ist. Setzen wir nun für c in (4.2.2) $1/N\cdot\mu_X$, so erhalten wir (4.2.4).

Aufgrund von (4.2.4) läßt sich kaum mehr sagen, als daß bei einer positiven Korrelation zwischen X und Y eine Stichprobe zur Verteilung P" mit Schätzer $\hat{\mu}_{P''}$ der Strategie $(P_o, \bar{Y})$ vermutlich vorzuziehen ist. Für genaue

Folgerungen aus (4.2.4) sind weitere Festlegungen hinsichtlich der Korrelation vonnöten. (Siehe hierzu auch RAJ (1968) S.50.)

In vielen praktischen Problemen hat X die Bedeutung einer "Größen-Variablen", die die "Größe" der Elemente von G angibt. Typische Beispiele sind:

G = Population von Gemeinden, X = Einwohnerzahl;
G = Population landwirtschaftlicher Betriebe, X = Anbaufläche; oder X = Viehbestand des "Vorjahres";
G = Population von Industriebetrieben, X = Anzahl der Beschäftigten; oder X = Umsatz des "Vorjahres"...

(4.2.5) Definition:
Die in (4.2.4) erklärten p_j'' heißen größen-proportionale Wahrscheinlichkeiten (zur Größe X); (pps = probabilities proportionate to size;) U aus (4.1.2) heißt auch größenproportionale Stichprobe (pps-sample).

Der Rest des Abschnitts 4.2 ist der Technik der Ziehung einer größenproportionalen Stichprobe gewidmet. Es sei also $P^X = P''$ aus (4.2.2) gegeben. Wir benötigen die folgende, für die Praxis nicht gravierende Einschränkung: jedes x_j (>0) ist eine rationale Zahl. Dann ist auch jedes p_j'' eine rationale Zahl und läßt sich in der Form $p_j'' = a_j/b_j$ schreiben, wobei die a_j und b_j natürliche Zahlen sind. Durch Erweitern dieses Bruches p_j'' (z.B. mit dem Faktor $b_1 b_2 \cdots b_{j-1} b_{j+1} \cdots b_N$) erhält man die Darstellung

(4.2.6) $p_j = m_j/M$, m_j = natürliche Zahl, $M = \sum_j m_j$,

wobei wir p_j statt p_j'' geschrieben haben und diese Notation nun beibehalten; statt P" schreiben wir analog P. (In praktischen Problemen wird (4.2.6) fast immer dadurch erfüllt sein, daß schon die x_j natürliche Zahlen sind und die Rolle der m_j übernehmen können.)

Mit $G = \{u_1,\ldots,u_N\}$ assoziieren wir nun eine neue, fiktive Population $G_{\underline{m}} = G_{(m_1,\ldots,m_N)}$ in der folgenden Weise, die sich verbal (wenngleich zunächst nicht ganz präzise) so formulieren läßt: $G_{\underline{m}}$ entsteht dadurch aus G, daß das Element u_j genau m_j mal aufgeführt wird; $G_{\underline{m}}$ besteht also aus M "Zetteln", und auf genau m_i dieser "Zettel" steht der Name u_j. Diesen Vorgang beschreiben wir nun formal. Setze

(4.2.7) $M_i = m_1 + \ldots + m_i$ für $i \geq 1$; $M_o = 0$; $M_N = M$;

$$u'_{M_{i-1}+1} = u_i,\ u'_{M_{i-1}+2} = u_i,\ldots,u'_{M_i} = u_i;\ i=1,\ldots,N;$$

$$G_{\underline{m}} = \{u'_1,\ldots,u'_M\}.$$

Es wird auch nützlich sein, die "Zettel" von u_i allein zur Verfügung zu haben. Wir schreiben also auch

(4.2.8) $G_{\underline{m},i} = \{u'_{M_{i-1}+1},\ldots,u'_{M_i}\}$; $G_{\underline{m}} = G_{\underline{m},1} \cup \ldots \cup G_{\underline{m},N}$.

Da die Elemente in $G_{\underline{m}}$ alle verschieden "indiziert" sind, können wir $G_{\underline{m}}$ wie eine Population mit M verschiedenen Elementen behandeln. (Die M Zettel von $G_{\underline{m}}$ sind also wirklich voneinander unterscheidbar, z.B. durch Kennzeichnung mit den Nummern 1,...,M. Siehe (3.6.11)!)

Es sei nun $\underline{U}' = (U'_1,\ldots,U'_n)$ eine einfache mZ-Stichprobe aus $G_{\underline{m}}$, gezogen (z.B.) gemäß der in 2.3 beschriebenen Technik. Definiere nun die Elemente U_j von $\underline{U}$ wie folgt:

(4.2.9) $U_j = u_i$ genau dann, wenn $U'_j \in G_{\underline{m},i}$ ist.

Wir haben nun zu zeigen, daß die durch (4.2.9) definierte Stichprobe $\underline{U}$ tatsächlich eine mZ-Stichprobe zur Verteilung P ist, wobei P durch (4.2.6) gegeben ist. Wir rechnen aus: $P(U_1=u_{i_1},\ldots,U_n=u_{i_n}) = P(U'_1 \in G_{\underline{m},i_1},\ldots,U'_n \in G_{\underline{m},i_n})$ (wegen

Definition (4.2.9)) = $P(U'_1 \in G_{\underline{m},i_1}) \cdot \ldots \cdot P(U'_n \in G_{\underline{m},i_n})$

(da $\underline{U}'$ eine mZ-Stichprobe ist) = $(1/M^n) \cdot \prod_j \#(G_{\underline{m},i_j})$

(wegen (2.1.3)!). Da jedoch $\#(G_{\underline{m},i_j}) = m_{i_j}$ ist (wie

man sofort aus (4.2.7), (4.2.8) mit $M_i - M_{i-1} = m_i$ sieht),

erhält man: $P(U_1=u_{i_1},\ldots,U_n=u_{i_n}) = (1/M^n)\, m_{i_1} \ldots m_{i_n}$

$= p_{i_1} \ldots p_{i_n}$; damit aber ist nachgewiesen, daß $\underline{U}$

aus (4.2.9) eine mZ-Stichprobe zu P ist.

(4.2.10) Bemerkung: Die Technik der "Assoziierung", i.e. die Konstruktion von $G_{\underline{m}}$ aus G in (4.2.7) resp. (4.2.8) erfordert eine feste Anordnung von G (!) (für die Nummerierung der Zettel!). Dennoch ist das Ergebnis $P(U_j=u_{i_j}$ für $j=1,\ldots,n) = p_{i_1}\ldots p_{i_n}$ von der gewählten Anordnung unabhängig. Jede andere Anordnung ist statistisch völlig gleichwertig.

4.3 STICHPROBEN OHNE ZURÜCKLEGEN (oZ) ZUR VERTEILUNG P.

Zunächst nennen wir eine Stichprobe $\underline{U}$, wie sie in (1.2.8) definiert ist, eine Stichprobe ohne Zurücklegen, falls für die in (4.0.3) erklärten Häufigkeiten gilt: $H_i=0$ oder $H_i=1$. Wir können also sagen:

(4.3.1) H_i ist eine $BV(1,\pi_i)$-verteilte Variable,

wobei wir natürlich die in (4.0.4) eigeführten Wahrscheinlichkeiten benutzen:

(4.3.2) $P_{(n)}(H_i = 1) = \pi_i$, $P_{(n)}(H_i = 0) = 1 - \pi_i$;

ferner gilt offenbar:

$P_{(n)}(H_i = 1,\ H_j = 1) = \pi_{ij} = P_{(n)}(H_iH_j = 1)$ $(i \neq j)$.

Aus (4.3.2) erhält man sofort

(4.3.3) $E(H_i) = \pi_i$, $\mathrm{Var}\, H_i = \pi_i(1 - \pi_i)$,

$E(H_i H_j) = \pi_{ij}$, $\mathrm{Cov}\,(H_i, H_j) = \pi_{ij} - \pi_i \pi_j$, $i \neq j$.

Ferner beweisen wir:

(4.3.4) Lemma:

(1) $\sum_{i=1}^{N} \pi_i = n$, wobei $n = \#(\underline{U})$ ist;

(2) $\sum_{\substack{j=1 \\ j \neq i}}^{N} \pi_{ij} = (n-1)\pi_i$.

Beweis:

Zu (1): $\sum_i \pi_i = \sum_{i=1}^{N} \sum_{r=1}^{n} P_{(n)}(U_r = u_i) =$

$\sum_r \sum_i P_{(n)}(U_r = u_i) = \sum_r P_{(n)}(U_r \in G) = n \cdot 1 = n.$

Zu (2): $\sum_{j:j \neq i} \pi_{ij} = \sum_{j:j \neq i} P_{(n)}(H_i = 1, H_j = 1) =$

$\sum_{\substack{j=1 \\ j \neq i}}^{N} \sum_{\substack{r,s=1 \\ r \neq s}}^{n} P_{(n)}(U_r = u_i, U_s = u_j) =$

$\sum_s \sum_{r:r \neq s} \sum_{j:j \neq i} P_{(n)}(U_s = u_i) \cdot P_{(n)}(U_r = u_j \mid U_s = u_i) =$

$\sum_s \sum_{r:r \neq s} P_{(n)}(U_s = u_i) \cdot 1$, da für jedes i und jedes Paar (r,s) mit $r \neq s$ gilt: $\sum_{j:j \neq i} P_{(n)}(U_r = u_j \mid U_s = u_i) = 1$.

Weiter ist $\sum_s \sum_{r:r \neq s} P_{(n)}(U_s = u_i) = \sum_s (n-1) P_{(n)}(U_s = u_i)$ $= (n-1)\pi_i$.

Einstweilen ist nur von der Verteilung $P_{(n)}$ auf G^n die Rede, die der Stichprobe $\underline{U}$ zugrunde liegt und die die Wahrscheinlichkeiten π_i, π_{ij} bestimmt. Auf welche Weise $P_{(n)}$ durch eine auf G erklärte Verteilung P bestimmt ist, bleibt zunächst offen. Der Grund ist der, daß die Berechnungen von π_i und π_{ij} aus $P_{(n)}$ und von $P_{(n)}$ aus P sehr schwierig werden können, sofern man nicht schon bei $n = 2$ aufzuhören gewillt ist. (Siehe hierzu u.a. HARTLEY/RAO (1962), HAJEK (1964), RAJ (1968), DODDS/FREYER (1971).)

Zur Illustration betrachten wir den folgenden Stichprobenplan $P_{(n)}$, der bei jedem der n Züge "möglichst" gemäß der auf G vorgegebenen Verteilung P verfährt. Das "möglichst" signalisiert die dadurch entstehende Schwierigkeit, daß nach jedem Zug eine neue Teilgesamtheit mit einer jeweils neuen Verteilung vorliegt. Man könnte jedoch in folgender Weise verfahren:

(4.3.5) Gegeben P auf G: $P(u_j) = p_j$; setze

$$P_{(n)}(U_1 = u_j) = p_j ,$$

$$P_{(n)}(U_i = u_{j_i} \mid U_1 = u_{j_1}, \ldots, U_{i-1} = u_{j_{i-1}}) = p_{i_j}/(1-\textstyle\sum_r p_{j_r})$$

mit $r=1,\ldots,i-1$.

Man ersieht aus der durch (4.3.5) definierten Stichprobe der "sukzessiven Ziehung" aus G, daß die für die i-te Ziehung benötigte Verteilung nicht nur von der Ausgangsverteilung P sondern auch von den Ergebnissen der ersten i-1 Ziehungen abhängt. Die π_i und π_{ij} durch die p_r auszudrücken, ist offenbar keine triviale Aufgabe.

Dennoch benötigen wir die π_i (und π_{ij})! Denn in Anlehnung an (4.1.15) und unter Beachtung von (4.3.3) bietet sich für die Schätzung von μ folgender Schätzer an:

$$(4.3.6) \quad \hat{\mu} = (1/N)\textstyle\sum_j (y_j/\pi_j(P))\,H_j \qquad (\text{mit } \pi_j = \pi_j(P)).$$

(Bei der Berechnung (und Schätzung!) der Varianz dieser Schätzfunktion werden wir die π_{ij} brauchen.)

Das Problem der Berechnung der $\pi_i(P)$ resp. $\pi_i(P_{(n)})$ und $\pi_{ij}(P)$ resp. $\pi_{ij}(P_{(n)})$ lösen oder umgehen wir in folgender Weise:

(1) für den Rest dieses Abschnitts unterstellen wir, daß uns die π_i und π_{ij} gegeben sind -- ohne daß wir auf einen Stichprobenplan $P_{(n)}$ bzw. auf eine

dem Plan $P_{(n)}$ zugrunde liegende Verteilung P auf G zurückgreifen müssen;

(2) im nächsten Abschnitt werden wir die Technik der Ziehung so einrichten, daß die Berechnung der π_i aus P problemlos wird, ohne daß wir dabei die Verteilung $P_{(n)}$ kennen müssen; die Berechnung der π_{ij} aus P wird zwar nicht so ohne weiteres möglich sein, läßt sich jedoch in gewissem Umfang vermeiden.

Nach diesen Vorbereitungen kommen wir auf den in (4.3.6) angesprochenen Schätzer zurück, der zu den bekanntesten in der Stichprobentheorie gehört:

(4.3.7) Definition:

Es seien gegeben die in (4.3.2), (4.3.3) eingeführten Wahrscheinlichkeiten π_i und π_{ij}. Dann heißt $\hat{\mu} = \hat{\mu}_{HT} = (1/N)\sum_{j=1}^{N}(y_j/\pi_j)H_j$ der Horvitz-Thompson-Schätzer (kurz: HT-Schätzer).

(4.3.8) Satz:

(1) $E(\hat{\mu}_{HT}) = \mu$;

(2) $$\operatorname{Var} \hat{\mu}_{HT} = \frac{1}{N^2}\sum_{j=1}^{N}(y_j^2/\pi_j)(1-\pi_j) + \frac{1}{N^2}\sum_{\substack{i,j=1\\ i\neq j}}^{N} y_i y_j(\pi_{ij}-\pi_i\pi_j)/(\pi_i\pi_j).$$

(3) Ein alternativer Ausdruck für diese Varianz ist
$$\operatorname{Var} \hat{\mu}_{HT} = \frac{1}{N^2}\sum_{\substack{i,j=1\\ i<j}}^{N}(\pi_i\pi_j-\pi_{ij})(y_i/\pi_i - y_j/\pi_j)^2.$$

Beweis:

Zu (1): folgt sofort aus (4.3.3).

Zu (2): folgt desgleichen aus (4.3.3).

Zu (3): Wir zeigen zunächst:

(4.3.9) $$\sum_{\substack{i,j\\ i<j}}(\pi_{ij}-\pi_i\pi_j)(y_i^2/\pi_i^2 + y_j^2/\pi_j^2) = -\sum_i y_i^2(1-\pi_i)/\pi_i.$$

Die linke Seite von (4.3.9) ist symmetrisch in i,j (da offenbar auch $\pi_{ij} = \pi_{ji}$ ist); also ist $\sum_{i,j:i<j} = \frac{1}{2}\sum_{i,j:i\neq j}$. Da wiederum wegen der Symmetrie y_j^2/π_j^2 durch y_i^2/π_i^2 ersetzt werden kann (oder umgekehrt), ist die linke Seite von (4.3.9) gleich

$\frac{1}{2}\, 2\sum_{\substack{i,j\\ i\neq j}} (y_i^2/\pi_i^2)(\pi_{ij} - \pi_i\pi_j)$. Mit Hilfe von (4.3.4) ist

$\sum_{j:j\neq i}(\pi_{ij} - \pi_i\pi_j) = (n-1)\pi_i - \pi_i(n - \pi_i) = -\pi_i(1- \pi_i)$.

Beachtet man dies in obiger Doppelsumme, so folgt (4.3.9) unmittelbar.

Führt man nun in Var $\hat{\mu}_{HT}$ aus (3) die Quadrierung aus und berücksichtigt man (4.3.9), so erhält man in (3) : Var $\hat{\mu}_{HT}$ $= (1/N^2)\sum_i y_i^2(1- \pi_i)/\pi_i \; - 2(1/N^2)\sum_{\substack{i,j\\ i<j}} y_i y_j(\pi_i\pi_j - \pi_{ij})/\pi_i\pi_j$.

Beachtet man wiederum die Symmetrie bezüglich (i,j) in der zweiten Summe und sodann die Beziehung $2\sum_{i,j:i<j} = \sum_{i,j:i\neq j}$, so erhält man den in (2) angegebenen Ausdruck für die Varianz von $\hat{\mu}_{HT}$.

Um die (i.a. ja unbekannte) Varianz in (4.3.8) (2) resp. (3) zu schätzen, sind vor allem zwei Statistiken gebräuchlich, die wir zunächst mitteilen:

(4.3.10) Definition:

(1) $$\hat{\sigma}^2_{HT} = (1/N^2)\sum_{j=1}^N y_j^2(1 - \pi_j)H_j/\pi_j^2 + (1/N^2)\sum_{\substack{i,j=1\\ i\neq j}}^N y_i y_j(\pi_{ij} - \pi_i\pi_j)H_iH_j/(\pi_i\pi_j\pi_{ij})$$

heißt Varianz-Schätzer von Horvitz-Thompson;

(2) $$\hat{\sigma}^2_{YG} = \frac{1}{N^2}\sum_{\substack{i,j=1\\ i<j}}^N(\pi_i\pi_j - \pi_{ij})(y_i/\pi_i - y_j/\pi_j)^2 H_iH_j/\pi_{ij}$$

heißt Varianz-Schätzer von Yates-Grundy.

In (1) und (2) ist noch eine Konvention notwendig für

den Fall: $\pi_{ij} = 0$; da dann jedoch auch $H_i H_j = 0$ ist (gemäß (4.3.2)), setzen wir fest:

Konvention: die Summation in (2) und (3) erfolgt nur über Paare (i,j) mit $\pi_{ij} > 0$ $(i \neq j)$.

(4.3.11) Satz:

Ist $\pi_{ij} > 0$ für alle $i,j = 1,\dots,N$ $(i \neq j)$, so gilt:

(1) $E(\hat{\sigma}^2_{HT}) = \operatorname{Var} \hat{\mu}_{HT}$;

(2) $E(\hat{\sigma}^2_{YG}) = \operatorname{Var} \hat{\mu}_{HT}$.

Beweis:

Zu (1): Setze in (4.3.10)(1) $E(H_j)$ statt H_j und $E(H_i H_j)$ statt $H_i H_j$ ein und erhalte mit (4.3.3) für jedes j und jedes Paar (i,j) den entsprechenden j-Term und (i,j)-Term in (4.3.8)(2). Da in (4.3.8)(2) über alle Paare (i,j) mit $i \neq j$ summiert wird, in (4.3.10)(1) hingegen nur über die Paare (i,j) mit $i \neq j$ und $\pi_{ij} > 0$, gilt i.a. die Behauptung (1) offenbar nur, wenn $\pi_{ij} > 0$ für alle (i,j) mit $i \neq j$ ist.

Zu (2): Ersetze in (4.3.10)(2) $H_i H_j$ durch $E(H_i H_j)$ und erhalte mit (4.3.3) zu jedem (i,j) den entsprechenden Summanden in (4.3.8)(3). Ist $\pi_{ij} > 0$ für alle (i,j) mit $i \neq j$, so erfolgt die Summation in (4.3.10)(2) über alle (i,j) mit $i < j$, und die Behauptung (2) folgt.

(4.3.12) Bemerkung: Man entnimmt dem obigen Beweis, daß i.a. die Unverzerrtheit von $\hat{\sigma}^2_{HT}$ und $\hat{\sigma}^2_{YG}$ zerstört wird, falls es Paare (i,j) gibt mit $\pi_{ij} = 0$ und $i \neq j$.

Ein weiteres Problem der in (4.3.10) angegebenen Schätzfunktionen ist, daß sie nicht notwendiger Weise positiv sind. Im Gegensatz zu $\hat{\sigma}^2_{HT}$ hat allerdings $\hat{\sigma}^2_{YG}$ den Vorteil, daß für die Positivität vergleichsweise einfache Bedingungen angegeben werden können. Es gilt offensichtlich die folgende Behauptung:

(4.3.13) Ist $\pi_{ij} \leq \pi_i\pi_j$ für alle (i,j), so gilt: $\hat{\sigma}^2_{YG} \geq 0$. Strikte Positivität von $\hat{\sigma}^2_{YG}$ würde gelten, falls es überdies ein Paar (i,j) gäbe mit $0 < \pi_{ij} < \pi_i\pi_j$, $y_i/\pi_i \neq y_j/\pi_j$.

Zum Problem der nicht-negativen, unverzerrten Schätzer für Var $\hat{\mu}_{HT}$ verweisen wir u.a. auf VIJAYAN (1975).

Zur Illustration betrachten wir das

Beispiel der einfachen Zufallsstichproben! Aus (2.4.4)(2) und (3) entnehmen wir mit (4.3.3), daß

$$\pi_i = n/N \quad \text{und} \quad \pi_{ij} = \frac{n(n-1)}{N(N-1)} \quad \text{für alle i, alle i,j}$$

ist. Da stets $\pi_i\pi_j = n^2/N^2 > \frac{n(n-1)}{N(N-1)} = \pi_{ij}$ ist, ist der Yates-Grundy Schätzer nach (4.3.13) stets nicht-negativ. Im übrigen kann man sogar zeigen:

(4.3.14) für einfache Zufallsstichproben ist die in (2.4.9) angegebene Schätzfunktion gleich $\hat{\sigma}^2_{HT} = \hat{\sigma}^2_{YG}$.

Zum Beweis von (4.3.14) verweisen wir auf (5.4.7)(1).

4.4 TECHNIK DER ZIEHUNG EINER oZ-STICHPROBE ZUR VERTEILUNG P.

Gegeben sei eine Verteilung P auf G mit $P(u_j) = p_j > 0$ für alle $j = 1,\dots,N$. Wir befassen uns in diesem Abschnitt nur mit solchen Stichproben U der Länge n, bei denen für die in (4.3.1)/(4.3.2) eingeführten Wahrscheinlichkeiten gilt: $\pi_i = c\,p_i$ für alle i. Aufgrund von (4.3.4)(1) ist $c = n$, sofern $n p_i \leq 1$ ist. Wir haben dann

(4.4.1) $n \leq 1/p_i$, $\pi_i = n\,p_i$ für alle $i = 1,\dots,N$.

(4.4.2) Definition:

Es sei $\underline{U}$ eine Stichprobe der Länge n aus G. $\underline{U}$ heißt proportionale oZ-Stichprobe zur Verteilung P, falls (4.3.1) und (4.4.1) gelten; i.e. falls $\underline{U}$ eine oZ-Stichprobe ist und falls die Wahrscheinlichkeit, daß u_j in $\underline{U}$ auftritt, proportional zu p_j ist.

Im folgenden sei $\underline{U}$ stets eine proportionale oZ-Stichprobe zur Verteilung P. Die in (4.3.7) eingeführte Schätzfunktion für μ hat dann die Gestalt:

(4.4.3) $$\hat{\mu}_{HT} = (1/N)\sum_{j=1}^{N} \frac{y_j}{np_j} H_j = \hat{\mu}_P$$

und stimmt mit dem in (4.1.12) angegebenen Schätzer $\hat{\mu}_P$ bei mZ-Stichproben zur Verteilung P überein.

Für die Technik der Ziehung von $\underline{U}$ benötigen wir wieder die Voraussetzung, daß alle p_j rationale Zahlen sind; d.h. (siehe die Erörterungen zu (4.2.6)) daß es natürliche Zahlen m_j gibt mit

(4.4.4) $$p_j = m_j/M; \quad M = \sum_j m_j \quad (j = 1,\dots,N).$$

Durch geeignetes Erweitern der Brüche (4.4.4) kann man überdies erreichen, daß gilt:

(4.4.5) $$\frac{M}{n} = k \quad \text{ist eine natürliche Zahl.}$$

Zu G wird nun die fiktive Population $G_{\underline{m}}$ gemäß (4.2.7) und (4.2.8) konstruiert und sodann eine Stichprobe $\underline{U}'$ aus $G_{\underline{m}}$ gezogen in der folgenden Weise:

(4.4.6) Es sei I eine einfache Zufallsstichprobe der Länge 1 aus $\{1,\dots,k\}$; i.e. $P(I = i) = 1/k$ für alle $i = 1,\dots,k$.

Setze ferner :

(4.4.7) $U'_r = u'_{I+(r-1)\cdot k}$ mit (4.4.6), (4.2.7).

Schließlich wird $\underline{U}$ wie folgt definiert:

(4.4.8) $U_j = u_i$ genau dann, wenn $U'_j \in G_{\underline{m},i}$ ist

(mit (4.2.8) und dann $\underline{U} = (U_1,\ldots,U_n)$).

(4.4.9) Satz:

Ist $p_j \leq 1/n$ für alle $j = 1,\ldots,N$, so ist die durch (4.4.8) mit (4.4.7) definierte Stichprobe $\underline{U}$ eine proportionale oZ-Stichprobe zur Verteilung P.

Beweis:

Zunächst ist $\underline{U}$ eine oZ-Stichprobe: wegen $p_j \leq 1/n$ ist $m_j \leq k$ für alle j, wie aus (4.4.4) und (4.4.5) folgt; die in (4.4.7) ausgewählte Menge $\{U'_1,\ldots,U'_n\} = \{u'_I, u'_{I+k}, u'_{I+2k},\ldots,u'_{I+(n-1)k}\}$ kann mit jeder der in (4.2.8) angegebenen Mengen $G_{\underline{m},i}$ nur einen leeren oder ein-elementigen Durchschnitt haben! Aus (4.4.8) folgt dann, daß jedes u_i höchstens einmal in $\underline{U}$ auftreten kann. Wir berechnen nun die π_j. Im folgenden laufe der Summationsindex r stets von 1 bis n, der Summationsindex t von 1 bis m_j. Dann ist

$\pi_j = \sum_r P(U'_r \in G_{\underline{m},j}) = \sum_r P(u'_{I+(r-1)k} \in G_{\underline{m},j}) =$

$\sum_r P(I+(r-1)k \in \{M_{j-1}+1,\ldots,M_j\}) =$

$\sum_r \sum_t P(I+(r-1)k = M_{j-1}+t) = \sum_t \sum_r P(I+(r-1)k=M_{j-1}+t)$

$\sum_t \sum_r P(I = M_{j-1}+t-(r-1)k)$. Unter den n Zahlen $M_{j-1}+t,\ M_{j-1}+t-k,\ M_{j-1}+t-2k,\ldots,\ M_{j-1}+t-(n-1)k$ gibt es genau eine -- etwa $z(r') = M_{j-1}+t-(r'-1)k$ --, für die gilt: $1 \leq z(r') \leq k$. Nach (4.4.6) Ist $P(I = z(r')) = 1/k$; für alle anderen r ($\neq r'$) und das analog gebildete z(r) ist $P(I = z(r)) = 0$. Folglich ist $\sum_r P(I=z(r)) = 1/k$ für jedes $t = 1,\ldots,m_j$. Also ist

$\pi_j = \sum_t \sum_r P(I = z(r)) = \sum_t 1/k = m_j/k = np_j$, wie sich aus (4.4.4) und (4.4.5) sofort ergibt.

(4.4.10) <u>Bemerkung</u>: Wenn für einige j gilt: $p_j > 1/n$, so kann man folgende Modifikation vornehmen.

(1): Man setze $H_j = 1$, falls $p_j > 1/n$. Es sei m(1) die Anzahl der j, für die dies geschieht.

(2): Man prüfe, ob $p_{j'} \leq 1/(n - m(1))$ gilt für die verbleibenden j'. Ist nun $p_{j'} > 1/(n - m(1))$, so verfahre man wie in (1) mutatis mutandis. Andernfalls:

(3): Man ziehe eine Stichprobe der Länge n - m(1) gemäß der durch (4.4.6), (4.4.7), (4.4.8) definierten Prozedur. (Hierbei ist natürlich m(1) die Anzahl der bereits im Vorwege (1), (1) mutatis mutandis etc. in die Stichprobe aufgenommenen Elemente.)

(4) Statt (4.4.1) hat man dann offenbar:

$\pi_i = \text{Min}\,(1, c\,p_i)$ mit einer geeigneten Konstanten c.

Man bemerke, daß für die Ziehung von <u>U</u> aus G eine feste Anordnung von G benötigt wurde (siehe auch (4.2.10)); dennoch ist das Ergebnis (4.4.9) von der gewählten Anordnung unabhängig! Bei der Berechnung der π_{ij} hingegen wird sich -- leider -- herausstellen, daß die Anordnung von G eine entscheidende Rolle spielt. Dies macht man sich wie folgt klar.

Es sei $G = (u_1, \ldots, u_N)$ aus (1.2.2) die fest angeordnete Population G. Es sei m_{ij} = Anzahl der Werte s (s=1,..,k) von I aus (4.4.6), bei denen gemäß (4.4.7), (4.4.8) sowohl u_i als auch u_j ausgewählt wird; d. h.

(4.4.11) $m_{ij} = \#\{s : s = 1, \ldots, k$; es gibt ganze Zahlen r und r' mit $0 \leq r, r' \leq n-1$ mit (4.4.12)$\}$, wobei

$$(4.4.12)\quad M_{i-1}+1 \leq s+(r-1)k \leq M_i ,$$
$$M_{j-1}+1 \leq s+(r'-1)k \leq M_j .$$

Offensichtlich gilt für die durch (4.4.11) und (4.4.12) erklärten Größen:

$$(4.4.13)\quad \pi_{ij} = m_{ij}/k = nm_{ij}/M \quad \text{(mit (4.4.5))}.$$

Man macht sich leicht klar, daß m_{ij} von der gewählten Anordnung von G abhängt, sobald die m_i nicht alle gleich sind. Zur Illustration betrachten wir folgendes fiktives

Beispiel:

Es sei $N = 4$, $G = \{a , b , c , d\}$; ferner $n = 2$, P mit $P(a) = 0.1$, $P(b) = 0.2$, $P(c) = 0.3$, $P(d) = 0.4$.

1. Anordnung: $u_1 = a$, $u_2 = b$, $u_3 = c$, $u_4 = d$.

Setze $m_1 = 1$, $m_2 = 2$, $m_3 = 3$, $m_4 = 4$; dann ist $M_o = 0$, $M_1 = 1$, $M_2 = 3$, $M_3 = 6$, $M_4 = 10 = M$; $k = \frac{M}{n} = 5$.

Die folgenden Angaben von s beziehen sich auf (4.4.12). Dann ist nach (4.4.1):

$m_{12} = 0$, $m_{13} = 1$ (s=1), $m_{14} = 0$, $m_{23} = 0$, $m_{24} = 2$ (s=2, s=3), $m_{34} = 2$ (s=4, s=5). Also ist $\pi_{12} = \pi_{14} = \pi_{23} = 0$, $\pi_{13} = 0.2$, $\pi_{24} = 0.4$, $\pi_{34} = 0.4$; ferner ist offenbar $\pi_1 = 0.2$, $\pi_2 = 0.4$, $\pi_3 = 0.6$, $\pi_4 = 0.8$. Man verifiziert leicht die in (4.3.4) angegebenen Relationen.

2. Anordnung: $u_1 = a$, $u_2 = d$, $u_3 = b$, $u_4 = c$. Dann ist $m_1 = 1$, $m_2 = 4$, $m_3 = 2$, $m_4 = 3$; $m_{12} = 0$, $m_{13} = 1$ (s=1) $m_{14} = 0$, $m_{23} = 1$ (s=2), $m_{24} = 3$ (s=3, s=4, s=5), $m_{34} = 0$.

Daraus ergeben sich die π_i und π_{ij} analog zu oben.

Um den Unterschied der Ergebnisse bei der 1. und 2. Anordnung nochmal zu verdeutlichen, betrachten wir die zwei Elemente c und d (z.B.):

1. Anordnung: $P(c \in \underline{U}) = \pi_3 = 0.6$, $P(d \in \underline{U}) = \pi_4 = 0.8$,

$P(c \in \underline{U},\ d \in \underline{U}) = \pi_{34} = 0.4;$

2. Anordnung: $P(c \in \underline{U}) = \pi_4 = 0.6$, $P(d \in \underline{U}) = \pi_2 = 0.8$,

$P(c \in \underline{U},\ d \in \underline{U}) = \pi_{24} = 0.6.$

Man kann sich die Situation auch wie folgt verdeutlichen:

G 1. Anordnung:	a	b	c	d
Indizes in $G_{\underline{m}}$ (4.2.7):	1	2,3	4,5,6	7,8,9,10.
(s,s+5):	(1,6),(2,7),	(3,8),(4,9),	(5,10).	
=======	===== =====	===== =====	======	
G 2. Anordnung:	a	d	b	c
Indizes in $G_{\underline{m}}$(4.2.7):	1	2,3,4,5	6,7	8,9,10.

1. Anordnung : $\underline{U} \in \{(a,c),\ (b,d),\ (c,d)\}$
2. Anordnung: $\underline{U} \in \{(a,b),\ (d,b),\ (d,c)\}$.

Die Abhängigkeit der π_{ij} von der gewählten Anordnung -- auch Permutation von G genannt -- drücken wir wie folgt aus: für jede Permutation τ von G setzen wir

(4.4.14) $\pi_{ij}(\tau) = P_{(n)}(u_i \in \underline{U},\ u_j \in \underline{U} \mid \text{Permutation } \tau)$.

$\pi_{ij}(\tau)$ ist gemäß (4.4.13) bestimmt.

Ist man damit zufrieden, daß $\underline{U}$ nicht eine Stichprobe aus der (ungeordneten) Menge G (1.2.1) ist sondern aus der mit einer fest gewählten Anordnung τ versehenen Menge G (1.2.2), so hat man in (4.4.14) die gewünschten π_{ij}. Will man hingegen für G aus (1.2.1) (ungeordnet) die Wahrscheinlichkeiten π_{ij} haben, so könnte man sie über die $\pi_{ij}(\tau)$ berechnen wollen:

(4.4.15) $\pi_{ij} = \sum_{\text{alle } \tau} \pi_{ij}(\tau)\, \mathbb{P}(\tau)$,

wobei $\mathbb{P}$ eine W-Verteilung auf der Menge aller N! Permutationen von G ist, gemäß der die ("zufällige") Auswahl der zu benutzenden Permutation τ erfolgt. Für die Praxis dürfte (4.4.15) jedoch kaum von Nutzen sein.

Die vorangegangenen Erörterungen zeigen, daß für die Berechnung von Var $\hat{\mu}$ und $\widehat{\text{Var}}$ $\hat{\mu}$ (siehe (4.4.3)) der Aufwand bei den (proportionalen) oZ-Stichproben höher ist als bei den mZ-Stichproben zur Verteilung P. Es mag daher angezeigt sein zu überlegen, wann dieser Aufwand lohnt, i.e. wann gilt $\text{Var}_{oZ}\ \hat{\mu} \leq \text{Var}_{mZ}\ \hat{\mu}$. Wir zeigen

(4.4.16) <u>Satz</u>:

$\text{Var}_{oZ}\ \hat{\mu}_P \leq \text{Var}_{mZ}\ \hat{\mu}_P$ (mit (4.4.1), (4.4.3)) für alle Merkmale Y gilt dann und nur dann, falls gilt:

(1) $\pi_{ij} \geq \pi_i \pi_j (n-1)/n$.

<u>Beweis</u>:

Man vergleiche die Ausdrücke (4.1.6)(3) und (4.3.8)(3) miteinander, wobei man in (4.1.6)(3) die p_i durch π_i/n ersetze. Soll für jedes Merkmal Y gelten $\text{Var}_{oZ} \leq \text{Var}_{mZ}$, so muß offenbar $\pi_i \pi_j - \pi_{ij} \leq \pi_i \pi_j/n$ sein, und hieraus ergibt sich die Behauptung.

Man bemerke, daß die Bedingung (4.4.16)(1) in Konkurrenz zu (4.3.13) steht! Zur Illustration von (4.4.16) möge man einfache (!) Zufallsstichproben betrachten: dort ist $\pi_{ij} = \frac{n(n-1)}{N(N-1)}$ in der Tat größer als $\pi_i \pi_j (n-1)/n$ $= \frac{n}{N}\frac{n}{N}\frac{(n-1)}{n} = n(n-1)/N^2$; (4.4.16)(1) ist also erfüllt.

Es gibt zwei Auswege aus dem Dilemma, daß die π_{ij} über (4.4.15) nicht in praktikabler Weise ermittelt werden können: (1) man begnügt sich mit einer (praktikablen) Approximation (siehe HARTLEY/RAO (1962)); (2) man wählt ein anderes Stichprobenverfahren (als das hier in 4.4 beschriebene), das (4.4.1) gewährleistet und das eine "praktikable" Ermittelung der π_{ij} gestattet (siehe SAMPFORD (1967), auch ASOK/SUKHATME (1976)). Ausweg (2) hat allerdings meist den Nachteil, daß diese "anderen"

Verfahren weit weniger elementar zu handhaben sind als das hier in 4.4 beschriebene.

SCHLUSS-BEMERKUNGEN.

Zur Wahl der Stichprobenlänge.

Für mZ-Stichproben zur Verteilung P gibt (8.4.7) Hinweise zur optimalen Stichprobenlänge. Erforderlich ist dabei die Kenntnis von Var (Y/NP). (Bei Fehlen dieser Kenntnis: siehe 8.5.) Für oZ-Stichproben zu P scheint es schwierig zu sein, systematisch begründete Vorschläge zur Wahl der Stichprobenlänge zu unterbreiten (siehe (8.4.8)).

Zu Beispielen.

Abschnitt 10.3 enthält zwei Beispiele zu diesem 4. Kapitel. Das 6.Beispiel behandelt Ziehung und Schätzung bei einer mZ-Stichprobe zu P; das 7.Beispiel illustriert Mittelwert- und Varianz-Schätzung nach Horvitz-Thompson bei proportionalen oZ-Stichproben.

========================

LITERATURHINWEISE.

Bücher:
KONIJN (1973) Ch. VI; RAJ (1968) S.47-60.

Zeitschriftenartikel:
ASOK/SUKHATME (1976); AVADHANI/SUKHATME (1973); BAYLESS/RAO J.N.K.(1970); CASSEL (1972); CHAUDHURI (1975); CHOTAI (1974); DESPHANDE/PRABHU-AJGAONKAR (1977); DODDS/FRYER (1971); GODAMBE/JOSHI (1965); HAJEK (1964); HARTLEY/RAO J.N.K.(1962); JOSHI (1965a), (1965b),(1970),(1971b),(1972); LANKE (1973),(1974); MUKHOPADHYAY (1975); RAMACHANDRAN/RAO T.J.(1974); RAMAKRISHNAN (1973); RAO J.N.K./VIJAYAN (1977); RAO T.J.(1971); ROSEN (1972); SAMPFORD (1967); SÄRNDAL (1976); STRECKER (1979); VIJAYAN (1975); WYNN (1976); YATES/GRUNDY (1953).

5. KLUMPEN-/FLÄCHEN-STICHPROBEN.

(Cluster Sampling)

Bei der bereits in (1.3.3) geschilderten Grundidee der Klumpenstichproben werden die Stichprobenelemente aus G nicht einzeln sondern in Gruppen -- genannt Klumpen -- gezogen. Grundaufgabe bleibt aber nach wie vor die Schätzung des Mittelwertes eines auf G definierten Merkmals Y.

Es kann zweckmäßig (oder bei geringer "Organisation"/ Struktur von G notwendig) sein, die letztlich zu befragenden Klumpen nicht in einem Schritt zu ziehen sondern in einer Hierarchie von Schritten zu ermitteln. Wir demonstrieren dies an folgendem

Beispiel: Betrachte eine "große" Fläche, auf der ein "Schädlingsbekämpfungsmittel" A gestreut wurde. Untersucht werden soll Y = Anzahl der "Schädlinge pro Quadratdezimeter". G besteht also aus den Quadratdezimetern (dm^2), aus denen die Gesamtfläche zusammengesetzt gedacht werden kann. (Ein Koordinatensystem möge für Wohldefiniertheit und Eindeutigkeit sorgen.) Diejenigen dm^2, auf denen Y (etwa durch aufwendige Zählungen) ermittelt wird, sind in folgender Weise auszuwählen: 1. Stufe: Teile die Gesamtfläche in Teilflächen von je 1 Hektar. Wähle aus diesen 1-Hektar-Flächen eine Stichprobe aus. 2. Stufe: Teile jede so ausgewählte 1-Hektar-Fläche in Teilflächen von je 1 m^2. Wähle aus diesen 1-m^2-Flächen eine Stichprobe aus. 3. Stufe: Teile jede so ausgewählte 1-m^2-Fläche in Teilflächen von je 1 dm^2. Wähle aus diesen 1-dm^2-Flächen eine Stichprobe und ermittele dort Y.

Betrachtet man jede 1-Hektar-Fläche bzw. jede 1-m^2-Fläche als "Klumpen" von 1-dm^2-Flächen, so werden auf der 1. und 2. Stufe in obigem Beispiel "Klumpen-Stichproben" gezogen, i.e. Stichproben aus einer Menge von Klumpen. Erst auf der dritten Stufe erfolgt eine Ziehung von "ursprünglichen" Einheiten, nämlich Quadratdezimetern. (Man spricht auch von "Primäreinheiten" bei den Elementen der 1. Stufe (Hektar-Flächen), von "Sekundäreinheiten" bei Elementen der 2. Stufe (m^2-Flächen), etc...) Das obige Beispiel erhellt auch den Gebrauch des Terminus' "Flächen-Stichproben".

Diese soeben angesprochenen mehrstufigen Stichproben werden in den Abschnitten 5.7 und 5.8 behandelt. Daß wir uns dabei auf die zwei-stufigen Verfahren beschränken, hat zwei Gründe: (1) die Charakteristika eines Überganges von Stufe zu Stufe werden bereits beim zwei-stufigen Verfahren deutlich, (2) für mehr-stufige Verfahren werden Formeln für die Varianz eines Schätzers (und für Schätzfunktionen dieser Varianz) so umfangreich und lästig, daß der Aufwand in dem hier gegebenen Rahmen ungebührlich erscheinen muß. (Siehe hierzu z.B. SOM (1973), III und IV.)

Abschnitt 5.1 enthält zunächst die im weiteren Verlauf des Kapitels benötigten grundlegenden Notationen. Dann folgen mZ- und oZ-Stichproben (zu einer vorgegebenen Verteilung) in den Abschnitten 5.2 und 5.3. Abschnitt 5.4 enthält die einfachen Klumpen-Stichproben, bei denen alle für die Ziehung zur Verfügung stehenden Klumpen die gleichen (insbesondere von ihrer Größe unabhängigen) Chancen haben, in die Stichprobe zu gelangen. Ein Vergleich mit (den in Kapitel 2 behandelten) einfachen Zufalls-Stichproben schließt sich in 5.5 an. In 5.6 findet man die klassische "systematische Stichprobe", die nichts anderes als eine Klumpen-Stichprobe der Länge 1 ist.

5.1 GRUNDLEGENDE DEFINITIONEN UND NOTATIONEN.

Gegeben ist nach wie vor eine Population G (1.2.1) mit $N = \#(G)$, ein Merkmal Y auf G mit Mittelwert μ (1.2.12) und Varianz (1.2.13) σ^2 (auch (1.2.14)). Die Aufgabe ist nach wie vor, μ aufgrund einer Stichprobe zu schätzen.

Es sei nun eine Aufteilung von G in "Klumpen" gegeben:

(5.1.1) $K_1,\ldots,K_R$ sei eine Zerlegung von G;

$m_i = \#(K_i) > 0$ für alle $i = 1,\ldots,R$; $\sum_i m_i = N$.

Ferner betrachten wir eine neue Menge, deren Elemente die in (5.1.1) gegebenen Klumpen sind:

(5.1.2) $G^K = \{K_1,\ldots,K_R\}$.

Gelegentlich (insbesondere für Techniken der Stichprobenziehung) werden wir G^K anordnen müssen; wir schreiben dann auch einfach

(5.1.3) $G^K = (K_1,\ldots,K_R)$.

(Man vergleiche hierzu (1.2.1), (1.2.2) und die Bemerkungen dazu im Anschluß an (1.2.2)).Einige der im folgenden mitgeteilten Ergebnisse werden von der speziellen, in (5.1.3) gewählten Anordnung abhängen; ein Blick auf (4.4.13) und das daran anschließende Beispiel macht dies deutlich.

(5.1.4) Definition:

Eine Stichprobe aus G^K (siehe auch (1.2.8)) heißt Klumpen-Stichprobe (aus G) mit Klumpenbildung (5.1.1).

Bemerkung: Wir befassen uns hier nicht systematisch mit der Frage, wie Klumpen zu bilden sind. Dennoch ist diese Frage außerordentlich wichtig, weil von der Klumpenbildung die innere Struktur der Klumpen und damit (wie wir sehen werden; siehe auch Bemerkung (2) unter (1.3.3)) die Güte der Schätzung von μ abhängt. In der Praxis angewandte Methoden wie die Klumpenbildung nach Anfangsbuchstaben des Familiennamens oder nach Geburtstagen etc... können sinnvoll sein und auch "Fallen" enthalten. Letztlich braucht man weitere Informationen über G, um eine "günstige" Klumpenbildung vornehmen zu können.

Mit Hilfe von Y (das auf G definiert ist) erklären wir auf G^K ein Merkmal, das wir Summe der Merkmalswerte (von Y) der Elemente eines Klumpens (kurz: Merkmals-Summe) nennen könnten:

(5.1.5) $Y^K : G^K \longrightarrow \mathbb{R};\ Y^K(K_j) = \sum_{u \in K_j} Y(u) = y_j^K$.

Ferner definieren wir das Merkmal Mittelwert in einem Klumpen:

(5.1.6) $\bar{Y}^K : G^K \longrightarrow \mathbb{R};\ \bar{Y}^K(K_j) = (1/m_j)Y^K(K_j) = \bar{y}_j^K$.

Offenbar gilt:

(5.1.7) $\frac{1}{R}\sum_{j=1}^{R} y_j^K = \frac{N}{R}\mu = \sum_{j=1}^{R} (m_j/R)\,\bar{y}_j^K = \frac{N}{R}\sum_j (m_j/N)\bar{y}_j^K$.

Setze: $\mu^K = \frac{N}{R}\mu$.

Es sei nun $\mathbb{P}$ eine W-Verteilung auf G^K:

(5.1.8) $\mathbb{P}(K_j) = p_j > 0$ für alle $j = 1,\dots,R$.

Fasse $\mathbb{P}$ auch als Merkmal auf G^K auf.

(5.1.9) Definition:

$\mathbb{P}$ aus (5.1.8) heißt größen-proportional, falls gilt:

(5.1.10) $p_j = m_j/N$ für alle $j = 1,\dots,R$.

Ein Stichprobe aus G^K -- also eine Klumpenstichprobe aus G -- bezeichnen wir mit

(5.1.11) $\underline{\mathbb{K}} = (\mathbb{K}_1,\dots,\mathbb{K}_r)$.

Auf dem Stichprobenraum definieren wir folgende Zufallsvariable:

(5.1.12) $Y_i^K = Y^K(\mathbb{K}_i)$ = Merkmalssumme im i-ten gezogenen Klumpen,

$\bar{Y}_i^K = \bar{Y}^K(\mathbb{K}_i)$ = Mittelwert im i-ten gezogenen Klumpen,

$\mathbb{P}_i = \mathbb{P}(\mathbb{K}_i)$ = Wahrscheinlichkeit des i-ten gezogenen Klumpens unter $\mathbb{P}$.

Mit Hilfe der in (5.1.12) erklärten Zufallsvariablen werden wir Schätzfunktionen für μ konstruieren.

5.2 mZ-KLUMPEN-STICHPROBEN ZUR VERTEILUNG $\mathbb{P}$.

Es sei $\underline{\mathbb{K}} = (\mathbb{K}_1, \ldots, \mathbb{K}_r)$ eine mz-Klumpenstichprobe zur Verteilung $\mathbb{P}$ (siehe auch (4.1.2)). Setze

(5.2.1) $\hat{\mu}_{\mathbb{P}} = \frac{1}{r}\sum_{i=1}^{r} Y_i^K/(N\mathbb{P}_i)$.

Wir bemerken:

(5.2.2) Ist $\mathbb{P}$ größen-proportional (5.1.10), so gilt

$$\hat{\mu}_{\mathbb{P}} = \frac{1}{r}\sum_{i=1}^{r} \bar{Y}_i^K .$$

(5.2.3) Satz:

(1) $E(\hat{\mu}_{\mathbb{P}}) = \mu$, wobei natürlich $E = E_{\mathbb{P}^r}$ ist !;

(2) $\text{Var } \hat{\mu}_{\mathbb{P}} = \frac{1}{r}\sum_{j=1}^{R}\left(\frac{Y_j^K}{N\mathbb{P}_j} - \mu\right)^2 \mathbb{P}_j = \frac{1}{r} \text{Var } (Y^K/N\mathbb{P})$

(mit (5.1.5) und (5.1.8)).

(3) Ist $\mathbb{P}$ größen-proportional (5.1.10), so gilt:

$$\text{Var } \hat{\mu}_{\mathbb{P}} = \frac{1}{r}\sum_{j=1}^{R} (\bar{Y}_j^K - \mu)^2 (m_j/N) .$$

(4) Eine unverzerrte Schätzung für Var $\hat{\mu}_{\mathbb{P}}$ ist

$$\widehat{\mathrm{Var}}\ \hat{\mu}_{\mathbb{P}} = \frac{1}{r(r-1)} \sum_{i=1}^{r} \left(\frac{Y_i^K}{N\mathbb{P}_i} - \hat{\mu}_{\mathbb{P}} \right)^2 \quad (r > 1).$$

(5) Ist $\mathbb{P}$ größen-proportional (5.1.10), so gilt für den in (4) angegebenen Ausdruck:

$$\widehat{\mathrm{Var}}\ \hat{\mu}_{\mathbb{P}} = \frac{1}{r(r-1)} \sum_{i=1}^{r} (\bar{Y}_i^K - \hat{\mu}_{\mathbb{P}})^2 \quad (r > 1).$$

<u>Beweis</u>:

Zunächst stellen wir fest, daß $\hat{\mu}_{\mathbb{P}}$ das arithmetische Mittel der voneinander unabhängigen Variablen $Y_i^K/(N\mathbb{P}_i)$ ist; alle diese Variable sind verteilt wie $Y^K/(N\mathbb{P})$. Folglich gilt -- analog zu (4.1.9) im Beweis von (4.1.6):

(5.2.4) (1) $E(\hat{\mu}_{\mathbb{P}}) = E(Y^K/(N\mathbb{P}))$;

(2) $\mathrm{Var}\ \hat{\mu}_{\mathbb{P}} = \frac{1}{r} \mathrm{Var}(Y^K/(N\mathbb{P}))$.

<u>Zu (1)</u>: $E(\hat{\mu}_{\mathbb{P}}) = (R/N) \cdot E(Y^K/(R\mathbb{P}))$ nach (5.2.4)(1). Aber nach (4.1.6)(1) (!!) ist $E(Y^K/(R\mathbb{P})) = \mu^K = \frac{N}{R}\mu$ mit (5.1.7), und hieraus folgt sogleich die Behauptung.

<u>Zu (2)</u>: Folgt sofort aus (5.2.4)(2) zusammen mit der soeben bewiesenen Behauptung (1) und mit (5.1.5),(5.1.8).

<u>Zu (3)</u>: Folgt aus (2) mit (5.1.10) und (5.1.6).

<u>Zu (4)</u>: Nach (4.1.12) ist der analog zu (4.1.11) gebildete Ausdruck $\frac{1}{r-1} S^2_{(Y^K/(R\mathbb{P}))} = \hat{V}$ eine unverzerrte Schätzfunktion für die Varianz von $\frac{N}{R}\hat{\mu}_{\mathbb{P}}$ (= arithmetisches Mittel der $Y_i^K/(R\mathbb{P})$); also ist $(R^2/N^2) \cdot \hat{V}$ eine unverzerrte Schätzung für $\mathrm{Var}\ \hat{\mu}_{\mathbb{P}}$; $(R^2/N^2) \cdot \hat{V}$ ist jedoch der in (4) angegebene Ausdruck $\widehat{\mathrm{Var}}\ \hat{\mu}_{\mathbb{P}}$.

<u>Zu (5)</u>: Folgt aus (4) mit (5.1.10), (5.1.6), (5.1.12).

Der Rest dieses Abschnitts befaßt sich mit der <u>Technik der Ziehung einer mZ-Stichprobe</u> $\underline{\mathbb{K}} = (\mathbb{K}_1, .., \mathbb{K}_r)$ aus (5.1.11) und mit einem <u>Vergleich</u> einer Klumpen-Stichprobe mit einer einfachen Zufalls-Stichprobe.

Für eine beliebige Verteilung $\mathbb{P}$ (5.1.8) erfolgt die Ziehung von $\underline{\mathbb{K}}$ in der Art und Weise, wie sie in 4.2 im Anschluß an (4.2.5) beschrieben ist. Wir benötigen freilich eine Einschränkung (siehe die Erörterungen vor (4.2.6)): alle $\mathbb{p}_j$ müssen rationale Zahlen sein, so daß wir schließlich schreiben können

(5.2.5) $\mathbb{p}_j = z_j/Z$ mit z_j = natürliche Zahl, $Z = \sum_j z_j$.

Mit G^K wird nun die neue "Population der Zettel" $G^K_{\underline{z}}$ gemäß (4.2.7), (4.2.8) assoziiert: es sei G^K_j = Menge von z_j verschiedenen "Zetteln", auf denen jedoch überall der "Name" des Klumpens K_j steht; $G^K_{\underline{z}}$ ist die Vereinigungsmenge dieser R Zettel-Mengen. Ziehe nun aus $G^K_{\underline{z}}$ eine einfache mZ-Stichprobe (siehe Kapitel 2); setze nun $\mathbb{K}_i$ = derjenige Klumpen, dessen Name auf dem i-ten gezogenen Zettel steht (siehe (4.2.9)).

Besonders interessant ist natürlich der Fall, daß $\mathbb{P}$ größen-proportional ist. Dann ist in (5.2.5) $z_j = m_j$ mit m_j aus (5.1.1), (5.1.10); ferner ist Z = N. Wenn wir die Konvention einführen, daß jedes $u \in G$ auch als "Zettel" gilt, der genau dann den Namen K_j trägt, wenn $u \in K_j$ ist, so können wir offenbar $G^K_{\underline{z}}$ mit G "identifizieren"!
Wir erhalten also folgendes Verfahren der <u>Ziehung einer Klumpenstichprobe mit größen-proportionaler Verteilung</u>:

(5.2.6) Es sei $\underline{U} = (U_1,\ldots,U_r)$ eine einfache mZ-Stichprobe aus G. Setze: $\mathbb{K}_i = K_j$ genau dann, wenn $U_i \in K_j$ ist. Dann ist $\underline{\mathbb{K}} = (\mathbb{K}_1,\ldots,\mathbb{K}_r)$ eine mZ-Klumpenstichprobe zu $\mathbb{P}$ mit $\mathbb{P}$ aus (5.1.10) und (5.1.8).

(5.2.7) <u>Bemerkung</u>: Die Anzahl der zu ziehenden Klumpen ist zwar fest gegeben, nämlich r; die Anzahl der aus G insgesamt gezogenen Elemente ist jedoch eine Zufallsvariable. Es ist nämlich:

$\#(\underline{\mathbb{K}}) = \sum_{i=1}^{r} \#(\mathbb{K}_i)$ die Länge der Stichprobe aus G, und sobald die m_j verschieden sind, wird diese Stichprobenlänge keine Konstante sein. Das Problem der zufälligen Stichprobenlänge verursacht hier jedoch keine großen Schwierigkeiten, da in (5.2.3) nur die feste Anzahl r der gezogenen Klumpen eine Rolle spielt.

Dem <u>Vergleich</u> einer einer Klumpen-Stichprobe mit einer einfachen Zufalls-Stichprobe steht nun doch entgegen, daß $\#(\mathbb{K})$ keine Konstante ist. Einen genaueren quantitativen Vergleich verschieben wir auf 5.5 . Dennoch lassen sich bereits jetzt Überlegungen anstellen über die Bedingungen, die bei der Klumpenbildung zu berücksichtigen sind, damit $\hat{\mu}_{\mathbb{P}}$ eine geringe Varianz hat. (Siehe auch die Bemerkung im Anschluß an (5.1.4).) Wir beschränken uns auf ein größen-proportionales $\mathbb{P}$ (5.1.10).

Zunächst bemerken wir, daß analog zu der in (3.1.5) gegebenen Zerlegung die folgende Darstellung von σ^2 möglich ist (wobei wir (M.2.1), (M.3.2) und die uniforme Verteilung P_o auf G benutzen):

$$(5.2.8)\quad \sigma^2 = \sum_{i=1}^{R} \mathrm{Var}_{P_o}(Y|\,K_i)\, m_i/N + \sum_{i=1}^{R}(\bar{Y}_i^K - \mu)^2 m_i/N$$

$$= \mathrm{Var}_{int} + \mathrm{Var}_{ext} \text{ (=interne+externe Varianz).}$$

Aus (2.1.5)(2) wissen wir, daß $\mathrm{Var}\,\bar{Y}$ bei einer einfachen Zufallsstichprobe nur von σ^2 und der Stichprobenlänge n abhängt. Aus (5.2.3)(3) ersehen wir hingegen, daß $\mathrm{Var}\,\hat{\mu}_{\mathbb{P}}$ (für $\hat{\mu}_{\mathbb{P}}$ aus (5.2.2)) nur von Var_{ext} und der Länge r der Klumpenstichprobe abhängt. Es kommt also bei der Bildung der Klumpen darauf an, Var_{ext} möglichst klein zu erhalten, also möglichst viel der Gesamtvarianz σ^2 in Var_{int}, in die Varianz innerhalb der Klumpen, zu "packen". Ein quantitativer Vergleich zwischen $\frac{1}{r}\mathrm{Var}_{ext}$ und $\frac{1}{n}(\mathrm{Var}_{int} + \mathrm{Var}_{ext})$ kann natürlich erst dann erfolgen, wenn man Aussagen über die Anzahl der Elemente aus G in einer Klumpenstichprobe der Länge r machen kann. (Siehe Abschnitt 5.5.) Man bemerke jedoch, daß die Bedingung der möglichst großen internen Varianz Var_{int} im sozusagen krassen Gegensatz steht zu den Erfordernissen, die an die Schichten einer geschichteten Stichprobe zu stellen sind. (Siehe (3.3.8) und die daran anschließenden Erörterungen.)

5.3 <u>oZ-KLUMPEN-STICHPROBEN ZUR VERTEILUNG $\mathbb{P}$</u>.

Es sei $\mathbb{P}$ eine W-Verteilung auf G^K (5.1.2) (mit Klumpenbildung (5.1.1)); es sei ferner $\mathbb{P}_{(r)}$ ein Stichprobenplan, der durch $\mathbb{P}$ vollständig bestimmt wird. $\mathbb{P}_{(r)}$ ist also eine W-Verteilung auf $(G^K)^r$ (siehe (1.2.8)) und beschreibt die Ziehung einer Klumpen-Stichprobe $\underline{\mathbb{K}} = (\mathbb{K}_1, \ldots, \mathbb{K}_r)$. Setze

(5.3.1) $\mathbb{H}_j$ = Häufigkeit von K_j in $\underline{\mathbb{K}}$; $j = 1, \ldots, R$.

$\underline{\mathbb{K}}$ ist eine <u>oZ-Klumpenstichprobe</u> zur Verteilung $\mathbb{P}$, falls für alle $j = 1, \ldots, R$ gilt:

(5.3.2) $\mathbb{H}_j$ ist $BV(1, \pi_j)$-verteilt.

Wir haben (bzw. setzen):

(5.3.3)
$$\pi_j = \mathbb{P}_{(r)}(\mathbb{H}_j = 1) = E(\mathbb{H}_j);$$
$$1 - \pi_j = \mathbb{P}_{(r)}(\mathbb{H}_j = 0);$$
$$\pi_{ij} = \mathbb{P}_{(r)}(\mathbb{H}_i = 1, \mathbb{H}_j = 1) = E(\mathbb{H}_i \cdot \mathbb{H}_j).$$

(5.3.4) <u>Definition</u>:

Die Schätzfunktion

$$\hat{\mu}_{\mathbb{H}T} = \frac{1}{N}\sum_{j=1}^{R} (y_j^K/\pi_j)\mathbb{H}_j = \frac{R}{N}\cdot\frac{1}{R}\sum_{j=1}^{R} (y_j^K/\pi_j)\mathbb{H}_j$$

heißt Horvitz-Thompson-Schätzer.

(5.3.5) Satz:

(1) $E(\hat{\mu}_{\mathbb{H}T}) = \mu$;

(2) $\mathrm{Var}\, \hat{\mu}_{\mathbb{H}T} = (1/N^2) \sum_{j=1}^{R} (y_j^K)^2 (1 - \pi_j)/\pi_j$ +

$$(1/N^2) \sum_{\substack{i,j=1 \\ i \neq j}}^{R} y_i^K y_j^K (\pi_{ij} - \pi_i \pi_j)/(\pi_i \pi_j).$$

Beweis:

Zu (1): Folgt aus (5.3.3) und (5.1.7); man kann auch aus (4.3.8)(1) schließen, daß $E(\frac{N}{R}\hat{\mu}_{\mathbb{H}T}) = \mu^K = \frac{N}{R}\mu$ ist.

Zu (2): Aus (4.3.8)(2) erhält man: $\mathrm{Var}\,(\frac{N}{R}\hat{\mu}_{\mathbb{H}T}) = (N^2/R^2)\cdot V$ ist, wobei V = rechte Seite der Gleichung (2) mit R statt N (wegen (4.3.8)(2)), und die Behauptung folgt sogleich.

Für die Schätzung von $\mathrm{Var}\, \hat{\mu}_{\mathbb{H}T}$ sind zwei Statistiken gebräuchlich, die zu den in (4.3.10) angegebenen analog sind. Wir setzen

(5.3.6)(1) $\hat{\sigma}^2_{\mathbb{H}T} = (1/N^2) \sum_{j=1}^{R} (y_j^K)^2 (1 - \pi_j)\mathbb{H}_j/\pi_j^2$ +

$$(1/N^2) \sum_{\substack{i,j=1 \\ i \neq j}}^{R} y_i^K y_j^K (\pi_{ij} - \pi_i \pi_j)\mathbb{H}_i \mathbb{H}_j/(\pi_i \pi_j \pi_{ij});$$

(2) $$\hat{\sigma}^2_{\mathbb{Y}G} = \frac{1}{N^2} \sum_{\substack{i,j=1 \\ i < j}}^{R} \left[\frac{y_i^K}{\pi_i} - \frac{y_j^K}{\pi_j}\right]^2 \frac{\pi_i \pi_j - \pi_{ij}}{\pi_{ij}} \mathbb{H}_i \mathbb{H}_j.$$

Konvention: Die Summationen in (1) und (2) erfolgen nur über solche Paare (i,j), für die $\pi_{ij} > 0$ ist.

(5.3.7) Definition:

$\hat{\sigma}^2_{\mathbb{H}T}$ heißt Varianz-Schätzer nach Horvitz-Thompson,

$\hat{\sigma}^2_{\mathbb{Y}G}$ heißt Varianz-Schätzer nach Yates-Grundy.

Aus (4.3.11) entnehmen wir sofort:

(5.3.8) Ist $\pi_{ij} > 0$ für alle Paare (i,j) mit $i \neq j$, so sind der Horvitz-Thompson-Varianz-Schätzer und der Yates-Grundy-Varianz-Schätzer erwartungstreu für die Varianz von $\hat{\mu}_{\mathbb{H}\mathrm{T}}$.

Zur Nicht-Negativität des Yates-Grundy-Schätzers: siehe (4.3.13) mutatis mutandis.

Schließlich betrachten wir eine <u>proportionale oZ-Klumpen-Stichprobe</u>, die gemäß (4.4.2) dadurch definiert ist, daß

(5.3.9) $\pi_i = r \cdot \mathbb{p}_i$ (mit $r \leq 1/\mathbb{p}_i$) für alle $i=1,\ldots,R$

gilt, wobei nach wie vor die $\mathbb{p}_i$ durch (5.1.8) gegeben sind. Offenbar können wir dann den IHT-Schätzer (5.3.4) in der Gestalt

(5.3.10) $\hat{\mu}_{\mathbb{H}\mathrm{T}} = \frac{1}{r}\sum_{i=1}^{r} Y_i^K/(N\mathbb{P}_i)$

schreiben. Ein Vergleich von (5.3.10) mit (5.2.1) zeigt nun, daß $\hat{\mu}_{\mathbb{H}\mathrm{T}} = \hat{\mu}_{\mathbb{P}}$ ist. Dies gilt auch für den speziellen Fall einer <u>proportionalen</u> <u>oZ-Klumpen-Stichprobe</u> zur <u>größen-proportionalen Verteilung</u> $\mathbb{P}$. Dann ist $\hat{\mu}_{\mathbb{H}\mathrm{T}}$ gleich dem in (5.2.2) angegebenen arithmetischen Mittel der in (5.1.12) angegebenen Mittelwerte von Y in den gezogenen Klumpen.

Zur <u>Technik der Ziehung</u> einer <u>proportionalen</u> <u>oZ-Klumpen-Stichprobe</u> verweisen wir auf Abschnitt 4.4 (mit den offensichtlichen Modifikationen). Zur Rolle, die die Anordnung (5.1.3) für die π_{ij} spielt und zu den für die Berechnung der π_{ij} sich daraus ergebenden Probleme verweisen wir ebenfalls auf Abschnitt 4.4.

5.4 EINFACHE KLUMPEN-STICHPROBEN.

Wir bezeichnen die uniforme Verteilung auf G^K mit $\mathbb{P}_o$:

(5.4.1) $\mathbb{P}_o(K_j) = 1/R$ resp. $\mathbb{p}_j = 1/R$ für alle $j=1,..,R$.

(5.4.2) Definition:

Es sei $\underline{\mathbb{K}}$ eine mZ-Klumpenstichprobe zur Verteilung $\mathbb{P}_o$ bzw. eine proportionale oZ-Klumpenstichprobe zur Verteilung $\mathbb{P}_o$. Dann heißt $\underline{\mathbb{K}}$ einfache Klumpenstichprobe, mZ bzw. oZ.

Die Ziehung einer einfachen Klumpenstichprobe bietet sich insbesondere dann an, wenn alle Klumpen gleich groß sind; wir haben dann

(5.4.3) $m_i = m$ für alle $i = 1,...,R$;

$$m = \frac{N}{R}, \quad \mathbb{p}_i = \frac{m}{N} = \frac{1}{R} \quad \text{für alle} \quad i = 1,...,R.$$

Diesen Fall (5.4.3) werden wir im nächsten Abschnitt gesondert untersuchen.

Im folgenden sei stets $\underline{\mathbb{K}}$ eine einfache Klumpenstichprobe. Aus (5.3.10) und (5.4.1) erhalten wir dann:

(5.4.4) $\hat{\mu}_{\mathbb{P}_o} = \hat{\mu}_{\mathbb{HT}} = \frac{1}{r}\sum_{i=1}^{r} \frac{R}{N} Y_i^K$; $r = \#(\mathbb{K})$.

(5.4.5) Satz:

Für $\hat{\mu} = \hat{\mu}_{\mathbb{P}} = \hat{\mu}_{\mathbb{HT}}$ aus (5.4.4) gilt:

(1) $E(\hat{\mu}) = \mu$;

(2) $\mathrm{Var}\,\hat{\mu} = \frac{1}{r}\sigma_K^2 (1 - f_K^*)$, wobei wir setzen

(3) $\sigma_K^2 = \mathrm{Var}\,(\frac{R}{N} Y^K) = \frac{1}{R}\sum_{j=1}^{R} (\frac{R}{N} Y_j^K - \mu)^2$

mit Y^K aus (5.1.5),

(4) $f_K^* = \begin{cases} 0 & \text{für eine mZ-Stichprobe,} \\ (r-1)/(R-1) & \text{für eine oZ-Stichprobe.} \end{cases}$

Beweis:

Folgt sofort aus (2.4.8), wenn man (5.4.4) zusammen mit (2.4.2) beachtet.

(5.4.6) Satz:

(1) $E(\widehat{\text{Var}}\ \hat{\mu}) = \text{Var}\ \hat{\mu}$ (mit (5.4.5)(2)), wobei wir setzen

(2) $\widehat{\text{Var}}\ \hat{\mu} = \frac{1}{r-1} s_K^2 (1 - f_K)$,

(3) $s_K^2 = \frac{1}{r}\sum_{i=1}^r (\frac{R}{N} Y_i^K - \hat{\mu})^2$,

(4) $f_K = \begin{cases} 0 & \text{für eine mZ-Stichprobe,} \\ r/R & \text{für eine oZ-Stichprobe.} \end{cases}$

Beweis:

Folgt aus (2.4.9), (2.4.10).

(5.4.7) Satz:

Ist $\mathbb{K}$ eine einfache oZ-Klumpenstichprobe, so gilt:

(1) $\hat{\sigma}^2_{\mathbb{H}T} = \hat{\sigma}^2_{\mathbb{Y}G}$ für die in (5.3.6) definierten Varianz-Schätzer;

(2) Beide in (1) genannten Schätzer sind mit $\widehat{\text{Var}}\ \hat{\mu}$ aus (5.4.6)(2) identisch, also gleich

$$\hat{\sigma}^2 = (1 - \frac{r}{R})\frac{1}{r-1} s_K^2 \ .$$

Beweis:

Zu (1): Zunächst zeigt man mit Hilfe elementarer Operationen, daß gilt:

(5.4.8) $$\sum_{\substack{i,j=1 \\ i<j}}^r (a_i + a_j) = (r-1)\sum_{i=1}^r a_i \ .$$

Sodann beachte man, daß für eine einfache oZ-Klumpenstichprobe gilt (siehe das Beispiel nach (4.3.13)):

(5.4.9) $$\pi_i = \frac{r}{R}, \quad \pi_{ij} = \frac{r(r-1)}{R(R-1)} \quad \text{für alle } i, (i,j)\ (i \neq j).$$

Setzt man (5.4.9) nun in (5.3.6)(2) ein, so erhält man:

$$\hat{\sigma}^2_{\mathbb{Y}G} = \frac{1}{N^2}\frac{1}{r-1}\frac{R^2}{r^2}(1 - \frac{r}{R})\sum_{\substack{i,j=1 \\ i<j}}^r (Y_i^K - Y_j^K)^2 \ .$$ Beachtet

man nun (5.4.8), so ist $\sum_{\substack{i,j=1\\ i<j}}^{r} (Y_i^K - Y_j^K)^2 =$ $(r-1)\sum_{i=1}^{r}(Y_i^K)^2 - \sum_{\substack{i,j=1\\ i\neq j}}^{r} Y_i^K Y_j^K$ (wobei wir noch $\sum_{i<j} = \frac{1}{2}\sum_{i\neq j}$ benutzen). Also ist

$$\hat{\sigma}^2_{\mathbf{Y}G} = (1/N^2)(R^2/r^2)(1 - \tfrac{r}{R})\sum_i (Y_i^K)^2 - (1/N^2)\frac{1}{r-1}(R^2/r^2)(1 - \tfrac{r}{R})\sum_{\substack{i,j\\ i\neq j}} Y_i^K Y_j^K .$$

Diesen Ausdruck erhält man aber auch für $\hat{\sigma}^2_{\mathrm{HT}}$, wenn man in (5.3.6)(1) die in (5.4.9) gegebenen Relationen einsetzt.

Zu (2): Man zerlege im obigen Ausdruck für den Yates-Grundy-Schätzer den Term $(Y_i^K)^2$ in eine Summe: $(Y_i^K)^2 = \frac{r}{r-1}(Y_i^K)^2 - \frac{1}{r-1}(Y_i^K)^2$; dann erhält man:

$$\hat{\sigma}^2_{\mathbf{Y}G} = (1 - \tfrac{r}{R})\frac{1}{r-1}\frac{1}{r}\sum_i (\tfrac{R}{N}Y_i^K)^2 - (1-\tfrac{r}{R})\frac{1}{r-1}\frac{1}{r}\frac{1}{r}\sum_{i,j}\tfrac{R}{N}Y_i^K\,\tfrac{R}{N}Y_j^K$$

$$= (1 - \tfrac{r}{R})\frac{1}{r-1}\left[\frac{1}{r}\sum_i (\tfrac{R}{N}Y_i^K)^2 - \hat{\mu}^2\right] \quad \text{(mit (5.4.4))}.$$

Mit (1.2.24) folgt nun die Behauptung.

5.5 VERGLEICH VON EINFACHEN KLUMPEN-STICHPROBEN MIT EINFACHEN ZUFALLS-STICHPROBEN.

Es sei $\underline{\mathbb{K}}$ eine einfache Klumpenstichprobe der Länge r ; ferner gelte (5.4.3), i.e. alle Klumpen sind gleich groß: $\#(K_j) = m$ für alle $j = 1,\dots,R$. ($\mathbb{P}_0$ ist dann auch größen-proportional!) Aufgrund dieser Annahme ist $\#(\underline{\mathbb{K}})$ eine Konstante, nämlich:

(5.5.1) $\#(\underline{\mathbb{K}}) = r\,m$ = Anzahl der Elemente aus G in der Klumpenstichprobe.

Wir vergleichen daher $\underline{\mathbb{K}}$ (mit (5.5.1)) mit einer einfachen Zufallsstichprobe $\underline{U}$ aus G mit der gleichen Stichprobenlänge:

(5.5.2) $\#(\underline{U}) = n = r\,m$ = Anzahl der Elemente aus G in der einfachen Zufalls-Stichprobe $\underline{U}$.

Dieser Vergleich erfolgt natürlich über die Varianzen der Schätzfunktionen $\hat{\mu} = \bar{Y}$ (für (5.5.2)) und $\hat{\mu}_{\mathbb{P}_o}$ aus (5.4.4) (für (5.5.1)). Nach (2.4.8)(2) und (5.4.5)(2) haben wir miteinander zu vergleichen

(5.5.3) $\mathrm{Var}_{P_o} = (1 - f^*)\,\frac{1}{n}\sigma^2$ und

$$\mathrm{Var}_{\mathbb{P}_o} = (1 - f_K^*)\,\frac{1}{r}\sigma_K^2 ,$$

wobei σ_K^2 aus (5.4.5) stammt, $\mathrm{Var}_{P_o} = \mathrm{Var}\,\bar{Y}$, $\mathrm{Var}_{\mathbb{P}_o} = \mathrm{Var}\,\hat{\mu}_{\mathbb{P}_o}$ ist.

Zunächst wird σ_K^2 in geeigneter Weise zerlegt:

(5.5.4) <u>Lemma</u>:

(1) Sei $\rho_K = \frac{1}{R}\sum_{j=1}^{R} \rho_{K,j}$ und

$$\rho_{K,j} = \frac{1}{m(m-1)} \sum_{\substack{s,t=1\\ s\neq t}}^{m} (y_{js} - \mu)(y_{jt} - \mu)/\sigma^2 ,$$

wobei $y_{j1},\ldots,y_{jm}$ die Werte des Merkmals Y der m Elemente des Klumpens K_j sind (also z.B. $K_j = \{u_{j1},\ldots,u_{jm}\}$ und $y_{js} = Y(u_{js})$). Dann ist

(2) $\sigma_K^2 = \frac{1}{m}\sigma^2 + \frac{m-1}{m}\sigma^2\rho_K = \frac{1}{m}\sigma^2(1 + (m-1)\rho_K)$.

<u>Bemerkung:</u> Die Interpretation von ρ_K erfolgt nach dem

<u>Beweis</u>:

Es ist $\sum_{s=1}^{m}(y_{js} - \mu) = y_j^K - m\mu = y_j^K - \frac{N}{R}\mu$.

Setzt man dies in (5.4.5)(3) ein, so erhält man:

$\sigma_K^2 = \frac{1}{R}(1/m^2)\sum_{j=1}^{R}\left[\sum_{s=1}^{m}(y_{js} - \mu)\right]^2$. Daraus ergibt sich

$$\sigma_K^2 = (1/Rm^2)\sum_j \Big[\sum_s (y_{js} - \mu)^2 + \sum_{\substack{s,t\\ s\neq t}} (y_{js} - \mu)(y_{jt} - \mu)\Big].$$

Aus (5.4.3) und der Definition von $\rho_{K,j}$ in (1) erhält man

$\sigma_K^2 = \frac{1}{m}\,\frac{1}{N}\sum_{u\in G}(Y(u) - \mu)^2 + \frac{1}{R}\sum_j \frac{1}{m}(m-1)\sigma^2\rho_{K,j}$ und damit die in (2) angegebene Darstellung.

(5.5.5) Definition:

ρ_K aus (5.5.4)(1) heißt klumpeninterner Korrelationskoeffizient (intra cluster correlation coefficient).

Die obige Definition wird gerechtfertigt durch die Tatsache, daß ρ_K tatsächlich der Korrelationskoeffizient von zwei auf einem Klumpen definierten Variablen ist, wie nun gezeigt werden soll. Dazu betrachten wir das folgende "zweistufige" Verfahren (siehe auch 5.7 und 5.8):

1. Stufe: Ziehe eine einfache Klumpenstichprobe aus G der Länge $r = 1$: $\underline{\mathbb{K}} = \mathbb{K}_1$;
2. Stufe: Ziehe eine einfache oZ-Stichprobe aus $\mathbb{K}_1$ der Länge 2: $\underline{U}' = (U_1', U_2')$.

(5.5.6) Lemma:

Setze $Y_1' = Y(U_1')$, $Y_2' = Y(U_2')$; dann gilt: der Korrelationskoeffizient zwischen Y_1' und Y_2' ist gleich ρ_K.

Beweis:

Zunächst ist wegen (2.2.5)(1) klar, daß Y_1' und Y_2' dieselbe Verteilung haben, so daß auch $E(Y_1') = E(Y_2')$ und $\mathrm{Var}\,Y_1' = \mathrm{Var}\,Y_2'$ ist. Mit (M.2.6) (oder auch (M.2.8) und (M.2.7)) und der in (5.5.4)(1) eingeführten Notation ist $E(Y_1') = E(E(Y_1' \mid \mathbb{K}_1)) = \frac{1}{R}\sum_j E(Y_1' \mid \mathbb{K}_1 = K_j) =$ (2.2.6)(!) $\frac{1}{R}\sum_j \frac{1}{m}\sum_s y_{js} = \frac{1}{N}\sum_{u\in G} Y(u) = \mu$. Da man ebenso zeigt, daß $E(Y_1'^2) = \frac{1}{N}\sum_{u\in G} Y^2(u)$ ist, folgt $\mathrm{Var}\,Y_1' = \sigma^2$.

Um (5.5.6) zu beweisen, müssen wir daher zeigen:

(5.5.7) $\rho_K = E((Y_1' - \mu)(Y_2' - \mu))/\sigma^2$.

Zunächst folgt aus (2.2.7), daß gilt:
$E((Y_1' - \mu)(Y_2' - \mu) \mid \mathbb{K}_1 = K_j) = \frac{1}{m(m-1)} \sum_{\substack{s,t \\ s \neq t}} (y_{js} - \mu)(y_{jt} - \mu)$
$= \rho_{K,j}\sigma^2$ mit dem in (5.5.4)(1) erklärten Ausdruck $\rho_{K,j}$.
Also ist $E((Y_1' - \mu)(Y_2' - \mu)) = \frac{1}{R}\sum_j E((Y_1' - \mu)(Y_2' - \mu) \mid \mathbb{K}_1 = K_j)$
$= \frac{1}{R}\sum_j \rho_{K,j}\sigma^2 = \rho_K\sigma^2$ (mit (5.5.4)(1)). (5.5.7) folgt nun sogleich.

Wir setzen nun (5.5.4)(2) in (5.5.3) ein und erhalten
$Var_{\mathbb{P}_o} = (1 - f_K^*)\frac{1}{rm}\sigma^2(1 + (m-1)\rho_K)$. Beachtet man, daß
$(1-f_K^*)/(1-f^*) = \frac{R-r}{R-1}\cdot\frac{N-1}{N-n} = \frac{Rm-rm}{Rm-m}\cdot\frac{N-1}{N-n} = \frac{N-1}{N-m}$ ist, sofern
$\underline{\mathbb{K}}$ in (5.5.1) und $\underline{U}$ in (5.5.2) oZ-Stichproben sind, so erhält man mit

(5.5.8) $f_{G,K}^* = \begin{cases} 0 & \text{falls } \underline{\mathbb{K}} \text{ und } \underline{U} \text{ mZ-Stichproben,} \\ (m-1)/(N-1) & \text{falls } \underline{\mathbb{K}} \text{ und } \underline{U} \text{ oZ-Stichproben} \end{cases}$
sind:

(5.5.9) $(1 - f_K^*) = (1 - f^*)/(1 - f_{G,K}^*)$.

Aus (5.5.9) folgt nun sofort (für die in (5.5.3) gegebenen Varianzen:

(5.5.10) $Var_{\mathbb{P}_o} = Var_{P_o}\cdot(1 + (m-1)\rho_K)/(1 - f_{G,K}^*)$.

Aus (5.5.10) ersieht man, daß eine Klumpenstichprobe $\underline{\mathbb{K}}$ genau dann "besser" ist als eine einfache Stichprobe $\underline{U}$ -- i.e. daß $Var_{\mathbb{P}_o} < Var_{P_o}$ genau dann gilt -- , falls
$(1 + (m-1)\rho_K)/(1 - f_{G,K}^*) < 1$ ist bzw. falls
$(m-1)\rho_K < -f_{G,K}^*$ ist. Hieraus erhalten wir (mit (5.5.8)):

(5.5.11) Satz:
$Var_{\mathbb{P}_o} < Var_{P_o}$ (mit (5.5.3)) gilt genau dann, falls

$$\rho_K < \begin{cases} 0 & \text{für mZ-Stichproben } \mathbb{K} \text{ und } \underline{U}, \\ -1/(N-1) & \text{für oZ-Stichproben } \overline{\mathbb{K}} \text{ und } \overline{\underline{U}}, \end{cases}$$

wobei wir den Fall $m = 1$ ausgeschlossen haben.

Wir werden auf die Bedingung $\rho_K < 0$ bzw. $\rho_K < -1/(N-1)$ im nächsten Abschnitt noch einmal (und ausführlicher) zu sprechen kommen.

5.6 SYSTEMATISCHE STICHPROBEN.

(Systematic Sampling)

Zu den klassischen Stichprobenverfahren gehört das Ziehen einer "systematischen" Stichprobe. Bei dieser Ziehungsart wird -- so läßt sich die Technik interpretieren -- ein "zufälliges" Anfangselement von G gewählt, und sodann wird mit diesem Anfangselement jedes Element im "Abstand" R, 2R, 3R etc... in die Stichprobe aufgenommen. In der Terminologie dieses Kapitels können wir sagen, daß eine systematische Stichprobe nichts anderes ist als eine Klumpenstichprobe der Länge 1, wobei die Klumpen in bestimmter Weise vermöge einer Anordnung (1.2.2) von G definiert sind.

Zur Präzisierung der obigen Andeutungen schreiben wir G aus (1.2.2) in der Form

(5.6.1) $G = \left\{ u_{i+(j-1)R} : i=1,\dots,R,\ j=1,\dots,m \right\},$

wobei nach Voraussetzung m und R natürliche Zahlen sind mit $N = mR$.

Die Klumpen werden in folgender Weise definiert:

(5.6.2) $K_i = \left\{ u_{i+(j-1)R} : j = 1,\dots,m \right\}, \quad (i = 1,\dots,R).$

Zur Erläuterung betrachte man das fiktive

<u>Beispiel</u>: Sei $N = 15$, $R = 5$, $m = 3$. $G = (u_1,\ldots,u_{15})$ wird in 5 Klumpen aufgeteilt mit je 3 Elementen:
$K_1 = \{u_1, u_6, u_{11}\}$; $K_2 = \{u_2, u_7, u_{12}\}$; ....;
$K_5 = \{u_5, u_{10}, u_{15}\}$.

(5.6.3) <u>Definition</u>:

Eine <u>systematische Stichprobe der Länge</u> m ist eine einfache Klumpenstichprobe der Länge 1, sofern die Klumpen gemäß (5.6.2) über eine fest gewählte Anordnung von G (5.6.1) definiert sind und jeder so erklärte Klumpen genau m verschiedene Elemente besitzt.

Es sei im folgenden $\mathbb{K} = (U_1,\ldots,U_m)$ eine systematische Stichprobe der Länge m. Wegen r=1 und R/N = 1/m in (5.4.4) ist

(5.6.4) $\hat{\mu} = \bar{Y} = \hat{\mu}_{\mathbb{P}_o}$ für $\hat{\mu}_{\mathbb{P}_o}$ aus (5.4.4).

Aufgrund von (5.6.4) und (5.4.5) gilt:

(5.6.5) <u>Satz</u>:

Es sei $\mathbb{K} = (U_1,\ldots,U_m)$ eine systematische Stichprobe.
Dann gilt für $\bar{Y} = \sum_{i=1}^{m} Y(U_i)$:

(1) $E(\bar{Y}) = \mu$;

(2) $\text{Var}\,\bar{Y} = \text{Var}_{ext}$ aus (5.2.8) (mit $m_i/N = m/N = 1/R$);

(3) $\text{Var}\,\bar{Y} = (\sigma^2/m)(1 + (m-1)\rho_k)$ mit ρ_K aus (5.5.4)(1).

<u>Beweis</u>:

<u>Zu (1) und (2)</u>: folgt, wie bereits angesprochen, aus Satz (5.4.5)(1) und (2),(3) mit r=1, $f_K^* = 0$ unter Beachtung von (5.6.4).

<u>Zu (3)</u>: Siehe (5.5.4)(2) und (5.4.5)(2) mit r = 1.

Aus (5.6.5)(3) und (5.5.11) schließen wir sofort:

(5.6.6) <u>Satz:</u>

Es sei $\text{Var}_{syst} = \text{Var}\,\bar{Y}$ bei einer systematischen Stichprobe, $\text{Var}_{einf} = \text{Var}\,\bar{Y}$ bei einer einfachen Stichprobe oZ der Länge m. Dann gilt $Var_{syst} < Var_{einf}$ genau dann, falls $\rho_K < -1/(N-1)$ ist.

Die in (5.5.11) und (5.6.6) auftretende Bedingung wird in der Praxis bei vielen "natürlichen" Klumpenbildungen nicht erfüllt sein. Geht man zum Beispiel davon aus, daß "Einkommensklassen" mit "Wohngebieten" positiv korreliert sind, so werden die Elemente eines Klumpens "Einwohner der Straße A" mit ihren jeweiligen Einkommen "im Prinzip" über oder unter dem Durchschnittseinkommen liegen, so daß für diesen Klumpen $\rho_{K,j} > 0$ (siehe (5.5.4)(1)) ist. Dies wird im wesentlichen für alle "natürlichen" Klumpen gelten, so daß in der Regel eher $\rho_K > 0$ erfüllt ist als $\rho_K < 0$ oder gar $\rho_K < -1/(N-1)$. Hat man freilich genügend Information über G, läßt sich die Anordnung in (5.6.1) so wählen, daß man tatsächlich ein stark negatives ρ_K erreicht -- z.B. durch "Mischen" verschieden "guter" Wohnstraßen in einem Klumpen. Je kleiner ρ_K ist, umso "besser" ist nach (5.6.5)(3) (oder auch (5.5.4)(2)) die sytematische resp. die Klumpen-Stichprobe. Die Untergrenze für ρ_K ist offenbar $-1/(m-1)$, so daß im Bereich

(5.6.7) $-1/(m-1) < \rho_K < -1/(N-1)$

eine Klumpenstichprobe (resp. eine systematische Stichprobe) einer einfachen Stichprobe der gleichen Länge vorzuziehen ist.

(5.6.8) Bemerkung: Wegen r=1 in (5.6.3) läßt sich die Varianz von $\bar{Y}$ nicht mit Hilfe von (5.4.6) schätzen. Einen Ausweg aus diesem Dilemma bieten einfache Klumpenstichproben der Länge $r > 1$, wobei die Klumpen gemäß (5.6.2) zu definieren sind. (Siehe GAUTSCHI (1957).)

5.7 MEHRSTUFIGE, INSBESONDERE ZWEISTUFIGE STICHPROBEN.

(Multi Stage Sampling. Two Stage Sampling. Sub-Sampling.)

Eine mehrstufige Stichprobe ist im wesentlichen eine Stichprobe, die durch eine Hierarchie von Klumpenstichproben gezogen wurde, wobei die eigentliche "Erhebung" von Y erst auf der letzten Stufe der Hierarchie erfolgt. Zur Illustration betrachte man folgendes

Beispiel:

G = Einwohner der Bundesrepublik Deutschland; Klumpen der 1.Stufe: Einwohner der Bundesländer; Klumpen der 2.Stufe: Einwohner der Landkreise/kreisfreien Städte; Klumpen der 3. Stufe: Einwohner der Gemeinden.

Mit dieser vorgegebenen Hierarchie nehme man die Stichprobenziehung wie folgt vor: Auf der 1.Stufe wähle man (nach einem Stichprobenplan) einige Bundesländer für die weitere Prozedur aus; auf der 2.Stufe wähle man aus den so ausgewählten Bundesländern einige Kreise aus; auf der 3.Stufe wähle man aus den ausgewählten Kreisen einige Gemeinden aus. Wird nun das Merkmal Y für alle Einwohner der so ausgewählten Gemeinden erhoben, so hat man eine dreistufige Klumpenstichprobe, wobei auch die letzte, die "Erhebungsstufe" eine Klumpenstichprobe ist; werden aus jeder so ausgewählten Gemeinde einige Einwohner für die Erhebung von Y in einer Stichprobe gezogen, so hat man insgesamt eine vierstufige Stichprobe, wobei jedoch die letzte Stufe ("Erhebungsstufe") keine Klumpenstichprobe mehr ist.

Wir befassen uns im folgenden nur noch mit zweistufigen Stichproben. Die Behandlung mehr(-als zwei-)stufiger Stichproben bietet zwar keine grundsätzlich anderen Schwierigkeiten, wird jedoch i.a. unter notationeller Schwerfälligkeit leiden.

(5.7.1) <u>Definition</u>:

Gegeben sei G, G^K aus (5.1.2), (5.1.1), $\mathbb{P}$ aus (5.1.8). Ferner sei P^j eine W-Verteilung auf K_j für jedes j = 1,...,R. Es sei $\underline{\mathbb{K}} = (\mathbb{K}_1,....,\mathbb{K}_r)$ eine Klumpenstichprobe zur Verteilung $\mathbb{P}$. Es sei J(i) definiert durch die Bedingung: J(i) = j genau dann, wenn $\mathbb{K}_i = K_j$ ist d.h. J(i) ist der Index des an i-ter Stelle gezogenen Klumpens. Weiter sei für jedes i = 1,...,r

$\underline{U}_i$ eine Stichprobe zur Verteilung $P^{J(i)}$ aus $\mathbb{K}_i$.

Dann heißt $(\underline{U}_1,...,\underline{U}_r)$ eine <u>zweistufige Stichprobe aus G</u>. Sind $\underline{\mathbb{K}}$ und $\underline{U}_1,...,\underline{U}_r$ einfach, so liegt eine <u>zweistufige einfache Stichprobe</u> vor.

(5.7.2) <u>Bemerkung</u>: Natürlich muß für jedes j vorab geklärt sein, wie die Stichprobe der zweiten Stufe aus K_j zu ziehen ist, falls K_j an einer Stelle in $\underline{\mathbb{K}}$ auftritt. In (5.7.1) ist daher notwendiger Weise implizit unterstellt, daß mit P^j auch ein Stichprobenplan $P^j_{(n_j)}$ (siehe (1.2.8)) vorgegeben ist. Man könnte auch sagen: eine <u>zweistufige Stichprobe</u> ist durch die <u>Stichprobenpläne</u> $\mathbb{P}_{(r)}$ (bestimmt durch $\mathbb{P}$), $P^j_{(n_j)}$ (bestimmt durch P^j) mit j = 1,...,R charakterisiert.

Der Grundgedanke der Schätzung von μ mit Hilfe von mehrstufigen Stichproben (hier: zweistufigen) ist, die Erhebung der letzten Stufe zu nutzen für die Schätzung von Parametern der vorletzten Stufe, die Schätzung jeder Stufe für die Schätzung von Parametern der vorangehenden Stufe zu verwenden, bis man schließlich bei G (sozusagen der Null-ten Stufe) und damit μ angelangt ist.

Im zweistufigen Fall liegt folgende Situation vor: μ ist mit Hilfe von Schätzungen für die 'Parameter' Y_i^K = Summe der Y-Werte in $\mathbb{K}_i$ (='Parameter' der 1.Stufe) zu schätzen.

Aus Gründen der Einfachheit betrachten wir nur proportionale oZ-Stichproben. Aus (5.2.1) und (5.3.10) wissen wir dann, daß μ sich mit Hilfe von Statistiken der 1.Stufe in folgender Weise unverzerrt schätzen läßt:

(5.7.3) $\hat{\mu}_{(1.St)} = \frac{1}{r}\sum_{i=1}^{r} Y_i^K/(N\mathbb{P}_i)$; $E(\hat{\mu}_{(1.St)}) = \mu$.

Mit $\underline{\mathbb{K}}$ sind uns auch die $\mathbb{P}_i$ gegeben; für Y_i^K hingegen benötigen wir Schätzungen -- wir bezeichnen sie mit $\hat{Y}_i^K$ -- mit folgenden Eigenschaften:

(5.7.4) $\hat{Y}_i^K$ hängt nur von $Y(U_{i1}),\ldots,Y(U_{in_{J(i)}})$ ab,

wobei wir $\underline{U}_i = (U_{i1},\ldots,U_{in_{J(i)}})$ setzen;

$E(\hat{Y}_i^K \mid \underline{\mathbb{K}}) = Y_i^K$.

(5.7.5) Satz:

Setze $\hat{\mu}_{(2\text{-stufig})} = \hat{\mu}_{(2\text{-st})} = \frac{1}{r}\sum_{i=1}^{r} \hat{Y}_i^K/(N\mathbb{P}_i)$.

Dann gilt:

(1) $E(\hat{\mu}_{(2\text{-st})}) = \mu$;

(2) $\mathrm{Var}\,\hat{\mu}_{(2\text{-st})} = \mathrm{Var}\,\hat{\mu}_{(1.St)} + E(\mathrm{Var}(\hat{\mu}_{(2\text{-st})} \mid \underline{\mathbb{K}}))$.

Beweis:

Zu (1): $E(\hat{\mu}_{(2\text{-st})}) = \frac{1}{r}\sum_i E(\hat{Y}_i^K/(N\mathbb{P}_i)) =$

$\frac{1}{r}\sum_i E(E(\hat{Y}_i^K/(N\mathbb{P}_i) \mid \underline{\mathbb{K}})) = \frac{1}{r}\sum_i E((1/N\mathbb{P}_i)E(\hat{Y}_i^K \mid \underline{\mathbb{K}}))$.

Beachtet man nun (5.7.4), so stellt man fest, daß

$E(\hat{\mu}_{(2\text{-st})}) = E(\hat{\mu}_{(1.St)}) = \mu$ ist (mit (5.7.3)). Implizit haben wir gezeigt:

(5.7.6) $E(\hat{\mu}_{(2\text{-st})} \mid \underline{\mathbb{K}}) = \hat{\mu}_{(1.St)}$.

Zu (2): Grundlegend (und instruktiv) ist die folgende Beziehung, die man aus (M.3.5) erhält:

(5.7.7) $\mathrm{Var}\,\hat{\mu}_{(2\text{-st})} = \mathrm{Var}\,E(\hat{\mu}_{(2\text{-st})} \mid \underline{\mathbb{K}}) + E(\mathrm{Var}(\hat{\mu}_{(2\text{-st})} \mid \mathbb{K}))$

Man braucht nun noch (5.7.6) zu beachten, und die Behauptung (2) folgt aus (5.7.7).

Die Behandlung von oZ-Stichproben zur Verteilung $\mathbb{P}$, die nicht notwendiger Weise proportional sind, findet man z.B. bei RAJ (1968) S.117ff.

5.8 ZWEISTUFIGE EINFACHE STICHPROBEN.

Wir betrachten nun den Spezialfall, daß in (5.7.1) (und damit in (5.7.2)) $\mathbb{P}$ und P^j uniforme Verteilungen sind: $\mathbb{P} = \mathbb{P}_o$ mit $\mathbb{P}_o(K_j) = 1/R$ für alle j, $P^j = P^j_o$ mit $P^j_o(u) = 1/m_j$ für alle $u \in K_j$ für jedes $j = 1,\dots,R$.

Aufgrund von (5.4.4) wissen wir zunächst, daß mit

(5.8.1) $\hat{\mu}_{(1.St)} = \frac{1}{r}\sum_{i=1}^{r} \frac{R}{N} Y_i^K$ (cf.auch (5.7.3))

eine erwartungstreue Schätzfunktion für μ vorliegt. Um eine Schätzung des Y_i^K (=Summe der Merkmalswerte im i-ten gezogenen Klumpen) vorzunehmen, führen wir ein

(5.8.2) $\hat{\bar{Y}}_i^K$ = arithmetisches Mittel der Y-Werte der Elemente von $\underline{U}_i$ (aus (5.7.1)).

Wir können $\hat{\bar{Y}}_i^K$ auch genauer in folgender Weise schreiben:

(5.8.3) $\underline{U}_i = (U_{i1},\dots,U_{in_{J(i)}})$,

$$\hat{\bar{Y}}_i^K = (1/n_{J(i)}) \sum_j Y(U_{ij}) = (1/n_{J(i)}) \sum_{u \in \underline{U}_i} Y(u)\,.$$

Führt man nun noch auf $\underline{\mathbb{K}}$ die Zufallsvariablen

(5.8.4) $M(i) = \#(\mathbb{K}_i)$ = Anzahl der Elemente im i-ten gezogenen Klumpen

für $i = 1,\dots,r$ ein, so bietet sich folgende Schätzung

der Y_i^K an:

(5.8.5) (1) Setze $\hat{Y}_i^K = M(i)\,\hat{\bar{Y}}_i^K$.

(2) Es gilt: $E(\hat{Y}_i^K \mid \mathbb{K}) = Y_i^K$.

<u>Beweis von (2)</u>:

Es ist $E(\hat{Y}_i^K \mid \mathbb{K}) = M(i)\cdot E(\hat{\bar{Y}}_i^K \mid \mathbb{K})$ wegen (M.2.10), da mit $\mathbb{K}$ auch die M(i) gegeben sind. Wie man nun aus Satz (2.4.8)(1) (!!) sofort ablesen kann, ist $E(\hat{\bar{Y}}_i^K \mid \mathbb{K}) = \bar{Y}_i^K$, so daß wir insgesamt haben: $E(\hat{Y}_i^K \mid \mathbb{K}) = M(i)\,\bar{Y}_i^K = Y_i^K$ (wobei man (5.1.12) beachte).

Die Konstruktion einer 2-stufigen Schätzfunktion für μ bietet nun keine Schwierigkeiten. Setze

(5.8.6) $\hat{\mu}_{(2-st)} = \frac{1}{r}\frac{R}{N}\sum_{i=1}^{r} M(i)\,\hat{\bar{Y}}_i^K$.

(5.8.7) <u>Satz:</u>

(1) $E(\hat{\mu}_{(2-st)}) = \mu$ für $\hat{\mu}_{(2-st)}$ aus (5.8.6);

(2) $\mathrm{Var}\,\hat{\mu}_{(2-st)} = \frac{1}{r}(1 - f_K^*)\sigma_K^2 +$

$\frac{R}{r}\cdot(1/N^2)\cdot\sum_{j=1}^{R} m_j^2\,(1 - f_j^*)\,s_j^2/n_j$, wobei

(3) $f_j^* = 0$ bzw. $(n_j-1)/(m_j-1)$, falls aus K_j eine mZ- bzw. oZ-Stichprobe zu ziehen ist (gemäß $P^j_{(n_j)}$),

(4) $s_j^2 = \mathrm{Var}\,(Y \mid K_j) = (1/m_j)\sum_{t=1}^{m_j}(y_{jt} - \bar{Y}_j^K)^2$ ist mit (5.1.6) und Notation (5.5.4)(1),

(5) f_K^* bzw. σ_K^2 aus (5.4.5)(4) bzw. (3) stammen.

<u>Beweis</u>:

<u>Zu (1)</u>: Folgt aus (5.7.5)(1), da (5.8.5)(2) die in (5.7.4) verlangte Bedingung darstellt.

<u>Zu (2)</u>: Wegen (5.4.5)(2), (5.7.5)(2) , (5.8.1) haben wir nur noch zu zeigen:

(5.8.8) $E(\mathrm{Var}(\hat{\mu}_{(2-st)} \mid \mathbb{K})) = \frac{R}{r}\frac{1}{N^2}\sum_{j=1}^{R} m_j^2(1 - f_j^*)s_j^2/n_j$.

Für den Nachweis von (5.8.8) bemerken wir zunächst, daß aufgrund der Konstruktion der zweistufigen Stichprobe die Ziehung von $\underline{U}_i$ aus $\mathbb{K}_i$ unabhängig von der Ziehung von $\underline{U}_j$ aus $\mathbb{K}_j$ $(i \neq j)$ erfolgt (bei gegebenem $\underline{\mathbb{K}}$). Wir haben für (5.8.6): $\mathrm{Var}(\hat{\mu}_{(2\text{-st})} | \underline{\mathbb{K}}) = \frac{1}{r^2} \frac{R^2}{N^2} \sum_i (M(i))^2 \mathrm{Var}(\hat{\bar{Y}}_i^K | \underline{\mathbb{K}})$.

Ferner ist nach (2.4.8)(2) $\mathrm{Var}(\hat{\bar{Y}}_i^K | \underline{\mathbb{K}}) =$

$(1 - f^*_{J(i)}) s^2_{J(i)} / n_{J(i)}$, da $J(i)$ der Index des i-ten gezogenen Klumpens ist. Die uniforme Verteilung $\mathbb{P} = \mathbb{P}_o$ erzwingt nach (2.1.6)(2) resp. (2.2.5)(1) (mutatis mutandis), daß die Variablen $M(i)^2 \mathrm{Var}(\hat{\bar{Y}}_i^K | \underline{\mathbb{K}})$ für $i=1,\ldots,r$ alle dieselbe Verteilung haben; wir erhalten daher (z.B.) $E(\mathrm{Var}(\hat{\mu}_{(2\text{-st})} | \underline{\mathbb{K}})) = E((rR^2/(r^2N^2)) M(1)^2 \mathrm{Var}(\hat{\bar{Y}}_1^K | \underline{\mathbb{K}})) =$

$\frac{1}{r}(R^2/N^2)\, E(M(1)^2 (1 - f^*_{J(1)}) s^2_{J(1)} / n_{J(1)})$. Dieser Ausdruck ist jedoch gleich der rechten Seite von (5.8.8), da $\mathbb{P}(J(1) = j) = 1/R$ für alle $j = 1,\ldots,R$ ist.

Für die Schätzung von $\mathrm{Var}\,\hat{\mu}_{(2\text{-st})}$ verweisen wir (z.B.) auf RAJ (1968) S.115 f .

SCHLUSSBEMERKUNGEN.

Zur Wahl der Stichprobenlänge.

Sofern die Klumpen unterschiedliche Größen aufweisen -- und dies dürfte in außerordentlich vielen praktischen Situationen der Fall sein --, kann die Anzahl der aus G (!) zu ziehenden Elemente u kaum Gegenstand systematischer Erörterungen sein. Allenfalls ließe sich über die Idee einer "durchschnittlichen" Klumpengröße und die "gewünschte" Zahl von zu erhebenden Y-Werten ein Anahltspunkt für die Anzahl der zu ziehenden Klumpen gewinnen. Hinsichtlich der Anzahl r der zu ziehenden Klumpen lassen sich bei mZ-Stichproben zu $\mathbb{P}$ die entsprechenden Überlegungen des 4.Kapitels nutzen (Schlußbemerkungen dort!); freilich ist (nach (5.2.3)(2)) die Kenntnis von Var $(Y^K/N\mathbb{P})$ vonnöten. Bei oZ-Stichproben zu einer beliebigen Verteilung $\mathbb{P}$ (also weder bei einfachen Klumpenstichproben noch bei systematischen Stichproben) bleibt die bereits an analoger Stelle des 4.Kapitels vermerkte Ratlosigkeit.

Zu Beispielen.

Das 8.Beispiel in 10.4 illustriert eine mZ-Stichprobe zu größenproportionaler Verteilung $\mathbb{P}$; eine proportionale oZ-Stichprobe wird in Beispiel 9 in 10.4 geliefert. In Beispiel 9 wird drastisch demonstriert, wie sehr $\sigma^2_{\mathbb{HT}}$ die Varianz Var $\hat{\mu}_{\mathbb{HT}}$ überschätzen kann. Man vergleiche (5.3.5)(2) mit (5.3.6)(1) um zu sehen, daß eine solche Überschätzung immer dann zu erwarten ist, wenn einige $\pi_{ij} = 0$ sind (Summandenweise!!). Aus analogen Gründen -- wieder durch summandenweisen Vergleich von z.B. (4.3.8)(3) und (4.3.10)(2) (statt (5.3.6)(2)) -- ist der Yates-Grundy Varianz-Schätzer nach unten verzerrt, sobald einige $\pi_{ij} = 0$ werden.

========================

LITERATURHINWEISE.

Bücher:

KONIJN (1973) Ch. VII; RAJ (1968) S. 107-137; SOM (1973) Ch's 14-18.

Zeitschriftenartikel:

BELLHOUSE/THOMPSON/GODAMBE (1977); BELLHOUSE/RAO J.N.K. (1975); BLIGHT (1973); BREWER/HANIF (1970); BURDICK/SIELKEN (1979); FRANK (1970); GAUTSCHI (1957); JOSHI (1968a); KALTON (1979); KOOP (1971); ROYALL (1976); SINGH/JINDAL/GARD (1968); SRINATH/HIDIROGLOU (1980); STENGER (1974b); TIN/TOE (1972); ZINGER (1980).

6. SCHÄTZUNGEN MIT HILFE VON VORKENNTNISSEN.

In vielen praktischen Fällen wird man davon ausgehen können, daß -- wie bereits in (1.3.4) geschildert --

(1) das Untersuchungsmerkmal Y mit einer "Hilfsvariablen" X in mehr oder weniger engem Zusammenhang steht, und auf U werden Paare (Y,X) erhoben;

(2) der Mittelwert von X in G (resp. in Teilen von G, z.B. in Schichten G_i oder in Klumpen K_j) bekannt ist.

Diese unter (1) und (2) angesprochenen Vorkenntnisse lassen sich für eine Schätzung des Mittelwertes von Y nutzen.

Natürlich muß (1) weiter präzisiert und "quantifiziert" werden. Dabei ergeben sich gewisse interpretatorische Schwierigkeiten, auf die wir gleich noch zu sprechen kommen. Zunächst unterstellen wir stets einen "im wesentlichen" linearen Zusammenhang: es gebe Konstante a und b, so daß gilt

(6.0.1) $Y = a + b\,X + E'$,
wobei der Term E'(= "error") den Charakter eines "unwesentlichen" Korrektur-Terms hat.

In Abschnitt 6.1 wird b aus (6.0.1) als bekannt unterstellt; Abschnitt 6.2 benutzt eine Schätzung für b, wie sie aus der linearen (einfachen) Regressionstheorie geläufig ist; in 6.3 und 6.4 wird so verfahren, als sei $a = 0$ in (6.0.1).

Die Grundidee der Schätzung von $\mu_Y = \mu$ unter Benutzung von (6.0.1) ist, daß aus (6.0.1) sich eine entsprechende Beziehung zwischen μ_Y und dem nach (2) bekannten μ_X herleiten und sodann für die Schätzung ausnutzen läßt:

(6.0.2) $\mu_Y = a + b\mu_X$.

Diese Herleitung von (6.0.2) aus (6.0.1) könnte über die unter der Gleichverteilung P_o auf G zu bildenden Erwartungswerte erfolgen:

(6.0.3) $E(Y) = a + b\,E(X)$ mit $E(E') = 0$ für E' in (6.0.1).

Andererseits kann man (6.0.2) immer erreichen, wenn man a und b so bestimmt, daß $\sum_{i=1}^{N} e_i^2$ ein Minimum wird, wobei wir setzen: $e_i = E'(u_i) = Y(u_i) - (a + b\,X(u_i))$ mit $G = \{u_1,\ldots,u_N\}$ (siehe z.B. POKROPP (1977)(4.2.5)). Um a und b durch die $x_i = X(u_i)$ und $y_i = Y(u_i)$ auszudrücken, führen wir ein:

(6.0.4) $\mu_Y = \frac{1}{N}\sum_{i=1}^{N} y_i$, $\mu_X = \frac{1}{N}\sum_{i=1}^{N} x_i$,

$\sigma_{XY} = \frac{1}{N}\sum_{i=1}^{N} (x_i - \mu_X)(y_i - \mu_Y)$, $\sigma^*_{XY} = \frac{N}{N-1}\sigma_{XY}$,

$\sigma_X^2 = \sigma_{XX}$, $\sigma_Y^2 = \sigma_{YY}$, σ_X^{*2} und σ_Y^{*2} analog;

dann gilt (siehe z.B. POKROPP (1977) (4.2.8), (4.2.5)):

(6.0.5) Mit $b = \sigma_{XY}/\sigma_X^2$ und $a = \mu_Y - b\mu_X$ ist (6.0.2) erfüllt und $\sum_i e_i^2$ ein Minimum.

Man sieht an (6.0.5), daß (6.0.2) für irgendwelche zwei Merkmale X und Y (mit $\sigma_X^2 \neq 0$) erreicht werden kann, daß also (6.0.2) überhaupt nicht der den "Zusammenhang" zwischen X und Y konstatierenden Gleichung (6.0.1) bedarf. Im Gegensatz dazu beruft (6.0.3) sich auf (6.0.1), obwohl mit $\mu_Y = E_{P_o}(Y)$, $\mu_X = E_{P_o}(X)$ (siehe (2.1.6)(1)) (6.0.2) und (6.0.3) identisch sind.

Wenn man vom "Zusammenhang" zwischen den Variablen X und Y auf G redet, wird man (6.0.1) nicht so verstehen wollen, daß mit a und b aus (6.0.5) die Gleichungen

(6.0.6) $y_i = a + b\,x_i + e_i$ für $i = 1,\ldots,N$

bestehen; dieser "empirische" Zusammenhang läßt sich bei jedem beliebigen Paar von Merkmalen (X,Y) für die auf G angenommenen Werte (x_i, y_i) $(i = 1,\ldots,N)$ konstatieren. Man wird vielmehr (6.0.1) als Ausdruck eines -- sozusagen für alle denkbaren Populationen G bestehenden -- Zusammenhangs zwischen X und Y "selbst" interpretieren wollen. Wir geben in Abschnitt 6.5 einen aus neuerer Zeit stammenden Vorschlag wieder, den Zusammenhang zwischen X und Y "selbst" zu präzisieren. Für die formalen Kalkulationen der Abschnitte 6.1 bis 6.4 bleibt es weitgehend belanglos, ob wir (6.0.3) (mit (6.0.1)) oder (6.0.2) mit (6.0.5) unterstellen.

Wir betrachten in 6.1 bis 6.3 nur einfache Zufalls-Stichproben. Wir bedienen uns folgender Notationen:

(6.0.7) $\underline{U} = (U_1,\ldots,U_n)$ = einfache Zufallsstichprobe aus G,

$X_i = X(U_i)$, $Y_i = Y(U_i)$, $E_i = E'(U_i)$ (E' aus (6.0.1)),

$\bar{X}$, $\bar{Y}$, S_X^2, S_Y^2, S_X^{*2}, S_Y^{*2} analog zu (1.2.21), (1.2.22), (1.2.23),

$S_{XY} = \frac{1}{n}\sum_{i=1}^{n} (X_i - \bar{X})(Y_i - \bar{Y})$, $S_{XY}^{*} = \frac{n}{n-1} S_{XY}$.

6.1 DIFFERENZEN-SCHÄTZUNG.

Es sei im folgenden b eine beliebige reelle Zahl. Setze:

(6.1.1) $\hat{\mu}_Y(b) = \bar{Y} - b\,(\bar{X} - \mu_X)$.

(6.1.2) Definition:

Ist b in (6.1.1) bekannt, so heißt $\hat{\mu}_Y(b)$ ein Differenzen-Schätzer für μ_Y.

<u>Anmerkung</u>: Aufgrund von (6.0.1) können wir mit (6.0.7) schreiben:

(6.1.3) $Y_i = a + b\,X_i + E_i$, also $\overline{Y} = a + b\,\overline{X} + \overline{E}$.

Durch Subtraktion des zweiten Teils (6.1.3) von (6.0.2) erhält man dann: $\mu_Y - \overline{Y} = b(\mu_X - \overline{X}) - \overline{E}$. Da in (6.0.6) $\overline{e} = 0$ ist bzw. bei Voraussetzung (6.0.3) $E(E_i) = 0$ ist, wird (6.1.1) "plausibel".

(6.1.4) <u>Satz</u>:

Für den Differenzen-Schätzer aus (6.1.1) gilt:

(1) $E(\hat{\mu}_Y(b)) = \mu_Y$;

(2) $\mathrm{Var}\;\hat{\mu}_Y(b) = \frac{1}{n}(1 - f^*)(\sigma_Y^2 + b^2\sigma_X^2 - 2b\,\sigma_{XY})$ mit f^* aus (2.4.5) ;

(3) eine unverzerrte Schätzfunktion für $\mathrm{Var}\;\hat{\mu}_Y(b)$ ist $\widehat{\mathrm{Var}}\;\hat{\mu}_Y(b) = \frac{1}{n}(1-f)(S_Y^{*2} + b^2 S_X^{*2} - 2bS_{XY}^*)$ mit f aus (2.4.5).

<u>Beweis</u>:

<u>Zu (1)</u>: Nach (2.4.8)(1) ist $E(\overline{X}) = \mu_X$, und hieraus erhält man die Behauptung.

<u>Zu (2)</u>: $\mathrm{Var}\;\hat{\mu}_Y(b) = \mathrm{Var}\;(\overline{Y} - b\overline{X}) = \mathrm{Var}\;\overline{Y} + b^2\,\mathrm{Var}\;\overline{X} - 2b\,\mathrm{Cov}\,(\overline{Y},\overline{X})$. Wegen (2.4.8)(2) brauchen wir nur noch zu zeigen, daß gilt:

(6.1.5) <u>Lemma</u>:

$\mathrm{Cov}\,(\overline{X},\overline{Y}) = \frac{1}{n}(1 - f^*)\sigma_{XY}$.

Der Beweis von (6.1.5) wird sogleich erbracht werden.

<u>Zu (3)</u>: Wegen (2.4.9) und (2.4.10) brauchen wir nur noch die Gültigkeit der folgenden Aussage nachzuweisen:

(6.1.6) <u>Lemma</u>:

$(1 - f)\,E(S_{XY}^*) = (1 - f^*)\sigma_{XY}$.

Beweis von (6.1.5):

Es ist $\mathrm{Cov}(\bar{X},\bar{Y}) = E(\bar{X}\bar{Y}) - \mu_X\mu_Y$. Ferner ist $E(\bar{X}\bar{Y}) = (1/n^2)(\sum_i E(X_iY_i) + \sum_{i,j;\, i\neq j} E(X_iY_j))$. Nach (2.1.6)(2) und (2.2.5)(1) können wir schließen, daß für alle i und alle (i,j) mit $i \neq j$ gilt: $E(X_iY_i) = E(XY)$, $E(X_iY_j) = E(X_1Y_2)$ (z.B.). Also gilt: $E(\bar{X}\bar{Y}) = (1/n)E(XY) + ((n-1)/n)E(X_1Y_2)$, so daß wir insgesamt haben:

$$(6.1.7)\quad \mathrm{Cov}(\bar{X},\bar{Y}) = \frac{1}{n}E(XY) - \frac{1}{n}(n\cdot\mu_X\cdot\mu_Y - (n-1)E(X_1Y_2)).$$

Ist $\underline{U}$ eine mZ-Stichprobe, so ist nach (2.1.6)(3) $E(X_1Y_2) = \mu_X\mu_Y$, und (6.1.7) wird mit (6.1.5)(mit $f^* = 0$) identisch. Ist $\underline{U}$ eine oZ-Stichprobe, so ist nach (2.2.7) $E(X_1Y_2) = \frac{1}{N(N-1)}\sum_{i,j=1;\, i\neq j}^{N} x_iy_j$. Dies ist weiter gleich $\frac{1}{N-1}(\frac{1}{N}\sum_{i,j} x_iy_j - \frac{1}{N}\sum_i x_iy_i) = \frac{1}{N-1}(N\mu_X\mu_Y - E(XY))$.

Setzt man diesen Ausdruck für $E(X_1Y_2)$ in (6.1.7) ein, erhält man: $\mathrm{Cov}(\bar{X},\bar{Y}) = \frac{1}{n}(1 - \frac{n-1}{N-1})E(XY) - \frac{1}{n}(n - \frac{N(n-1)}{N-1})\mu_X\mu_Y$. Da $n - N(n-1)/(N-1) = 1 - \frac{n-1}{N-1}$ ist, folgt: $\mathrm{Cov}(\bar{X},\bar{Y}) = \frac{1}{n}(1 - \frac{n-1}{N-1})(E(XY) - \mu_X\mu_Y)$; das aber ist (6.1.5) für oZ-Stichproben.

Beweis von (6.1.6):

Es ist $E(S^*_{XY}) = \frac{n}{n-1}E(S_{XY}) = \frac{n}{n-1}(\frac{1}{n}\sum_i E(X_iY_i) - E(\bar{X}\bar{Y}))$, wobei wir eine zu (1.2.24) analoge Darstellung von S_{XY} benutzen. Da $E(X_iY_i) = E(XY)$ für alle i ist (nach (2.1.6)(2) und (2.2.5)(1)), folgt

$$(6.1.8)\quad E(S^*_{XY}) = \frac{n}{n-1}(E(XY) - E(\bar{X}\bar{Y})).$$

Man setze nun in (6.1.8) ein: $E(XY) = \mathrm{Cov}(X,Y) + \mu_X\mu_Y$, $E(\bar{X}\bar{Y}) = \mathrm{Cov}(\bar{X},\bar{Y}) + \mu_X\mu_Y$; dann erhält man:

$E(S^*_{XY}) = \frac{n}{n-1}(\ \mathrm{Cov}(X,Y) - \mathrm{Cov}(\bar{X},\bar{Y})\ ) =$ (mit (6.1.5)) $\frac{n}{n-1}(\sigma_{XY} - \frac{1}{n}(1-f^*)\sigma_{XY}) = \sigma_{XY}(1+\frac{1}{n-1}f^*)$. Für mZ-Stichproben folgt hieraus sofort (6.1.6). Für oZ-Stichproben beachte man, daß $(1-\frac{n}{N})(1+\frac{1}{N-1}) = 1 - \frac{n-1}{N-1}$ ist; dann folgt (6.1.6) sogleich aus dem oben errechneten Ausdruck für $E(S^*_{XY})$.

(6.1.9) <u>Bemerkung</u>: In keinem der vorangegangenen Beweise spielte der "Zusammenhang" zwischen X und Y -- wie er in (6.0.1)/(6.0.2)/(6.0.3)/(6.0.6) zum Ausdruck kommt -- eine Rolle! b in (6.1.1) ist beliebig!

Bei einem <u>Vergleich</u> zwischen dem <u>Differenzen</u>-<u>Schätzer</u> $\hat{\mu}_Y(b)$ und dem <u>arithmetischen</u> <u>Mittel</u> $\bar{Y}$ mit Hilfe der Varianzen kommt es natürlich doch auf die Wahl von b in (6.1.1) an. Zunächst stellen wir fest, daß aufgrund von (6.1.4)(2) und (2.4.8)(2) gilt:

(6.1.10) $\mathrm{Var}\ \hat{\mu}_Y(b) < \mathrm{Var}\ \bar{Y}$ genau dann, wenn

$$b^2\sigma_X^2 - 2b\sigma_{XY} < 0 \text{ ist.}$$

Wir setzen

(6.1.11) $b_o = \sigma_{XY}/\sigma_X^2$.

Dann gilt, wie man mit Hilfe von (6.1.10) und (6.1.11) leicht zeigt:

(6.1.12) <u>Lemma</u>:

Folgende Aussagen sind äquivalent:

(1) $\mathrm{Var}\ \hat{\mu}_Y(b) < \mathrm{Var}\ \bar{Y}$,

(2) $b^2 - 2bb_o < 0$,

(3) $0 < b < 2b_o$ oder $2b_o < b < 0$.

Die folgende Behauptung ist gleichfalls leicht einzusehen (z.B. da $b^2 - 2bb_o$ für $b = b_o$ ein Minimum hat):

(6.1.13) Var $\hat{\mu}_Y(b_o) < \text{Var } \hat{\mu}_Y(b)$ für alle $b \neq b_o$.

(Man siehe hierzu (6.0.5)!) Die Kenntnis von b_o (6.1.11) ist nach (6.1.12) hinreichend, jedoch auch notwendig, um entscheiden zu können, ob Var $\hat{\mu}_Y(b) < \text{Var } \bar{Y}$ ist oder nicht ist. Das bedeutet, daß hier nun doch die Kenntnis des "bestmöglichen" (im Sinne von (6.0.5)) linearen empirischen "Zusammenhangs" von X und Y auf G vonnöten ist.

Für b_o erhält man

(6.1.14) <u>Satz</u>:

(1) Var $\hat{\mu}_Y(b_o) < \text{Var } \bar{Y}$, sofern $b_o \neq 0$ in (6.1.11);

(2) Var $\hat{\mu}_Y(b_o) = \frac{1}{n}(1 - f^*)\, \sigma_Y^2 (1 - \rho_{XY}^2)$, wobei

(3) $\rho_{XY} = \sigma_{XY}/(\sigma_X \sigma_Y)$ der Korrelationskoeffizient zwischen X und Y (auf G) ist.

<u>Beweis</u>:

<u>Zu (1)</u>: Setze in (6.1.12) $b = b_o$.

<u>Zu (2)</u>: Es ist $b_o^2 \sigma_X^2 - 2\, b_o \sigma_{XY} = - \sigma_{XY}^2 / \sigma_X^2$. Der Rest folgt dann aus (3) und (6.1.4)(2).

Wir bemerken schließlich -- und das wird auch im nächsten Abschnitt von Interesse sein --, daß man aus der Gleichung des "Zusammenhangs" (6.0.1) in folgender Weise $b = b_o$ erhält:

(6.1.15) <u>Lemma</u>:

Gilt (6.0.1) $Y = a + b\,X + E'$ mit den "klassischen" Regressionsmodell-Annahmen $E(E') = 0$, $E(X\,E') = 0$, so ist $b = b_o$ (6.1.11) (mit $E = E_{P_o}$).

<u>Beweis</u>:

Wir haben (6.0.6) und $(1/N)\sum_i e_i = 0$, $(1/N)\sum_i e_i x_i = 0$ nach Voraussetzung. Diese Gleichungen $E(E') = 0$ und $E(X\,E') = 0$ sind jedoch die "Normalgleichungen" des "Regressionsproblems", a und b in (6.0.6) so zu bestimmen, daß $\sum_i e_i^2$ minimiert wird (siehe z.B. POKROPP (1977) (4.2.4) mit (4.2.2)). Die Lösung der Normalgleichungen lautet $b = b_o$.

6.2 REGRESSIONS-SCHÄTZER.

(Regression Estimates)

Das Problem beim Differenzen-Schätzer wird in der Praxis sehr oft sein, daß die gemäß (6.1.12) notwendige Kenntnis von b_o aus (6.1.11) nicht vorausgestzt werden kann. In diesem Fall wird man b_o aus der Stichprobe schätzen, um mit Hilfe des geschätzten b_o eine Schätzung für μ_Y vorzunehmen.

Aus der Stichprobe U erhalten wir Gleichung (6.1.3): $Y_i = a + b X_i + E_i$ $(i=1,\ldots,n)$. Es ist klar, daß man aus $E(E_i) = 0$ und $E(X_i E_i) = 0$ für jedes i (!!) erhält: $b = b_o$. b_o minimiert $\sum_{i=1}^N e_i^2$ in (6.0.6). Analog führt die Minimierung von $\sum_{i=1}^n E_i^2$ in (6.1.3) zu $\hat{b}_o = S_{XY}/S_X^2$, sofern $S_X^2 \neq 0$ ist. Für $S_X^2 = 0$ hat diese Minimierungsaufgabe keine eindeutige Lösung. Wir setzen daher:

$$(6.2.1)\quad \hat{b}_o = \begin{cases} S_{XY}/S_X^2 & \text{für } S_X^2 \neq 0, \\ 0 & \text{andernfalls.} \end{cases}$$

In Analogie zu (6.1.1) setzen wir nun

$$(6.2.2)\quad \hat{\mu}_Y(\hat{b}_o) = \bar{Y} - \hat{b}_o(\bar{X} - \mu_X).$$

(6.2.3) Definition:

$\hat{\mu}_Y(\hat{b}_o)$ aus (6.2.2) heißt Regressionsschätzer für μ_Y.

Da $\hat{b}_o$ ein Bruch von zwei Statistiken ist, ist die Berechnung von Erwartungswert und Varianz des Regressionsschätzers nicht ohne weiteres möglich. Wir beschränken uns auf asymptotische Aussagen (i.e. auf Aussagen über Erwartungswert und Varianz, wenn die Stichprobenlänge n groß wird/ gegen ∞ geht). Aus Gründen der Beweistechnik unterstellen wir im folgenden stets, daß gilt:

(6.2.4) $\underline{U}$ ist eine einfache mZ-Stichprobe der Länge n.

(6.2.5) <u>Satz:</u>

(Zur Notation: siehe (3.5.5))

(1) $E(\hat{\mu}_Y(\hat{b}_o)) = \mu_Y + O(1/n)$;

(2) $\text{Var}\ \hat{\mu}_Y(\hat{b}_o) = \frac{1}{n}\sigma_Y^2(1 - \rho_{XY}^2) + O(n^{-3/2})$

mit ρ_{XY} aus (6.1.14)(3).

<u>Beweis</u>:

Wir folgen im wesentlichen Beweisideen von STENGER (1971) S.108ff.

<u>Zu (1)</u>: Betrachte die folgende Funktion

(6.2.6) $H(a,b,c,d) = a - \frac{c - a\,b}{d - b^2}(b - \mu_X)$ für $d-b^2 \neq 0$,

$H = a$ für $d - b^2 = 0$.

Ein Vergleich von (6.2.6) mit (6.2.2) zeigt:

(6.2.7) $H(\bar{Y},\bar{X}, \frac{1}{n}\sum_i X_iY_i, \frac{1}{n}\sum_i X_i^2) = \hat{\mu}_Y(\hat{b}_o)$.

Über E(H()) und Var H() gibt Satz (M.5.5) (aus dem mathematischen Anhang) Auskunft. Um die dort geforderten Differenzierbarkeitsbedingungen zu erfüllen, betrachten wir H in (6.2.7) nur im Bereich $S_X^2 \neq 0$ (i.e. in (6.2.6): $d - b^2 \neq 0$). Die dadurch entstehende "Verzerrung" ist jedoch sehr "klein", nämlich von der Ordnung $O(1/n^{\infty})$ -- wie wir sogleich sehen werden --, sofern wir unterstellen, daß gilt:

(6.2.8) $\sigma_X^2 > 0$.

Wir betrachten (6.2.8) als trivial und stets erfüllt.

Aus (6.2.8) erhalten wir nun mit Hilfe von (M.5.1)(2):

(6.2.9) $P(S_X^2 = 0) = O(1/n^{\infty})$, $P(S_X^2 > 0) = 1 - O(1/n^{\infty})$.

Aufgrund von (M.2.3) können wir weiter mit (6.2.9) schließen: $E(H()) = E(H() \mid S_X^2 > 0)P(S_X^2 > 0) + E(H() \mid S_X^2 = 0)P(S_X^2 = 0) = E(H() \mid S_X^2 > 0) + O(1/n^{\infty})$. Offenbar gilt entsprechendes für die Varianz von H(). Wir rechnen daher im folgenden nur mit der 1.Zeile von (6.2.6); den Term $O(1/n^{\infty})$ können wir überdies unterdrücken, da er sogleich gemäß (M.4.1) von Termen niedrigerer (endlicher) Ordnung dominiert wird.

Mit diesen Modifikationen wenden wir nun (M.5.5)(4) auf H() aus (6.2.7) an und erhalten:

$E(\hat{\mu}_Y(\hat{b}_o)) = H(\mu_Y, \mu_X, E(XY), E(X^2)) + O(\frac{1}{n}) = \mu_Y + O(\frac{1}{n})$, da nach (6.2.6) mit $b = \mu_X$ gilt: $H(a,b,c,d) = a$.

<u>Zu (2)</u>: Wir wollen wiederum (M.5.5) anwenden. Um dies tun zu können, benötigen wir zunächst die ersten Ableitungen von H an der Stelle

(6.2.10) $(a',b',c',d') = (\mu_Y, \mu_X, E(XY), E(X^2))$.

Setze im folgenden: H_a = partielle Ableitung von H nach a in (6.2.6) 1.Zeile an der Stelle (6.2.10), H_b analog, H_c analog, H_d analog. Man erhält:

$H_a = 1$, $H_b = -\sigma_{XY}/\sigma_X^2$, $H_c = 0$, $H_d = 0$. Nach (M.5.5)(2) ist daher:

(6.2.11) $$\text{Var } H() = 1 \cdot \text{Var } \bar{Y} + (-\sigma_{XY}/\sigma_X^2)^2 \cdot \text{Var } \bar{X} - 2(\sigma_{XY}/\sigma_X^2) \cdot \text{Cov } (\bar{X}, \bar{Y}) + O(n^{-3/2}).$$

Beachtet man nun (6.2.7), (6.1.5) (mit $f^* = 0$), (2.4.8)(2)(mit $f^* = 0$), (6.1.14)(3), so folgt aus (6.2.11) die Behauptung.

Um Var $\hat{\mu}_Y(\hat{b}_o)$ zu schätzen, betrachten wir die Statistik

$$(6.2.12)\quad \widehat{\mathrm{Var}}\ \hat{\mu}_Y(\hat{b}_o) = \begin{cases} \frac{1}{n}(s_Y^2 - s_{XY}^2/s_X^2) & \text{für } s_X^2 > 0, \\ (1/n)s_Y^2 & \text{für } s_X^2 = 0. \end{cases}$$

(6.2.13) Satz:

$$E(\widehat{\mathrm{Var}}\ \hat{\mu}_Y(\hat{b}_o)) = \mathrm{Var}\ \hat{\mu}_Y(\hat{b}_o) + O(n^{-3/2}).$$

Beweis:

Man betrachte die Funktion $H(a,b,c,d,e) = (a-b^2) - \frac{(c - b\,d)^2}{e - d^2}$ für $e - d^2 \neq 0$. (Wegen (6.2.9) können wir bis auf einen Term der Ordnung $O(1/n^{\infty})$ den Fall $e - d^2 = 0$ vernachlässigen.) Offensichtlich gilt: $H(\frac{1}{n}\sum_i Y_i^2, \bar{Y}, \frac{1}{n}\sum_i X_iY_i, \bar{X}, \frac{1}{n}\sum_i X_i^2) = n\ \widehat{\mathrm{Var}}\ \hat{\mu}_Y(\hat{b}_o)$ aus der 1. Zeile in (6.2.12). An der Stelle $a' = E(Y^2)$, $b' = E(Y)$, $c' = E(XY)$, $d' = E(X)$, $e' = E(X^2)$ erhalten wir offenbar $H(a',b',c',d',e') = \sigma_Y^2 - \sigma_{XY}^2/\sigma_X^2$. Beachten wir nun (6.2.5)(2) und (M.4.2), so ist offenbar $H(a',b',c',d',e') = n \cdot \mathrm{Var}\ \hat{\mu}_Y(\hat{b}_o) + O(n^{-1/2})$. (M.5.5)(4) ergibt also : $E(n \cdot \widehat{\mathrm{Var}}\ \hat{\mu}_Y(\hat{b}_o)) = n \cdot \mathrm{Var}\ \hat{\mu}_Y(\hat{b}_o) + O(n^{-1/2})$, wobei wir noch (M.4.1) benutzt haben. Durch Division der letzten Gleichung durch n erhält man die Behauptung.

6.3 VERHÄLTNIS-SCHÄTZER MIT VERZERRUNG.
(Ratio Estimates with Bias)

Bei der "Verhältnis-Schätzung" betrachtet man

(6.3.1) $v = v_{XY} = \mu_Y / \mu_X$, wobei stets $\mu_X \neq 0$ sei,

schätzt dieses Verhältnis mit Hilfe einer Stichprobe und errechnet sodann eine Schätzung für μ_Y. Wir setzen:

$$(6.3.2)\quad \hat{v} = \begin{cases} \bar{Y}/\bar{X} & \text{falls } \bar{X} \neq 0 \text{ ist,} \\ 0 & \text{sonst;} \end{cases}$$

$$(6.3.3)\quad \hat{\mu}_Y = \hat{\mu}_Y(\hat{v}) = \hat{v}\mu_X = \begin{cases} (\bar{Y}/\bar{X})\,\mu_X & \text{falls } \bar{X} \neq 0 \text{ ist,} \\ 0 & \text{sonst.} \end{cases}$$

Zur heuristischen Begründung von (6.3.2)/(6.3.3) könnte man davon ausgehen, daß in (6.0.1) und damit in (6.0.3) $a = 0$ unterstellt werden kann, so daß man $b = v$ (6.3.1) und daher $\bar{Y} = b\bar{X} + \bar{E}$ in (6.1.3) hat. Schätzt man nun b durch $\hat{v}$ (6.3.2), so hat man im nicht-trivialen Fall $\bar{X} \neq 0$ stets $\bar{E} = 0$.

(6.3.4) Definition:

$\hat{\mu}_Y(\hat{v})$ (6.3.3) heißt (verzerrter) Verhältnis-Schätzer für μ_Y.

(6.3.5) Satz:

Es sei U eine einfache mZ-Stichprobe. Dann gilt:

(1) $E(\hat{\mu}_Y(\hat{v})) = \mu_Y + \frac{1}{n} v\,((\sigma_X^2/\mu_X) - (\sigma_{XY}/\mu_Y)) + O(n^{-3/2})$

$= \mu_Y + O(1/n)$ (mit v aus (6.3.1));

(2) $\mathrm{Var}\,\hat{\mu}_Y(\hat{v}) = \frac{1}{n}(\sigma_Y^2 + v^2\sigma_X^2 - 2v\,\sigma_{XY}) + O(n^{-3/2})$.

Beweis:

Wir nutzen wiederum (M.5.5). Da mit $\mu_X \neq 0$ (siehe (6.3.1)) wir aus (M.5.1)(1) folgern können, daß $P(\bar{X} = 0) = O(1/n^{\infty})$ ist, betrachten wir -- analog zu den Erörterungen des Beweises von (6.2.5) -- nur den Fall $\bar{X} \neq 0$ und unterdrücken dabei Terme der Ordnung $O(1/n^{\infty})$, da sie ohnehin sogleich von Termen geringerer Ordnung dominiert werden.

Zu (1): Betrachte die Funktion

$$(6.3.6)\quad H(a,b) = (a/b)\,\mu_X \quad \text{für } b \neq 0.$$

Sei $a' = \mu_Y$, $b' = \mu_X$, H_a resp. H_b die partielle Ableitung von H nach a resp. b im Punkte (a',b'); ferner seien H_{aa} resp. H_{bb} resp. $H_{ab} = H_{ba}$ die entsprechenden zweimaligen partiellen Ableitungen von H im Punkte (a',b').

Offenbar gilt: $H(\bar{Y}, \bar{X}) = \hat{\mu}_Y(\hat{v})$, $H(a',b') = \mu_Y$; ferner errechnet man: $H_a = 1$, $H_b = -v$, $H_{aa} = 0$, $H_{bb} = 2\mu_Y/\mu_X^2$, $H_{ab} = -1/\mu_X$. Setzt man alle diese Ergebnisse in (M.5.5)(1) ein zusammen mit (6.1.5), so erhält man: $E(\hat{\mu}_Y(\hat{v})) = \mu_Y + \frac{1}{2}2(\mu_Y/\mu_X^2)\sigma_X^2/n + \frac{1}{2}2(-1/\mu_X)\sigma_{XY}/n + O(n^{-3/2})$, und hieraus ergibt sich leicht die Behauptung.

Zu (2): Mit der in (6.3.6) angegebenen Funktion H, den soeben angegebenen Ableitungen H_a, H_b erhält man aus (M.5.5)(2): $\text{Var}\ \hat{\mu}_Y(\hat{v}) = 1\cdot\sigma_Y^2/n + (-v)^2\sigma_X^2/n - 2v\,\sigma_{XY}/n + O(n^{-3/2})$, und das ist die Behauptung.

Um $\text{Var}\ \hat{\mu}_Y(\hat{v})$ zu schätzen, betrachten wir

(6.3.7) $\widehat{\text{Var}}\ \hat{\mu}_Y(\hat{v}) = \frac{1}{n}(s_Y^2 + \hat{v}^2 s_X^2 - 2\hat{v}s_{XY})$.

(6.3.8) Satz:

$$E(\widehat{\text{Var}}\ \hat{\mu}_Y(\hat{v})) = \text{Var}\ \hat{\mu}_Y(\hat{v}) + O(n^{-3/2}).$$

Beweis:

Verläuft völlig analog zum Beweis von (6.2.13) und bleibt daher dem Leser überlassen.

Ein Vergleich von Verhältnis-Schätzer und arithmetischem Mittel mit Hilfe der Varianzen ist leicht zu bewerkstelligen aufgrund von (6.3.5)(2) und (6.1.12)(!) -- wie ein Blick auf (6.1.4)(2)/(6.3.5)(2) zeigt --, sofern man den Fehler-Term $O(n^{-3/2})$ vernachlässigt. Wir haben dann:

$\text{Var}\ \hat{\mu}_Y(\hat{v}) < \text{Var}\ \bar{Y}$ (abgesehen von Termen $O(n^{-3/2})$ gilt genau dann, falls $0 < v < 2b_o$ oder $2b_o < v < 0$ ist.

Aus ähnlichen Gründen können wir sofort aus (6.1.13) schließen: Es gilt stets (abgesehen von Termen $O(n^{-3/2})$) $\text{Var}\ \hat{\mu}_Y(b_o) < \text{Var}\ \hat{\mu}_Y(\hat{v})$, sofern $v \neq b_o$ ist. Der "beste" Differenz-Schätzer $\hat{\mu}_Y(b_o)$ hat also -- cum grano salis --

eine geringere Varianz als der Verhältnis-Schätzer. Aufgrund von (6.1.14)(2) und (6.2.5)(2) führt ein Vergleich von Regressions- und Verhältnis-Schätzung mit Hilfe der Varianzen ebenfalls zu der Aussage, daß -- cum grano salis; nämlich abgesehen von Termen der Ordnung $O(n^{-3/2})$ -- $\mathrm{Var}\,\hat{\mu}_Y(\hat{v}) > \mathrm{Var}\,\hat{\mu}_Y(\hat{b}_o)$ ist.

6.4 UNVERZERRTE VERHÄLTNIS-SCHÄTZER.
(Unbiased Ratio Estimates)

Wie man aus (6.3.5)(1) ersieht, ist die Strategie $(\hat{\mu}_Y(\hat{v}), P_o^n)$ verzerrt. Um die Verzerrung zu beseitigen, kann man grundsätzlich zwei Wege beschreiten:

Weg 1: Man behält das Stichprobenverfahren P_o^n (= einfache Zufalls-Stichprobe mZ) bei, benutzt jedoch einen anderen, unter P_o^n unverzerrten Schätzer; diesen unverzerrten Schätzer werden wir mit $\hat{\mu}_{Y,HR}$ bezeichnen (cf.(6.4.4)) und dadurch eine unverzerrte Strategie $(\hat{\mu}_{Y,HR}, P_o^n)$ erhalten.

Weg 2: Man behält den Schätzer $\hat{\mu}_Y(\hat{v})$ bei, benutzt jedoch statt einer einfachen Zufalls-Stichprobe ein anderes Stichprobenverfahren, das wir mit P_{LM} bezeichnen werden (siehe (6.4.15)), so daß nunmehr mit $(\hat{\mu}_Y(\hat{v}), P_{LM})$ eine unverzerrte Strategie vorliegt.

Weg 1:

Es sei im folgenden $\underline{U}$ eine einfache Zufalls-Stichprobe, und zwar mZ oder oZ (!). Wir unterstellen ferner, daß

(6.4.1) $x_j = X(u_j) \neq 0$ und damit $X_i = X(U_i) \neq 0$

ist für alle $j=1,\dots,N$, alle $i=1,\dots,n$. Das Verhältnis v (6.3.1) wird auf folgende Weise geschätzt: Setze

(6.4.2) $\hat{\vartheta}' = (1/n)\sum_{i=1}^{n} (Y_i/X_i)$;

ferner sei

(6.4.3) $f^o = \begin{cases} 1/N & \text{bei einer oZ-Stichprobe,} \\ 0 & \text{bei einer mZ-Stichprobe.} \end{cases}$

(6.4.4) <u>Definition</u>:

$$\hat{\mu}_{Y,HR} = \hat{\vartheta}'\mu_X + (1-f^o)\frac{n}{n-1}(\bar{Y} - \hat{\vartheta}'\bar{X})$$

heißt <u>Hartley-Ross-Verhältnis-Schätzer</u> (kurz: HR-Schätzer) für μ_Y (mit (6.4.2), (6.4.3)).

(6.4.5) <u>Satz:</u>

(1) $E(\hat{\mu}_{Y,HR}) = \mu_Y$;

(2) Bei einer mZ-Stichprobe ist

$$\text{Var}\ \hat{\mu}_{Y,HR} = \frac{1}{n}(\sigma_Y^2 + \mu_Z^2\sigma_X^2 - 2\mu_Z\sigma_{XY}) + O(n^{-3/2}),$$

wobei wir setzen

(3) $Z = Y/X$, $\mu_Z = \frac{1}{N}\sum_{j=1}^{N}(y_j/x_j)$.

<u>Beweis</u>:

<u>Zu (1)</u>: Zunächst schreiben wir

(6.4.6) $\hat{\vartheta}' = \bar{Z} = \frac{1}{n}\sum_i Z_i$ mit $Z_i = Z(U_i)$, Z aus (6.4.5)(3).

Aufgrund von (2.4.8)(1) und (2.4.6) wissen wir:

(6.4.7) $E(\hat{\vartheta}') = \mu_Z$.

Nun ist weiter $E(Y) = E(Z\cdot X) = \text{Cov}(Z,X) + \mu_Z\mu_X$. Unter Beachtung von (6.4.7) läßt sich hieraus schließen, daß $E(\hat{\vartheta}'\mu_X) = \mu_Y - \text{Cov}(Z,X)$ ist. Es genügt also zu zeigen:

(6.4.8) $\text{Cov}(Z,X) = (1-f^o)\frac{n}{n-1}E(\bar{Y} - \bar{Z}\bar{X})$;

aus (6.4.8) folgt mit (6.4.6), (6.4.4) dann sofort die Behauptung. Zum Beweis von (6.4.8) bemerken wir, daß $\bar{Y} = \frac{1}{n}\sum_i Y_i = \frac{1}{n}\sum_i (Y_i/X_i)X_i = \frac{1}{n}\sum_i Z_iX_i$ ist. Mit der in (6.0.7) angegebenen Notation -- mutatis mutandis --

und einer zu (1.2.24) analogen Darstellung ist daher

(6.4.9) $S_{ZX} = \bar{Y} - \bar{Z}\,\bar{X}$, also $S^{*}_{ZX} = \frac{n}{n-1}(\bar{Y} - \bar{Z}\,\bar{X})$.

Vergleicht man nun (6.4.9) mit (6.4.8), so sieht man, daß zu zeigen ist: $(1 - f^{o})\,E(S^{*}_{ZX}) = \sigma_{ZX}$ mit f^{o} aus (6.4.3); dies folgt jedoch sofort aus Lemma (6.1.6), da ja $(1-f)/(1-f^{*}) = \frac{N-n}{N}/\frac{N-n}{N-1} = \frac{N-1}{N} = 1 - (1/N)$ für oZ-Stichproben und $(1-f)/(1-f^{*}) = 1$ für mZ-Stichproben, insgesamt also $(1-f)/(1-f^{*}) = 1 - f^{o}$ ist.

Zu (2): Man betrachte die Funktion

(6.4.10) $H(a,b,c) = a\,\mu_X + \frac{n}{n-1}(b - a\,c)$.

Ein Vergleich von (6.4.10) mit (6.4.4) und $f^{o} = 0$ zeigt:

(6.4.11) $H(\bar{Z}, \bar{Y}, \bar{X}) = \hat{\mu}_{Y,HR}$.

Wir berechnen nun die ersten Ableitungen H_a, H_b, H_c im Punkte (a',b',c') mit $a' = \mu_Z$, $b' = \mu_Y$, $c' = \mu_X$. Leichte Rechnungen ergeben: $H_a = \mu_X(1 - n/(n-1)) = -\mu_X/(n-1)$, $H_b = n/(n-1)$, $H_c = -\mu_Z n/(n-1)$. Um (M.5.5)(2) anwenden zu können, benötigen wir noch die Varianzen und Kovarianzen der Variablen in (6.4.11) in H. Nach (M.5.5)(3) sind sie alle von der Ordnung $O(1/n)$. Ferner ist $H_a = O(1/n)$, so daß alle Summanden in (M.5.5)(2) (mutatis mutandis), in denen H_a vorkommt, von der Ordnung $O(1/n^2)$ sind! Sie werden folglich vom Term $O(n^{-3/2})$ in (M.5.5)(2) dominiert und bleiben daher von nun an unerwähnt. Also ist nach (M.5.5)(2) $\operatorname{Var} H() = (\frac{n}{n-1})^2\sigma_Y^2/n + (\frac{n}{n-1})^2\mu_Z^2\sigma_X^2/n - 2(\frac{n}{n-1})^2\mu_Z\sigma_{XY}/n + O(n^{-3/2})$, und hieraus folgt sogleich die Behauptung.

Eine Schätzung von $\operatorname{Var}\hat{\mu}_{Y,HR}$ ist möglich durch

(6.4.12) $\widehat{\operatorname{Var}}\,\hat{\mu}_{Y,HR} = \frac{1}{n}(S_Y^2 + \bar{Z}^2 S_X^2 - 2\bar{Z}S_{XY})$.

(6.4.13) Satz:

$$E(\widehat{Var}\ \hat{\mu}_{Y,HR}) = Var\ \hat{\mu}_{Y,HR} + O(n^{-3/2}).$$

Beweis:

Verläuft analog zum Beweis von (6.2.13).

Weg 2:

Wir betrachten wiederum den Schätzer $\hat{\mu}_Y(\hat{v})$ aus (6.3.3) mit (6.3.2), legen jedoch nun einen anderen Stichprobenplan als in Abschnitt 6.3 zugrunde. Verbal wird dieser Stichprobenplan $P_{(n)} = P_{LM}$ wie folgt beschrieben:

(1) $\underline{U} = (U_1,\ldots,U_n)$ ist eine oZ-Stichprobe;

(2) die Ziehung des ersten Elements U_1 erfolgt gemäß der Verteilung P^X aus (4.2.2): $0 < P^X(u_j) = x_j/N\mu_X$;

(3) die Ziehung der übrigen (n-1) aus den verbleibenden N-1 Elementen erfolgt als einfache oZ-Stichprobe.

Diesen so beschriebenen "Lahiri-Midzuno"-Plan (auch "Midzuno-Sen"-Plan genannt) präzisieren wir wie folgt:

(6.4.14) $P_{LM}(\underline{U}) = \dfrac{X_1}{N\mu_X} \cdot \dfrac{1}{(N-1)\ldots(N-n+1)}$ (mit $X_1 > 0$),

sofern $U_i \neq U_j$ für alle $i \neq j$ ist,

$P_{LM}(\underline{U}) = 0$ sonst.

(6.4.15) Definition:

P_{LM} aus (6.4.14) heißt Lahiri-Midzuno-Stichprobenplan.

(6.4.16) Satz:

Die Strategie $(\hat{\mu}_Y(\hat{v}), P_{LM})$ ist unverzerrt für μ_Y, i.e.

$E_{P_{LM}}(\hat{\mu}_Y(\hat{v})) = \mu_Y$ ($\bar{X} > 0$ in (6.3.3) ist vorausgestzt!)

Beweis:

Die Werte von $\hat{\mu}_Y(\hat{v})$ haben die Form

(6.4.17) $z_{\{j_1,\dots,j_n\}} = (\sum_{i=1}^n y_{j_i} / \sum_{i=1}^n x_{j_i})\,\mu_X$,

wobei $\{j_1,\dots,j_n\}$ eine Teilmenge von n verschiedenen Elementen der Menge $\{1,\dots,N\}$ ist und der Nenner $\sum_i x_{j_i}$ nach Voraussetzung für alle solche Teilmengen größer als Null ist.

Wir bemerken zunächst, daß der Erwartungswert von $\hat{\mu}_Y(\hat{\vartheta})$ sich mit Hilfe der Ereignisse

$$A(j_1,\dots,j_n) = \{ U_i \in \{u_{j_1},\dots,u_{j_n}\} \text{ für } i = 1,\dots,n \}$$

$= \{u_{j_1},\dots,u_{j_n}$ sind die in $\underline{U}$ (in irgend einer Reihenfolge) vorkommenden Elemente $\}$

in folgender Weise schreiben läßt (mit (6.4.17)):

(6.4.18) $E(\hat{\mu}_Y(\hat{\vartheta})) = \sum_{\{j_1,\dots,j_n\}} z_{\{j_1,\dots,j_n\}} P(A(j_1,\dots,j_n))$

wobei die Summe über alle Teilmengen $\{j_1,\dots,j_n\}$ von $\{1,\dots,N\}$ zu bilden ist.

Zur Berechnung von $P(A(j_1,\dots,j_n))$ beachte man, daß entweder $u_{j_1} = U_1$ oder $u_{j_2} = U_1$ oder ... oder $u_{j_n} = U_1$ ist und daß die übrigen (n-1) Elemente $\neq U_1$ in (n-1)! verschiedenen Reihenfolgen auftreten können. Nach (6.4.14) erhalten wir daher:

(6.4.19) $P(A(j_1,\dots,j_n)) = \frac{1}{N\mu_X} \sum_i x_{j_i} \; \frac{(n-1)!}{(N-1)\dots(N-n+1)}$.

Erweitert man den Bruch unter der Summe mit (N-n)!, so sieht man, daß er gleich dem Kehrwert des Binomialkoeffizienten $\binom{N-1}{n-1}$ ist. Setzt man nun (6.4.19) ein in (6.4.18), so erhält man: $E(\hat{\mu}_Y(\hat{\vartheta})) =$

$$(1/N\mu_X)(1/\tbinom{N-1}{n-1}) \sum_{\{j_1,\dots,j_n\}} \sum_i x_{j_i} \, z_{\{j_1,\dots,j_n\}} .$$

Mit (6.4.17) folgt hieraus:

$$E(\hat{\mu}_Y(\hat{\vartheta})) = \frac{1}{N} \frac{1}{\binom{N-1}{n-1}} \sum_{\{j_1,\dots,j_n\}} \sum_{i=1}^n y_{j_i} .$$

Der Beweis von (6.4.16) ist beendet, wenn wir gezeigt haben:

(6.4.20) $$\sum_{\{j_1,\ldots,j_n\}} \sum_{i=1}^{n} y_{j_i} = \binom{N-1}{n-1} \sum_{j=1}^{N} y_j ,$$

wobei die erste Summe über alle Teilmengen $\{j_1,\ldots,j_n\}$ von $\{1,\ldots N\}$ zu bilden ist.

Die linke Seite von (6.4.20) ist offensichtlich gleich $\sum_{j=1}^{N} y_j \cdot r_j$ mit r_j = Anzahl der Teilmengen $\{j_1,\ldots,j_n\}$ mit $j \in \{j_1,\ldots,j_n\}$. Da jede solche Teilmenge die Form hat $\{j, j_1',\ldots,j_{n-1}'\}$ mit $j_i' \in \{1,\ldots,N\} - \{j\}$, ist r_j = Anzahl der Teilmengen $\{j_1',\ldots,j_{n-1}'\}$ von $\{1,\ldots,N\} - \{j\}$. Diese Anzahl ist jedoch gleich $\binom{N-1}{n-1}$, so daß nun die linke Seite von (6.4.20) mit der rechten Seite übereinstimmt.

Um die Varianz von $\hat{\mu}_Y(\hat{V})$ unter P_{LM} hinzuschreiben, führen wir folgende Notationen ein:

(6.4.21) (1) $\{T_m^j : m = 1,\ldots,\binom{N-1}{n-1}\}$ seien die Teilmengen der Form $\{j_1',\ldots,j_{n-1}'\} \subseteq \{1,\ldots,N\} - \{j\}$;

(2) x_m^j = Summe der X-Werte in T_m^j,

(3) $T_j = \sum_{m \text{ in } (1)} (x_j + x_m^j)^{-1} (N\mu_X) / \binom{N-1}{n-1}$

(4) $\{T_r^{ij} : r = 1,\ldots,\binom{N-2}{n-2}\}$ die Teilmengen der Form $\{i_1',\ldots,i_{n-2}'\} \subseteq \{1,\ldots,N\} - \{i,j\}$;

(5) x_r^{ij} = Summe der X-Werte in T_r^{ij},

(6) $T_{ij} = \sum_{r \text{ in } (4)} (x_j + x_i + x_r^{ij})^{-1} (N\mu_X) / \binom{N-2}{n-2}$.

(6.4.22) <u>Satz</u>:

$$\mathrm{Var}_{P_{LM}} \hat{\mu}_Y(\hat{V}) = \frac{1}{N^2} \sum_{j=1}^{N} (T_j - 1) y_j^2 + \frac{1}{N^2} \sum_{\substack{i,j=1 \\ i \neq j}}^{N} (T_{ij} - 1) y_i y_j .$$

<u>Beweis</u>:

Siehe RAO,T.J.(1966).

Man bemerke, daß Var $\hat{\mu}_Y(\hat{\nu})$ in (6.4.22) die Form der Varianz des Horvitz-Thompson-Schätzers (4.3.8)(2) hat. Eine Schätzung von Var $\hat{\mu}_Y(\hat{\nu})$ ist daher analog zu (4.3.10) (1) und (4.3.11)(1) möglich. Für $\pi_i = P_{LM}(u_i \in \underline{U})$ und $\pi_{ij} = P_{LM}(u_i \in \underline{U},\ u_j \in \underline{U})$ $(i \neq j)$ kann man zeigen (mit elementarer Kombinatorik (!) und mit (6.4.14): $P(U_1 = u_j) = x_j / N\mu_X$ (!)):

(6.4.23) $\pi_i = (n-1)/(N-1) + (x_i/N\mu_X)(N-n)/(N-1)$,

$$\pi_{ij} = \frac{n-1}{N-1}\,\frac{n-2}{N-2} + \frac{n-1}{N-1}\,\frac{N-n}{N-2}(x_i + x_j)/N\mu_X .$$

Mit den in (6.4.23) erklärten Größen setze man:

(6.4.24) $$\widehat{\mathrm{Var}}\ \hat{\mu}_Y(\hat{\nu}) = (1/N^2)\sum_{j=1}^{N}(T_j - 1)y_j^2 H_j/\pi_j + (1/N^2)\sum_{\substack{i,j=1\\ i\neq j}}^{N}(T_{ij} - 1)y_i y_j H_i H_j/\pi_{ij},$$

wobei H_i = Häufigkeit von u_i in $\underline{U}$ ist.

(6.4.25) <u>Satz</u>:

$$E_{P_{LM}}(\widehat{\mathrm{Var}}\ \hat{\mu}_Y(\hat{\nu})) = \mathrm{Var}_{P_{LM}}\ \hat{\mu}_Y(\hat{\nu}) .$$

<u>Beweis</u>:

trivial wegen $\pi_i = E_{P_{LM}}(H_i)$, $\pi_{ij} = E_{P_{LM}}(H_i H_j)$.

(Man vergleiche hierzu auch (4.3.11), (4.3.12).)

Über weitere Probleme im Zusammenhang mit der Schätzung von Var $\hat{\mu}_Y(\hat{\nu})$ (insbesondere die Nicht-Negativität von Schätzern für diese Varianz) siehe u.a. CHAUDHURI (1976), RAO,T.J. (1977).

6.5 ÜBER SUPER-POPOLATIONEN.

(On Super Populations)

Man kann zwischen je zwei Merkmalen **X** und Y auf G einen "empirischen" Zusammenhang konstatieren: a und b lassen sich als Funktionen der X-Werte x_j und der Y-Werte y_j ($j=1,\ldots N$) so bestimmen daß gilt:

(6.5.1) $Y = a + bX + E'$ mit $E(E')=0$, $E(X\cdot E') = 0$

(siehe (6.0.5), (6.0.6), (6.1.15)). Für inhaltliche Interpretationen von "Zusammenhang" ist es jedoch oft (wenn nicht stets) wichtig, Relationen zwischen X und Y "selbst" ohne einen zu starken Rückgriff auf G zu konstatieren. Dies geschieht in "Super-Populations-Modellen" auf folgende Weise:

($\underline{1}$) Es gibt eine (fiktive) Population $\mathbb{G}$, auf der X und Y definiert sind;

($\underline{2}$) G ist eine "Stichprobe" aus $\mathbb{G}$, die nicht näher bestimmt wird; sie hat jedoch den folgenden "bedingten" Charakter: die X-Werte auf G sind gleich einer vorgegebenen Wertemenge $x_1,\ldots,x_N$ (also etwa $X(u_j) = x_j$ mit $G = (u_1,\ldots,u_N)$);

($\underline{3}$) das Stichprobenverfahren, nach dem **G** ausgewählt wird (aus $\mathbb{G}$), definiert N Zufallsvariable $\underline{Y}' = (Y_1',\ldots,Y_N')$ mit $Y_j' = Y(u_j)$; die gemeinsame Ver- Verteilung werde mit $\mathbb{P} = \mathbb{P}_{\underline{Y}'}$ bezeichnet;

($\underline{4}$) die aktuell vorliegenden Y-Werte $y_1,\ldots,y_N$ auf G sind Werte der Zufallsvariablen $Y_1',\ldots,Y_N'$, die gemäß der Verteilung $\mathbb{P}$ realisiert wurden;

($\underline{5}$) der "Zusammenhang" zwischen X und Y drückt sich als Regressionszusammenhang zwischen den Y_j' und den x_j aus.

Die wohl gebräuchlichste Quantifizierung von (5) in der Literatur (z.B. ROYALL (1970b),(1971) , ROYALL/HERSON

(1973a), HERSON (1976), SCOTT/BREWER/HO (1978)) dürfte die folgende sein:

(6.5.2) $Y'_j = b'x_j + E'_j$ mit $\mathbb{E}(E'_j) = 0$, $\mathbb{V}\mathrm{ar}\, E'_j = \sigma_o^2 V(x_j)$

für alle $j = 1,\ldots,N$, wobei gilt:

(1) die x_j sind Konstante (siehe oben (2): deswegen ist der "bedingte" Charakter von G als Stichprobe aus $\mathbb{G}$ erforderlich!);

(2) V ist eine bekannte Funktion mit $V > 0$;

(3) $Y'_1,\ldots,Y'_N$ sind stochastisch unabhängig;

(4) die Operatoren $\mathbb{E}$ = Erwartungswert und $\mathbb{V}\mathrm{ar}$ = Varianz sind durch $\mathbb{P} = \mathbb{P}_{\underline{Y}'}$ definiert (siehe oben (3));

(5) b' und σ_o^2 sind unbekannte Konstante.

Der drastische Unterschied zwischen (6.5.2) und (6.5.1) ist, daß b in (6.5.1) durch die X- und Y-Werte auf G bestimmt ist (cf. (6.0.5)), während b' in (6.5.2) eine sozusagen "universelle" (= für alle Subpopulationen G von $\mathbb{G}$ gültige) Konstante ist. Ferner bedeutet $\mathbb{E}$ in (6.5.2) die "Mittelung" (mit Gewichtung $\mathbb{P}$) über alle denkbaren Populationen, die -- wie G -- aus $\mathbb{G}$ gezogen werden könnten; E in (6.5.1) mittelt über die Werte in G.

Auch beim Super-Populations-Modell (6.5.2) bleibt die Aufgabe, mit Hilfe einer Stichprobe $\underline{U} = (U_1,\ldots,U_n)$ aus G den Parameter $\bar{y} = (1/N)\sum_{j=1}^{N} y_j$ zu schätzen. Der Stichprobenplan werde nach wie vor mit $P_{(n)}$ bezeichnet. Ferner sei

(6.5.3) $J = \{j_1,\ldots,j_n : U_1 = u_{j_1},\ldots,U_n = u_{j_n}\}$,

$\bar{J} = \{1,\ldots,N\} - J$.

Einen Schätzer $\hat{\bar{y}}$ für $\bar{y}$ kann man dann stets schreiben als

(6.5.4) $\hat{\bar{y}} = \sum_{j\in J} y_j/N + (\hat{\bar{y}} - \sum_{j\in J} y_j/N)$.

Da man auch die ebenfalls triviale Zerlegung

(6.5.5) $\bar{y} = \sum_{j \in J} y_j/N + \sum_{j \in \bar{J}} y_j/N$

hat, kann man den zweiten Summanden in (6.5.4) als Schätzer für den zweiten (unbekannten) Summanden in (6.5.5) auffassen. Aufgrund von (6.5.2) liegt es nahe, diesen Schätzer in der Form $\hat{b}' \sum_{j \in \bar{J}} x_j/N$ zu schreiben. Offenbar haben wir dann aus (6.5.4):

(6.5.6) $\hat{\bar{y}} = \sum_{j \in J} y_j/N + \hat{b}' \sum_{j \in \bar{J}} x_j/N$,

wobei $\hat{b}'$ für jeden Schätzer $\hat{\bar{y}}$ durch (6.5.6) implizit definiert ist. Man macht sich folgendes leicht klar:

(6.5.7) (1) Für $\hat{b}' = \hat{b}_o$ (6.2.1) ist $\hat{\bar{y}} = \hat{\mu}_Y(\hat{b}_o)$ (6.2.2);

(2) für $\hat{b}' = \hat{v}$ (6.3.2) ist $\hat{\bar{y}} = \hat{\mu}_Y(\hat{v})$ (6.3.3).

Anmerkung: Wir unterstellen stets: $\bar{x} \neq 0$, $s_X^2 > 0$.

Für jeden Schätzer $\hat{\bar{y}}$ -- also wegen (6.5.6), (6.5.7) auch für den Regressionsschätzer (6.2.2) und den Verhältnisschätzer (6.3.3) -- hat man nun zwei Begriffe von "Erwartungstreue": neben der bisherigen

(6.5.8) $P_{(n)}$-Erwartungstreue: $\sum_{\underline{v}} \hat{\bar{y}}(\underline{v}) P_{(n)}(\underline{v}) = \bar{y}$

(wobei die Summation über alle möglichen Ergebnisse $\underline{v}$ von $\underline{U}$ erfolgt)

hat man nun noch die "$\mathbb{P}$-Erwartungstreue", die durch Mittelung (mit $\mathbb{P}$-Gewichtung) aller $\hat{\bar{y}}$-Werte beim Durchlaufen aller möglichen Ergebnisse für G (aus $\mathbb{G}$) definiert ist.

Genauer: wir betrachten die Zufallsvariable

(6.5.9) $\bar{Y}' = (1/N) \sum_{j=1}^{N} Y_j'$

und einen "Schätzer" für diese Variable, der eine Funktion der durch $\underline{U}$ ausgewählten n Variablen Y_{j_i}' ist:

(6.5.10) $\hat{\bar{Y}}' = \hat{\bar{Y}}'(\underline{U}) = g(Y'_{j_1},\ldots,Y'_{j_n})$ mit j_i aus (6.5.3).

(6.5.11) Definition:

$\hat{\bar{Y}}'$ heißt $\mathbb{P}$-erwartungstreu für $\bar{Y}'$, falls
$\mathbb{E}(\hat{\bar{Y}}'(\underline{v}) - \bar{Y}') = 0$ ist für jedes mögliche Ergebnis $\underline{v}$ von $\underline{U}$.

Bemerkung: Der Schätzer $\hat{\bar{y}}(\underline{v})$ für den Parameter $\bar{y}$ ist ein "Wert" der Schätzfunktion $\hat{\bar{Y}}'(\underline{v})$ für die Variable $\bar{Y}'$;der Parameter $\bar{y}$ ist ein "Wert" der Variablen $\bar{Y}'$. Die "Realisierung" der Werte kommt dadurch zustande, daß aus $\mathbb{G}$ die spezielle Sub-Population G ausgewählt wird. In (6.5.11) wird über alle möglichen Sub-Populationen G summiert, gewichtet jeweils mit $\mathbb{P}(G)$; in (6.5.8) hingegen erfolgte die Summation über alle möglichen Stichprobenergebnisse $\underline{v}$ bei gegebener Sub-Population G .

Neben der Varianz (die ja durch $P_{(n)}$ gegeben wird) gewinnt nun ein weiteres "Gütekriterium" an Bedeutung, nämlich der "mittlere quadratische Fehler" (abgekürzt:$\mathbb{M}$SE = mean square error) zwischen $\hat{\bar{Y}}'$ und $\bar{Y}'$ bezüglich $\mathbb{P}$:

(6.5.12) Definition:

Der mittlere quadratische Fehler $\mathbb{M}$SE von $\hat{\bar{Y}}'$ bei Anwendung des Stichprobenverfahrens $P_{(n)}$ ist

$$\mathbb{M}SE(P_{(n)}, \hat{\bar{Y}}') = \mathbb{E}(\textstyle\sum_{\underline{v}} P_{(n)}(\underline{v}) \cdot (\hat{\bar{Y}}' - \bar{Y}')^2 .$$

Es stellt sich heraus, daß mit $\mathbb{M}$SE als Gütekriterium eine "reichhaltigere" Theorie über "beste" Schätzer möglich ist als bei der "konventionellen" Theorie, die nur mit der Varianz resp. dem "konventionellen" MSE bezüglich $P_{(n)}$ arbeitet. (Hierbei ist ein "bester" Schätzer durch minimalen $\mathbb{M}$SE bzw. MSE definiert.) Im einzelnen findet man u.a. (siehe ROYALL (1970b)S.380, ROYALL (1971) S.263):

(6.5.13) Satz:

(1) Ist in (6.5.2) $V(x)$ = konstant, so ist $\hat{\mu}_Y(\hat{b}_o)$ aus (6.2.2) resp. (6.5.7)(1) ein $\mathbb{M}$SE-bester $\mathbb{P}$-erwartungstreuer linearer Schätzer;

(2) ist in (6.5.2) $V(x) = x$, so ist $\hat{\mu}_Y(\hat{v})$ aus (6.3.3) resp. (6.5.7)(2) ein $\mathbb{M}$SE-bester $\mathbb{P}$-erwartungstreuer linearer Schätzer;

(3) ist in (6.5.2) $x_j = x_o$ für alle $j=1,..,N$, so ist $\bar{Y}$ = arithmetisches Mittel der Stichprobe ein $\mathbb{M}$SE-bester $\mathbb{P}$-erwartungstreuer linearer Schätzer.

Anmerkung: Die Notation in obigem Satz ist natürlich ungenau, da wir die Schätzer für vorgegebenes G notieren. Genauer müßten wir schreiben -- z.B. in (3):

$\bar{Y} = \sum_{j \in J} Y_j'/n$ mit J aus (6.5.3) (cf. (6.5.10)). Entprechende Modifikationen sind in (1) und (2) implizit unterstellt.

Cum grano salis läßt sich sagen, daß ein Satz wie (6.5.13) in der "konventionellen" (nur mit $P_{(n)}$ statt mit $P_{(n)}$ und $\mathbb{P}$ arbeitenden) Theorie nicht möglich/richtig ist. (Siehe z.B. GODAMBE (1965),S.250.) Dies ist von Anhängern von Super-Populations-Modellen für ihre Theorie gegen die "konventionelle" Stichprobentheorie bemerkt worden. Eine systematische Darstellung von Super-Populations-Modellen findet man bei CASSEL/SÄRNDAL/WRETMAN (1977) S.80 ff.

SCHLUSSBEMERKUNGEN.

Zur Wahl der Stichprobenlänge.

In (8.4.9) bis (8.4.12) sind Berechnungen angestellt, die die (optimale) Stichprobenlänge beim Differenzen- resp. Regressions- resp. Verhältnis-Schätzer betreffen. Wenn die dafür benötigten Informationen über Varianzen und Kovarianzen nicht vorliegen, muß man "Ersatzwege" -- z.B. einen der in 8.5 beschriebenen -- beschreiten.

Zu Beispielen.

Abschnitt 10.5 enthält je ein Beispiel zur Differenzen-Schätzung (10.Beispiel), Regressionsschätzung (11.Beispiel), verzerrten Verhälnisschätzung (12.Beispiel), Hartley-Ross-Schätzung (13.Beispiel). Zugrunde liegt eine kleine fiktive Population (10.5.1) von 10 Elementen. Die Stichprobenlängen können folglich nur sehr klein sein (gleich 5 in allen Beispielen). Im Hinblick auf die approximativen Aussagen über die Varianzen der genannten Schätzer ist dies zwar unbefriedigend; es schien jedoch im Interesse der "Praktikabilität" (= Nach-Rechenbarkeit, Durchschaubarkeit eines Beispiels) opportun zu sein.

====================

LITERATURHINWEISE.

Bücher:

CASSEL/SÄRNDAL/WRETMAN (1977); RAJ (1968) S.85-106; STENGER (1971) S.101-115.

Zeitschriftenartikel:

CHAUDHURI (1976); FOREMAN/BREWER (1971); HERSON (1976); RAO J.N.K.(1969); RAO J.N.K./KUZIK (1974); RAO J.N.K./ RAMACHANDRAN (1974); RAO P.S.R.S. (1974); RAO T.J.(1966), (1977); REDDY (1974),(1975); ROYALL (1970b),(1971); ROYALL/CUMBERLAND (1978); ROYALL/EBERHARDT (1975); ROYALL/HERSON (1973a); SCOTT/BREWER/HO (1978); SCOTT/ SMITH (1974),(1975); SEN/SELLERS/SMITH (1975); WYNN (1977a).

7. DOPPEL-STICHPROBEN.

(Double Sampling)

Die in den vorangegangenen Kapiteln vorgestellten Strategien ($P_{(n)}$, $\hat{\mu}$) wird man nicht immer anwenden können, weil nun doch in praktischen Situationen

(1) die Ziehung von $\underline{U}$ gemäß $P_{(n)}$ nicht erfolgen kann, da die dafür benötigte "Verfügbarkeit" oder "Strukturierung" von G nicht vorhanden ist, oder

(2) die für die Anwendung (i.e. Berechnung !) von $\hat{\mu}$ benötigten Vor- und Zusatzinformationen (die aus $\underline{U}$ nicht zu beschaffen sind) nicht vorliegen.

In (1.3.5) sind bereits solche Situationen beschrieben worden.

In Abschnitt 7.1 behandeln wir das Problem, wie man für eine geschichtete Stichprobe aus G die Schichten G_i (i= 1,...,k) "verfügbar" machen kann, wenn sie nicht explizit in "Dateien" vorliegen. Die Quoten $q_i = N_i/N$ (mit $N_i = \#(G_i)$, $N = \#(G)$) können dabei bekannt oder unbekannt sein. Wie man zu verfahren hat, wenn zwar die Ziehung aus den G_i unproblematisch ist, die q_i jedoch unbekannt und daher zu schätzen sind, schildert Abschnitt 7.2. Die Ermittelung von "Vorkenntnissen", die wie bei den in Kapitel 6 behandelten Verfahren für die Schätzung von μ benötigt werden, ist in 7.3 der Gegenstand der Untersuchungen. Eine ähnliche Problemlage ist gegeben, wenn man Stichproben zu einer Verteilung P ziehen will (siehe Kapitel 4), die Wahrscheinlichkeiten $p_j = P(u_j)$ jedoch nicht explizit vorliegen. Die benötigte "Vorkenntnis" über P muß dann in einer zusätzlichen Stichprobe beschafft werden (siehe Abschnitt 7.4). Die Abschnitte 7.5 und 7.6 sind einfache Anwendungen von 7.1: die

<u>Antwort-Unwilligen</u> ("Verweigerer") werden als eine "Schicht" betrachtet, in der man den Mittelwert des Untersuchungsmerkmals mit zusätzlichem Aufwand schließlich doch schätzen kann; bei <u>überhöhten Grundgesamtheiten</u> wird die gewünschte Population als Schicht der für die Ziehung zu Verfügung stehenden überhöhten Gesamtheit angesehen. Auf diese Weise lassen sich die genannten Probleme der "Verweigerer" und der "überhöhten Grundgesamtheiten" mühelos behandeln. Abschnitt 7.7 behandelt die Frage, welche Konsequenz sich aus der Schätzung der "optimalen" Stichprobenlänge (siehe Kapitel 8) ergibt.

7.1 GESCHICHTETE DOPPEL-STICHPROBEN.

(Double Sampling for Stratification)

Es sei -- wie in (3.1.1), (3.1.2), (3.1.3), (3.1.4) -- $G_1,\dots,G_k$ eine Schichtung von G mit $0 < N_i = \#(G_i)$, $N = \sum_j N_j$, μ_i = Mittelwert und σ_i^2 = Streuung von Y in der Schicht G_i. $G_1,\dots,G_k$ seien jedoch für die Ziehung nicht "verfügbar". Wir verfahren dann wie folgt:

(1) Ziehe eine einfache mZ-Stichprobe $\underline{U}'$ der Länge n' aus G,

(2) führe auf $\underline{U}'$ eine Schichtung ein (gemäß der G_i in einer gleich noch zu präzisierenden Weise),

(3) ziehe -- unter Verwendung dieser Schichtung -- nun eine geschichtete Stichprobe aus $\underline{U}'$.

(7.1.1) <u>Definition</u>:

Es sei $\underline{U}' = (U_1',\dots,U_{n'}')$ eine einfache mZ-Stichprobe aus G (der Länge n'). Definiere

(7.1.2) $\underline{U}_i' = \underline{U}' \cap G_i$ (analog zu (3.6.3))

= Teilvektor von $\underline{U}'$, dessen Komponenten in G_i liegen.

Es sei ferner $n_i^! = \#(\underline{U}_i^!)$ = Anzahl der Komponenten (!) in $\underline{U}_i^!$. (Ist $n_i^! = 0$, so setze auch $\frac{1}{n_i^!} = 0$.) Es sei nun

(7.1.3) n_i eine vollständig durch die Zufallsvariable $n_i^!$ bestimmte Zufallsvariable mit der Eigenschaft: $n_i = 0$ genau dann, wenn $n_i^! = 0$.

Für jedes gegebene $\underline{U}'$ sei $\underline{U} = (\underline{U}_1,\ldots,\underline{U}_k)$ eine geschichtete Stichprobe aus $\underline{U}'$ mit Teilstichprobenlängen $n_i = \#(\underline{U}_i)$, wobei die Komponenten von $\underline{U}'$ wegen der verschiedenen (!) Subskripte $1,\ldots,n'$ wie verschiedene Elemente gehandhabt werden (cf. (3.6.11)). $\underline{U}$ heißt <u>geschichtete Doppelstichprobe aus</u> G der Länge $n = \sum_i n_i$.

(7.1.4) <u>Bemerkung</u>: Ist $n_i = n_i^!$ in (7.1.3) für alle i, so liegt offenbar eine "nachträgliche Schichtung" vor, wie sie in 3.5 behandelt wurde (cf. (3.5.1)).

Wir unterstellen einstweilen, daß für μ_i Schätzer aufgrund von $\underline{U}_i$ vorliegen:

(7.1.5) $\hat{\mu}_i$: Schätzung für μ_i (aufgrund von $\underline{U}_i$).

Dann lassen sich die folgenden Schätzfunktionen für μ betrachten:

(7.1.6) $\hat{\mu} = \sum_{i=1}^{k} (N_i/N)\,\hat{\mu}_i$, wenn (N_i/N) bekannt,

$\hat{\mu}^{\wedge} = \sum_{i=1}^{k} (n_i^!/n')\,\hat{\mu}_i$, wenn (N_i/N) unbekannt.

Natürlich hängen die Eigenschaften der Schätzer (7.1.6) entscheidend von denen der Schätzer (7.1.5) ab. Wir müssen daher (7.1.5) weiter spezifizieren. Dabei müssen wir in Rechnung stellen, daß $n_i = n_i^! = 0$ sein kann! Offenbar gilt nämlich:

(7.1.7) $n_i^!$ ist eine $BV(n', p_i = N_i/N)$-verteilte Zufallsvariable (cf. Bemerkungen nach (3.5.10)).

Aus (M.4.5)(1) und (7.1.7) folgern wir:

(7.1.8) $P(n'_i = 0) = O(1/n'^{\infty})$.

Wir legen nun die Schätzer (7.1.5) fest. Dazu setzen wir weiter voraus:

(7.1.9) In der geschichteten Doppelstichprobe $\underline{U}$ (7.1.1) ist jedes $\underline{U}_i$ eine einfache oZ-Stichprobe aus $\underline{U}'_i$.

(Natürlich lassen sich andere Spezifikationen als (7.1.9) entsprechend behandeln.) Sodann setzen wir (cf.(3.6.11)):

$$(7.1.10)\quad \hat{\mu}_i = \begin{cases} (1/n_i)\sum_{u \in \underline{U}_i} Y(u) & \text{für } n_i > 0, \\ 0 & \text{für } n_i = 0. \end{cases}$$

($\hat{\mu}_i$ ist also das arithmetische Mittel von Y auf $\underline{U}_i$, sofern die i-te Schicht G_i überhaupt in $\underline{U}'$ vertreten ist.)

(7.1.11) Lemma:

(1) $E(\hat{\mu}_i) = \mu_i + O(1/n'^{\infty})$;

(2) $E(n'_i \hat{\mu}_i) = n'(N_i/N)\mu_i$.

Beweis:

Zu (1): Analog zu (7.1.10) definieren wir das **arithmetische** Mittel von Y auf $\underline{U}'_i$ durch (cf. (3.5.3),(3.6.11))

$$(7.1.12)\quad \hat{\mu}'_i = \begin{cases} (1/n'_i)\sum_{u \in \underline{U}'_i} Y(u) & \text{für } n'_i > 0, \\ 0 & \text{für } n'_i = 0. \end{cases}$$

Aufgrund von (7.1.9) und (2.2.4)(1) können wir folgern:

(7.1.13) $E(\hat{\mu}_i \mid \underline{U}') = \hat{\mu}'_i$,

wobei wir noch (7.1.3) zu beachten haben. (M.2.9) und (7.1.13) ergibt dann sofort: $E(\hat{\mu}_i) = E(\hat{\mu}'_i)$. $E(\hat{\mu}'_i)$ ist jedoch bereits in (3.5.11) als $\mu_i + O(1/n'^{\infty})$ bestimmt.

Zu (2): Es ist $E(n'_i \hat{\mu}_i) = E(E(n'_i \hat{\mu}_i \mid \underline{U}')) =$

$E(n_i^! E(\hat{\mu}_i | \underline{U}')) = E(n_i^! \hat{\mu}_i^!)$ nach (M.2.5), (M.2.10) (mutatis mutandis; $n_i^!$ ist mit $\underline{U}'$ gegeben (!)) und nach (7.1.13). Mit (M.2.5) und (M.2.3) folgt weiter:
$E(n_i^! \hat{\mu}_i^!) = E(E(n_i^! \hat{\mu}_i^! \mid n_i^!)) = E(n_i^! E(\hat{\mu}_i^! \mid n_i^!)) =$
$E(n_i^! E(\hat{\mu}_i^! \mid n_i^!) \mid n_i^! > 0) P(n_i^! > 0)$, wobei wir noch die zweite Zeile in (7.1.12) beachten. Da $\underline{U}'$ eine einfache mZ-Stichprobe ist, sind die Summanden der 1. Zeile von (7.1.12) offenbar eine einfache mZ-Stichprobe aus $(Y | G_i)$, so daß wegen (2.1.5)(1) gilt: Für jede natürliche Zahl r $(r > 0)$ ist $E(\hat{\mu}_i^! \mid n_i^! = r) = \mu_i$. Insgesamt erhalten wir daher: $E(n_i^! \hat{\mu}_i) = E(n_i^! \hat{\mu}_i^!) = E(n_i^! \mu_i \mid n_i^! > 0) P(n_i^! > 0) =$
$\mu_i E(n_i^! \mid n_i^! > 0) P(n_i^! > 0)$. Bedenkt man nun, daß wegen (M.2.3) $E(n_i^!) = E(n_i^! \mid n_i^! > 0) P(n_i^! > 0)$ ist, so erhält man schließlich mit (7.1.7): $E(n_i^! \hat{\mu}_i) = \mu_i E(n_i^!) = \mu_i n' N_i / N$.

Mit Hilfe von Lemma (7.1.11) läßt sich über die in (7.1.6) aufgeführten Schätzer leicht beweisen

(7.1.14) <u>Satz:</u>

(1) $E(\hat{\mu}) = \mu + O(1/n'^{\infty})$;

(2) $E(\hat{\mu}^\wedge) = \mu$.

Beweis:

Zu (1): Folgt aus (7.1.11)(1) mit (3.1.5).

Zu (2): Folgt aus (7.1.11)(2) mit (3.1.5).

Man kann leicht zeigen, daß (7.1.14) gültig bleibt, wenn man auch $\underline{U}'$ als oZ-Stichprobe zieht! (Siehe z.B. POKROPP (1974) Satz 1 und Satz 4.)

Wir bestimmen nun die Varianzen von $\hat{\mu}$ und $\hat{\hat{\mu}}$:

(7.1.15) Satz:

(1) $\operatorname{Var} \hat{\mu} = \sum_{i=1}^{k} (N_i/N)^2 \sigma_i^2 E(1/n_i - 1/n_i^!) + \frac{1}{n'} \sum_{i=1}^{k} (N_i/N) \sigma_i^2 + O(n'^{-2})$;

(2) $\operatorname{Var} \hat{\mu}^{\wedge} = \sigma^2/n' + \sum_{i=1}^{k} E((n_i'/n_i)(n_i' - n_i))\,\sigma_i^2/n'^2$
$+ O(1/n'^{\infty})$.

Beweis:

Zu (1): Aus (M.3.5), (7.1.13) und (3.5.9)(2) schließen wir: $\operatorname{Var} \hat{\mu} = (1/n')\sum_i (N_i/N)\,\sigma_i^2 + O(n'^{-2}) +$ $E(\operatorname{Var}(\hat{\mu} \mid \underline{U}'))$, wobei noch (3.5.4) zu beachten ist. Zum Beweis von (1) haben wir also zu zeigen:

(7.1.16) $E(\operatorname{Var}(\hat{\mu} \mid \underline{U}')) = \sum_i (N_i/N)^2\,\sigma_i^2\, E(\frac{1}{n_i} - \frac{1}{n_i'}) + O(n'^{-2})$.

Zur Berechnung von $E(\operatorname{Var}(\hat{\mu} \mid \underline{U}'))$ führen wir ein:

$$s_i'^2 = \begin{cases} (1/n_i')\sum_{u \in \underline{U}_i'} (Y(u) - \hat{\mu}_i')^2 & \text{für } n_i' > 0 \text{ (mit (3.6.11))} \\ 0 & \text{für } n_i' = 0. \end{cases}$$

Nach Konstruktion einer geschichteten Doppelstichprobe $\underline{U}$ (7.1.1) ist $\operatorname{Var}(\hat{\mu} \mid \underline{U}')$ die Varianz einer geschichteten Stichprobe aus $\underline{U}'$ mit Gewichtung N_i/N. Sofern die $n_i' > 1$ sind, haben wir: $\operatorname{Var}(\hat{\mu} \mid \underline{U}') =$ $\sum_i (N_i/N)^2 (1/n_i) s_i'^2 (1 - (n_i-1)/(n_i'-1))$ -- wie man in enger Analogie zu (3.2.9)(2) leicht zeigt. Da nach (M.4.5)(2) die Wahrscheinlichkeit für $n_i' \leq 1$ von der Ordnung $O(1/n'^{\infty})$ ist, müßten wir sie in obigem Ausdruck für $\operatorname{Var}(\hat{\mu} \mid \underline{U}')$ anfügen; dies unterbleibt jedoch im folgenden, da der Term $O(n'^{-2})$ ohnehin dominiert. Mit dieser Konvention erhalten wir jetzt: $E(\operatorname{Var}(\hat{\mu} \mid \underline{U}')) =$ $\sum_i (N_i/N)^2 E(\frac{1}{n_i}(1 - \frac{n_i-1}{n_i'-1}) s_i'^2)$, da mit $\underline{U}'$ auch $s_i'^2$ und n_i' und daher gemäß (7.1.3) auch n_i (für jedes i) gegeben ist. Da -- wie bereits bemerkt wurde -- die Summanden in (7.1.12) eine einfache mZ-Stichprobe aus $(Y \mid G_i)$ darstellen, erhalten wir aus (2.1.9):

$E(s_i'^2 \mid n_i') = \sigma_i^2 (n_i' - 1)/n_i'$. Setzen wir dies in den zuletzt angegebenen Ausdruck für $E(\operatorname{Var}(\hat{\mu} \mid \underline{U}')) =$

$E(E(\mathrm{Var}\,(\hat{\mu}\,|\,\underline{U}')\,|\,n_1',\ldots,n_k'))$ ein, so ergibt sich:

$$E(\mathrm{Var}\,(\hat{\mu}|\,\underline{U}')) = \sum_i (N_i/N)^2 E(\frac{1}{n_i}(1-\frac{n_i-1}{n_i'-1})\frac{n_i'-1}{n_i'})\,\sigma_i^2 .$$

Nach leichten Umformungen unter dem Erwartungswertoperator E folgt die Behauptung (7.1.16).

Zu (2): Zunächst bemerke man, daß wegen (7.1.13) gilt: $E(\hat{\mu}^{\wedge}\,|\,\underline{U}') = \bar{Y}'$ = arithmetisches Mittel der $Y(U_i')$. Da nach (2.1.5)(2) $\mathrm{Var}\,\bar{Y}' = \sigma^2/n'$ ist und wegen (M.3.5) die Zerlegung $\mathrm{Var}\,\hat{\mu}^{\wedge} = \mathrm{Var}\,\bar{Y}' + E(\mathrm{Var}\,(\hat{\mu}^{\wedge}\,|\,\underline{U}'))$ gilt, haben wir für den Nachweis von (2) zu zeigen:

(7.1.17) $$E(\mathrm{Var}\,(\hat{\mu}^{\wedge}|\,\underline{U}')) = \sum_i E(\frac{n_i'}{n_i}(n_i' - n_i)\,\sigma_i^2/n'^2 + O(1/n'^{\infty})$$

Wiederum brauchen wir nur den Fall $n_i' > 1$ für alle i zu betrachten, wenn wir in folgenden Rechnungen stillschweigend Terme der Ordnung $O(1/n'^{\infty})$ zulassen. Wir haben dann unmittelbar aus (3.2.9)(2):

$$\mathrm{Var}\,(\hat{\mu}^{\wedge}\,|\,\underline{U}') = \sum_i (n_i'/n')^2(1 - (n_i-1)/(n_i'-1))\,s_i'^2/n_i ,$$

wobei $s_i'^2$ im Anschluß an (7.1.16) erklärt ist. Mit

$E(\mathrm{Var}\,(\hat{\mu}^{\wedge}\,|\,\underline{U}')) = E(E(\mathrm{Var}\,(\hat{\mu}^{\wedge}\,|\,\underline{U}')\,|\,n_1',\ldots,n_k')) =$

$\sum_i E((n_i'/n')^2(1 - (n_i-1)/(n_i'-1))/n_i\,E(s_i'^2\,|\,n_i'))$ erhält man wegen $E(s_i'^2\,|\,n_i') = \sigma_i^2(n_i'-1)/n_i'$: $E(\mathrm{Var}\,(\hat{\mu}^{\wedge}\,|\,\underline{U}')) =$

$$\sum_i \sigma_i^2 E[(n_i'/n')^2[1 - (n_i-1)/(n_i'-1)](n_i'-1)/(n_i n_i')] + O(1/n'^{\infty})$$

und nach leichten Umformungen unter dem Erwartungswertoperator E erhält man (7.1.17).

Die in (7.1.15) vorkommenden Ausdrücke

(7.1.18)(1) $E(1/n_i - 1/n_i')$

(2) $E[(n_i' - n_i)n_i'/n_i]/n'^2$

können erst dann näher bestimmt werden, wenn die

Abhängigkeit der n_i von den n_i' (7.1.3) spezifiziert wird. Wir betrachten die folgenden, besonders wichtigen Fälle:

(7.1.19) Definition:

Die Bestimmung der n_i gemäß

(7.1.20) $n_i = \mathrm{Min}(\, n_i^o,\, n_i' \,)$ mit n_i^o = Konstante > 0

heißt quasi-konstante Allokation; die Bestimmung gemäß

(7.1.21) $n_i = a_i\, n_i'$ mit a_i = Konstante > 0

heißt quasi-proportionale Allokation. (Eigentlich müßte man in (7.1.21) die kleinste natürliche Zahl größer als $a_i n_i'$ betrachten.)

Bemerkung: In (7.1.20) sind alle Allokationen subsummiert, bei denen die n_i vor der Ziehung von $\underline{U}'$ bestimmt sind -- z.B. gemäß einem der in Abschnitt 3.3 aufgeführten Verfahren! Das Problem kann jedoch sein, daß in $\underline{U}'$ nicht soviel Elemente aus Schicht G_i vorhanden sind, wie für die oZ-Stichprobe $\underline{U}_i$ benötigt werden. Falls also die "gewünschte" Stichprobenlänge n_i^o größer als n_i' ist, ist die tatsächliche Länge von $\underline{U}_i$ gleich n_i'. In (7.1.21) ist der Fall $a_i = a$ für alle i von besonderem Interesse; er kann als das "stochastische" Anlogon zur proportionalen Allokation (3.3.1) gelten.

Wir untersuchen nun die Ausdrücke (7.1.18) für die quasi-konstante und quasi-proportionale Allokation (7.1.19).

(7.1.22) Satz:

(1) Bei quasi-konstanter Allokation (7.1.20) ist

$$E(1/n_i - 1/n_i') = 1/n_i^o - N/(n'N_i) + O(n'^{-2}) \, ;$$

(2) Bei quasi-proportionaler Allokation (7.1.21) ist

$$E(1/n_i - 1/n_i') = (1/a_i - 1)\, N/(n'N_i) + O(n'^{-2});$$

(3) Bei quasi-konstanter Allokation (7.1.20) ist

$$E((n_i^! - n_i)n_i^!/n_i)/n'^2 = O(1/n'^{\infty}) +$$

$$(1/n')(1/n_i^o)(N_i/N)(1 - (N_i/N) - n_i^o + n'(N_i/N));$$

(4) Bei quasi-proportionaler Allokation (7.1.21) ist

$$E((n_i^! - n_i)n_i^!/n_i)/n'^2 = (1/a_i - 1)(1/n')(N_i/N).$$

Beweis:

Zu (1): Mit (M.2.3) und (M.4.5)(2) schließen wir:

$E(1/n_i) = E(1/n_i \mid n_i^! \geq n_i^o)P(n_i^! \geq n_i^o) + O(1/n'^{\infty})$

$= 1/n_i^o + O(1/n'^{\infty})$, da $P(n_i^! < n_i^o) = O(1/n'^{\infty})$ ist. Der Rest ergibt sich aus (3.5.18) mit n' (cf.(7.1.7)), (M.4.1).

Zu (2): Es ist $E(1/n_i - 1/n_i^!) = (1/a_i - 1)E(1/n_i^!)$, und nun besorgt (3.5.18) wiederum den Rest (mit n';cf.(7.1.7)).

Zu (3): Es ist $E((n_i^! - n_i)n_i^!/n_i) =$

$E(n_i^{!2}/n_i) - E(n_i^!) = E(n_i^{!2}/n_i \mid n_i^! \geq n_i^o)P(n_i^! \geq n_i^o) +$

$O(1/n'^{\infty}) - n'N_i/N$ (mit (M.4.5)(2)). Mit (7.1.20) folgt:

$E(n_i^{!2}/n_i) - E(n_i^!) = (1/n_i^o)E(n_i^{!2}) - n'N_i/N + O(1/n'^{\infty})$.

Setzt man hierin ein $E(n_i^{!2}) = n'^2(N_i/N)^2 + n'(N_i/N)(1-\frac{N_i}{N})$

(siehe (7.1.7)), so folgt die Behauptung.

Zu (4): Man hat mit (7.2.21) $E((n_i^! - n_i)n_i^!/n_i) =$

$E(n_i^!)(1 - a_i)(1/a_i) = n'(N_i/N)(1/a_i - 1)$.

Die Untersuchung von Schätzern für Var $\hat{\mu}$ und Var $\hat{\mu}^{\wedge}$ in (7.1.15) würde den hier gesteckten Rahmen weit überschreiten. In der Literatur findet man Angaben dazu für den Fall, daß auch U' in (7.1.1) eine oZ-Stichprobe ist. (Siehe z.B. COCHRAN (1972) S.389 ff, RAO,J.N.K. (1973).)

Es bleibt dem Leser überlassen, aus (7.1.15) und (7.1.22) die jeweils gewünschte Varianz -- für die Schätzer (7.1.6) und eine der Allokationen (7.1.19) -- zu ermitteln.

7.2 GESCHICHTETE STICHPROBEN MIT UNBEKANNTEN, GESCHÄTZTEN QUOTEN.

In der Praxis steht man gelegentlich vor folgender Situation: Bei einer gegebenen Schichtung $G_1,\dots,G_k$ von G ist zwar eine Schätzung $\hat{\mu}_i$ des Mittelwertes von Y in G_i -- den wir ja mit $\mu_i = E_{P_o}(Y \mid G_i)$ bezeichnen; siehe auch (3.1.3), (3.1.4) -- möglich; die Schätzung von μ scheitert jedoch daran, daß die Quoten $q_i = N_i/N$ unbekannt sind und die Schätzfunktion (3.2.2) daher nicht zur Verfügung steht. Zumindest lassen sich praktische Situationen so beschreiben, als sei die Ziehung von $\underline{U}_i$ aus G_i resp. die Schätzung von μ_i kein Problem, obgleich die N_i/N unbekannt sind. Wir illustrieren dies an zwei Beispielen.

Beispiel 1: Zu einem bestimmten Zeitpunkt t_o sind $G_1,\dots,G_k$ verfügbar, und $\underline{U} = (\underline{U}_1,\dots,\underline{U}_k)$ kann als geschichtete Stichprobe gezogen werden. Zu einem späteren Zeitpunkt t_1 werden dieselben Elemente $\underline{U}$ nach ihren Y-Werten befragt, auch wenn die Schichten und mit ihnen die Quoten N_i/N sich im Lauf der Zeit geändert haben. Sind die Schichten sehr "homogen", so wird der Mittelwert von Y in "G_i z.Zt. t_1" kaum abweichen vom Mittelwert von Y in "G_i z.Zt. t_o", sofern die Definition der G_i (z.B. durch ein Schichtungsmerkmal) geeignet gewählt ist. Man wird dann die z.Zt. t_o gezogene Stichprobe $\underline{U}$ benutzen können, um die Mittelwerte von Y in den G_i z.Zt. t_1 (nach Erhebung von Y in G_i z.Zt. t_1!) zu schätzen, ohne daß große Verzerrungen zu erwarten sind. Wir behandeln dann $\underline{U}$ so, als sei es auch eine z.Zt. t_1 gezogene geschichtete Stichprobe. Die Quoten "N_i/N z.Zt. t_1" muß man nun jedoch als unbekannt ansehen.

Beispiel 2: Die Schichten sind in dem Sinne verfügbar, daß mit Hilfe eines geeigneten Verfahrens $\underline{U}_i$ aus G_i

gezogen werden kann, ohne daß dabei die Schichtgröße N_i benötigt wird. Z.B. kann G_i definiert sein als "geographisches Gebiet No. i", und die Ziehung von $\underline{U}_i$ erfolgt in mehreren Stufen mit Hilfe "natürlicher Klumpen" oder "künstlicher" Koordinaten-Netze resp. der dadurch erzeugten "künstlichen" Klumpen (siehe z.B. das Beispiel am Anfang von Kapitel 5). Man hätte dann eine Schätzung $\hat{\mu}_i$ für μ_i, ohne doch die Quote N_i/N zu kennen.

Anmerkung: Das oben genannte Beispiel 1 weist eine gewisse Verwandschaft auf mit Problemen, die bei Panel-Stichproben auftreten: dieselbe Personengruppe (das "Panel", die "Stichprobe") wird zu mehreren Zeitpunkten nach dem Untersuchungsmerkmal Y befragt . Rückschlüsse von Veränderungen innerhalb des Panels auf Veränderungen innerhalb der gesamten Population sind i.a. mit kalkulierbaren Risiken nur dann möglich, wenn gewisse andere Parameter -- z.B. die Quoten wie in Beispiel 1 -- gegeben sind.

Als Ausweg aus der geschilderten Situation bietet sich an, auch die Quoten zu schätzen. Wir gehen davon aus, daß die Erhebung des Merkmals X = "Schichtzugehörigkeit" -- also $X(u) = i$ für $u \in G_i$ -- kein Problem darstellt und schnell und preiswert erfolgen kann. Desgleichen möge G für die Ziehung einfacher Stichproben verfügbar sein, so daß sich die Ziehung einer "langen" einfachen Zufallsstichprobe für die Schätzung von N_i/N anbietet.

Es sei also:

(7.2.1) $G_1,\ldots,G_k$: Schichtung von G, $N_i = \#(G_i) > 0$ für alle i, N_i unbekannt für alle i;

(7.2.2) $\mu_i = E_{P_0}(Y \mid G_i)$; $\mu = \sum_i (N_i/N)\mu_i$.

Ferner sei $\underline{U} = (\underline{U}_1,\ldots,\underline{U}_k)$ eine geschichtete Stichprobe aus G zur Schichtung (7.2.1) (siehe (3.1.6)); es sei

$\hat{\mu}_i = \hat{\mu}_i(\underline{U}_i, Y(u): u \in \underline{U}_i)$ eine auf $\underline{U}_i$ basierende Schätzung von μ_i mit

(7.2.3) $E(\hat{\mu}_i) = \mu_i$, $\operatorname{Var} \hat{\mu}_i = \tau_i^2$ (cf. (3.2.1)).

Ferner liege mit $\hat{\tau}_i^2$ eine auf $\underline{U}_i$ basierende Schätzfunktion für τ_i^2 vor mit

(7.2.4) $E(\hat{\tau}_i^2) = \tau_i^2$.

Für die Schätzung der N_i/N sei nun

(7.2.5) $\underline{U}'$: einfache mZ-Stichprobe aus G mit $\#(\underline{U}') = n'$,
$\underline{U}'$ unabhängig von $\underline{U}$,[1]
$\underline{U}_i'$ wie in (7.1.2) mit $n_i' = \#(\underline{U}_i')$.

Wir betrachten nun n_i'/n' als Schätzer für N_i/N und bedienen uns statt der in (3.2.2) angegebenen Schätzung der Schätzfunktion

(7.2.6) $\hat{\mu}' = \sum_{i=1}^{k} (n_i'/n')\hat{\mu}_i$.

(7.2.7) Satz:

(1) $E(\hat{\mu}') = \mu$;

(2) $\operatorname{Var} \hat{\mu}' = \sum_{i=1}^{k} (N_i/N)^2 \tau_i^2 + \frac{1}{n'} \sum_{i=1}^{k} (N_i/N)(\mu_i - \mu)^2$
$+ \frac{1}{n'} \sum_{i=1}^{k} (N_i/N)[1 - (N_i/N)] \tau_i^2$;[2]

(3) Eine unverzerrte Schätzung für $\operatorname{Var} \hat{\mu}'$ ist

$$\widehat{\operatorname{Var}}\, \hat{\mu}' = \frac{n'}{n'-1} \sum_{i=1}^{k} (n_i'/n')^2 \hat{\tau}_i^2 + \frac{1}{n'-1} \sum_{i=1}^{k} (n_i'/n')(\hat{\mu}_i^2 - \hat{\tau}_i^2) - \frac{1}{n'-1} \hat{\mu}'^2 .$$

1) Wir verzichten hier auf die technisch präzise Notation zur Unabhängigkeit von $\underline{U}$ und $\underline{U}'$. Man vergleiche jedoch hierzu die Erörterungen nach (M.2.6).

2) Man bemerke, daß die erste Summe gleich der Varianz des Schätzers (3.2.2) ist; siehe (3.2.3)(2).

<u>Beweis</u>:

<u>Zu (1)</u>: Aufgrund von (7.2.5) sind n_i' und $\hat{\mu}_i$ voneinander unabhängig. Nach (7.1.7) ist aber $E(n_i'/n') = N_i/N$, nach (7.2.3) ist $E(\hat{\mu}_i) = \mu_i$. Also ist $E(\hat{\mu}_i n_i'/n') = \mu_i N_i/N$; der Rest folgt nun aus (7.2.2).

<u>Zu (2)</u>: Wir schreiben: $\mathrm{Var}\,\hat{\mu}' = \sum_{i=1}^{k} A_i + \sum_{\substack{i,j=1 \\ i \neq j}}^{k} B_{ij}$ mit:

(7.2.8)(1) $A_i = \mathrm{Var}\,((n_i'/n')\hat{\mu}_i)$,

(2) $B_{ij} = \mathrm{Cov}\,((n_i'/n')\hat{\mu}_i\,,\ (n_j'/n')\hat{\mu}_j)$ für $i \neq j$.

Wir zeigen:

(7.2.9)(1) $A_i = (N_i/N)^2\,\tau_i^2 + \frac{1}{n'}(N_i/N)(1-(N_i/N))(\tau_i^2 + \mu_i^2)$;

(2) $B_{ij} = -\frac{1}{n'}(N_i/N)(N_j/N)\,\mu_i\,\mu_j$ für $i \neq j$.

Für die Berechnung von A_i in (7.2.8)(1) beachten wir die Unabhängigkeit von <u>U</u> und <u>U</u>' (7.2.5) und erhalten:

$A_i = E(\hat{\mu}_i^2)E(n_i'^2/n'^2) - \mu_i^2(N_i/N)^2$. Dies ist mit (7.2.3), (7.2.4) und (7.1.7) gleich

$(\mu_i^2 + \tau_i^2)\Big((N_i/N)^2 + \frac{1}{n'}(N_i/N)[1-(N_i/N)]\Big) - \mu_i^2(N_i/N)^2$,

und hieraus folgt sogleich (7.2.9)(1).

Für die Berechnung der B_{ij} aus (7.2.8)(2) ist (7.2.5) ebenso entscheidend wie die Tatsache, daß in einer geschichteten Stichprobe die Teilstichproben $\underline{U}_i$ (und damit die auf ihnen basierenden Schätzer $\hat{\mu}_i$) voneinander unabhängig sind. Wir haben daher:

$B_{ij} = E((\hat{\mu}_i n_i'/n')(\hat{\mu}_j n_j'/n')) - E(\hat{\mu}_i n_i'/n')E(\hat{\mu}_j n_j'/n') =$

$E(\hat{\mu}_i\,\hat{\mu}_j)E(n_i'n_j'/n'^2) - E(\hat{\mu}_i)E(\hat{\mu}_j)E(n_i'/n')E(n_j'/n') =$

$\mu_i\,\mu_j(E(n_i'n_j') - E(n_i')E(n_j'))/n'^2 = \mu_i\,\mu_j(1/n'^2)\mathrm{Cov}\,(n_i',n_j')$.

Offenbar ist der Beweis von (7.2.9)(2) beendet, wenn wir gezeigt haben:

(7.2.10) $\mathrm{Cov}\,(n_i'\,,\,n_j') = -\,n'(N_i/N)(N_j/N)$ für $i \neq j$.

Um (7.2.10) zu beweisen, "identifizieren" wir (7.2.10) mit (4.1.14)(3) (mit n' statt n, N_i/N statt p_i) in folgender Weise. Ziehe eine Klumpenstichprobe (!) aus G mit den G_i als Klumpen durch die Vorschrift: G_j wird an i-ter Stelle genau dann gezogen, wenn $U_i^! \in G_j$ ist, d.h. wenn ein Element aus G_j an i-ter Stelle von $\underline{U}'$ vorkommt. Aus (5.2.6) wissen wir, daß wir auf diese Weise eine mZ-Stichprobe aus $\{G_1,\ldots,G_k\}$ zur Verteilung $\mathbb{P}$ mit $\mathbb{P}(G_i) = N_i/N$ erhalten. Die Stichprobenlänge ist n', die Häufigkeit von G_i in der Stichprobe ist $n_i^!$. Also folgt nun (7.2.10) sofort aus (4.1.14)(3).

Nachdem (7.2.9) bewiesen ist, summieren wir nun über alle A_i und alle B_{ij} $(i \neq j)$ und erhalten nach elementaren Umformungen die Behauptung (2), wobei wir insbesondere benutzen

$$-\sum_{\substack{i,j\\ i\neq j}} c_i c_j = -\sum_{i,j} c_i c_j + \sum_i c_i^2 = -\left(\sum_i c_i\right)^2 + \sum_i c_i^2$$

mit $c_i = \mu_i N_i/N$; ferner ist $\sum_i (N_i/N)\mu_i^2 - \mu^2 =$

$\sum_i (N_i/N)(\mu_i - \mu)^2$.

<u>Zu (3)</u>: Aus (7.2.5), (7.1.7) und (7.2.4) folgern wir:

$$(7.2.11)\quad E(\hat{\tau}_i^2\, n_i^{!2}/n'^2) = \tau_i^2\left((N_i/N)^2 + \frac{1}{n'}(N_i/N)\left(1-\frac{N_i}{N}\right)\right).$$

Beachtet man zusätzlich (7.2.3), so folgt

$$(7.2.12)\quad E((n_i^!/n')(\hat{\mu}_i^2 - \hat{\tau}_i^2)) = \frac{N_i}{N}(\mu_i^2 + \tau_i^2 - \tau_i^2) = \mu_i^2 N_i/N.$$

Ferner folgt aus (7.2.7)(1)

$$(7.2.13)\quad E(\hat{\mu}'^2) = \mu^2 + \operatorname{Var}\hat{\mu}' \quad \text{mit } (7.2.7)(2).$$

Bildet man nun in Var $\hat{\mu}'$ aus (7.2.7)(3) den Erwartungswert und setzt man nun für jeden Term die entsprechenden Ausdrücke (7.2.11), (7.2.12), (7.2.13) ein, so erhält man unter Verwendung von (7.2.7)(2) die Behauptung (3) nach einigen elementaren Umformungen.

Es mag instruktiv sein, Var $\hat{\mu}'$ aus (7.2.7)(2) auf die beiden folgenden Arten zu schreiben, wobei wir die Notation $\hat{\mu}$ für den Schätzer (3.2.2) bei bekannten Quoten, $\sigma^2_{extern} = \sum_i (N_i/N)(\mu_i - \mu)^2$ in der Zerlegung (3.1.5) und V^2 für den positiven Ausdruck $\sum_i (N_i/N)(1-(N_i/N))\tau_i^2$ benutzen:

(7.2.14)(1) $\mathrm{Var}\,\hat{\mu}' = \mathrm{Var}\,\hat{\mu} + O(1/n')$;

(2) $\mathrm{Var}\,\hat{\mu}' = \mathrm{Var}\,\hat{\mu} + (1/n')\sigma^2_{extern} + (1/n')V^2$.

Aus (7.2.14)(1) ersieht man, daß die durch die Schätzung der Quoten bedingte Zunahme der Varianz (nur) von der Ordnung $O(1/n')$ ist. Bei "hinreichend" großem n' kann man $O(1/n')$ vernachlässigen. In (7.2.14)(2) findet man (leider !) auch die externe Varianz als Bestandteil von Var $\hat{\mu}'$. Sind die Schichten G_i "sehr homogen", so werden die internen Varianzen klein sein (darauf beruht ja der eigentliche Vorteil der geschichteten Stichprobe; siehe (3.2.9)(2)); die externe Varianz σ^2_{extern} wird also relativ groß sein! (Siehe auch die Bemerkungen im Anschluß an (3.3.8).) Betrachtet man in (7.2.14)(2) in $\hat{\mu}$ eine "proportionale Allokation" (3.3.1) (die an sich ja nicht möglich ist, da die N_i/N unbekannt sind!), so erhält man für einfache geschichtete mZ-Stichproben $\underline{U}$ (siehe auch (3.2.4)) mit Hilfe von (3.2.5) und (3.3.8):

$$\mathrm{Var}\,\hat{\mu}' = \mathrm{Var}_{P_o}\,\overline{Y} - \left(\frac{1}{n} - \frac{1}{n'}\right)\sigma^2_{extern} + (1/n')V^2 \quad ,$$

wobei $\overline{Y}$ das arithmetische Mittel aus einer einfachen ((!); siehe P_o (2.1.2)) mZ-Stichprobe ist. Wir sehen: wenn nicht n' deutlich größer als n ist (und damit $-(1/n - 1/n')$ deutlich negativ ist), ist (bei proportionaler Allokation) die Schätzung aus einer geschichteten Stichprobe mit unbekannten Quoten schlechter als die Schätzung aus einer einfachen Stichprobe derselben Länge.

7.3 DOPPELSTICHPROBEN FÜR SCHÄTZUNGEN MIT HILFE VON VORKENNTNISSEN.

Um eine der in Kapitel 6 behandelten Schätzfunktionen $\hat{\mu}_Y$ anwenden zu können, benötigt man die Kenntnis des Mittelwertes einer "Hilfsvariablen" X. In vielen praktischen Anwendungen ist dieser Mittelwert μ_X jedoch unbekannt. Dennoch kann man die in Kapitel 6 beschriebenen Schätzverfahren zu nutzen versuchen, indem man zunächst durch eine "lange" Vorstichprobe/Zusatzstichprobe $\underline{U}'$ den Hilfsparameter μ_X schätzt, bevor man dann auf der eigentlichen "kurzen" Stichprobe $\underline{U}$ das Untersuchungsmerkmal Y zusammen mit der Hilfsvariablen X erhebt. Freilich ist dieses Vorgehen nur dann sinnvoll, wenn die Kosten für die Erhebung von X auf $\underline{U}'$ und für die Ziehung von $\underline{U}'$ vergleichsweise gering sind.

(7.3.1) <u>Definition</u>:
Es seien

(7.3.2) $\underline{U}' = (U_1', \ldots, U_{n'}')$, $\underline{U} = (U_1, \ldots, U_n)$

einfache mZ-Stichproben aus G, die voneinander unabhängig sind.

Neben den in (6.0.7) eigeführten, auf $\underline{U}$ definierten Statistiken setzen wir

(7.3.3) $\bar{X}' = (1/n') \sum_i X(U_i')$, $\hat{\mu}_X = \frac{1}{n+n'} (n\bar{X} + n'\bar{X}')$.

Sodann definieren wir <u>Differenzenschätzer</u> (7.3.4)(1), <u>Regressionsschätzer</u> (7.3.4)(2), (<u>verzerrter</u>) <u>Verhältnisschätzer</u> (7.3.4)(3) <u>aus einer Doppelstichprobe</u> in der folgenden Weise:

(7.3.4)(1) $\hat{\hat{\mu}}_Y(b) = \bar{Y} - b(\bar{X} - \hat{\mu}_X)$ (siehe (6.1.1));

(2) $\hat{\hat{\mu}}_Y(\hat{b}_o) = \bar{Y} - \hat{b}_o(\bar{X} - \hat{\mu}_X)$ (cf. (6.2.1), (6.2.2));

(3) $\hat{\hat{\mu}}_Y(\hat{v}) = \hat{v}\,\hat{\mu}_X$ (siehe (6.3.2), (6.3.3)).

(7.3.5) <u>Bemerkung</u>: Aufgrund kombinatorischer Überlegungen macht man sich leicht klar, daß man statt (7.3.2) auch das folgende Verfahren unterlegen könnte: es sei $\underline{U}''$ eine einfache mZ-Stichprobe aus G der Länge $n'' = n+n'$; sodann ziehe man aus den $n+n'$ verschiedenen Subskripten $1,\ldots,n+n'$ eine einfache oZ-Stichprobe der Länge n, die eine Stichprobe $\underline{U}$ aus $\underline{U}''$ der Länge n konstituiert.

Die vorangegangene Bemerkung ist hilfreich, wenn man nun das jeweilige Analogon zu den in 6.4 behandelten unverzerrten Verhältnis-Schätzern betrachtet.

(7.3.6) <u>Definition</u>:

Es sei (7.3.2) gegeben. Dann heißt

$$\hat{\hat{\mu}}_{Y,HR} = \bar{Z}\hat{\mu}_X + \frac{n}{n-1}(\bar{Y} - \bar{Z}\bar{X}) \quad (Z = Y/X)$$

(mit (6.4.2), (6.4.6), (6.4.4) und (7.3.3)) der <u>Hartley-Ross-Verhältnisschätzer aus einer Doppelstichprobe</u>.

Es sei $\underline{U}''$ eine einfache mZ-Stichprobe der Länge $n+n' = n''$ aus G; es sei $\underline{U}$ eine oZ-Stichprobe der Länge n aus $\underline{U}''$, die mit Hilfe eines Lahiri-Midzuno-Stichprobenplans (siehe (6.4.15)) P''_{LM} gezogen wurde; die Konvention gelte, daß die Komponenten von $\underline{U}''$ wie verschiedene Elemente einer (angeordneten) Menge behandelt werden (siehe auch (3.6.11)!). Dann heißt

$\hat{\hat{\mu}}_Y(\hat{v})$ aus (7.3.4)(3)

ein <u>Lahiri-Midzuno-Verhältnisschätzer aus einer Doppelstichprobe</u>.

Bei der Untersuchung von Erwartungswert und Varianz der in (7.3.1) und (7.3.6) angegebenen Schätzer läßt sich (erwartungsgemäß) der Schätzer (7.3.4)(1) am leichtesten handhaben. Bei den übrigen Schätzern müssen wir uns mit der Berechnung des Erwartungswertes begnügen, um den hier gesteckten Rahmen nicht ungebührlich zu überschreiten.

(7.3.7) Satz:

(1) $E(\hat{\hat{\mu}}_Y(b)) = \mu_Y$ mit $\hat{\hat{\mu}}_Y(b)$ aus (7.3.4)(1);

(2) $\mathrm{Var}\ \hat{\hat{\mu}}_Y(b) = \frac{1}{n}(\sigma_Y^2 + b^2 \frac{n'}{n+n'}\sigma_X^2 - 2b\frac{n'}{n+n'}\sigma_{XY})$;

(3) Mit $b = b_o$ aus (6.1.11) erhält man

$\mathrm{Var}\ \hat{\hat{\mu}}_Y(b_o) = \frac{1}{n}\sigma_Y^2(1 - \frac{n'}{n+n'}\rho_{XY}^2)$;

(4) Eine unverzerrte Schätzung für $\mathrm{Var}\ \hat{\hat{\mu}}_Y(b)$ ist

$\widehat{\mathrm{Var}}\ \hat{\hat{\mu}}_Y(b) = \frac{1}{n}(S_Y^{*2} + b^2\frac{n'}{n+n'}S_X^{*2} - 2b\frac{n'}{n+n'}S_{XY}^*)$.

Beweis:

Zu (1): Eine leichte Rechnung zeigt

(7.3.8) $\bar{X} - \hat{\mu}_X = \frac{n'}{n+n'}(\bar{X} - \bar{X}')$.

Also ist $E(\hat{\hat{\mu}}_Y(b)) = E(\bar{Y}) - \frac{n'}{n+n'}b\,E(\bar{X} - \bar{X}') = E(\bar{Y}) = \mu_Y$, da wegen (7.3.2) $E(\bar{X}) = E(\bar{X}') = \mu_X$ ist.

Zu (2): Mit Hilfe von (7.3.8) finden wir:

$\mathrm{Var}\ \hat{\hat{\mu}}_Y(b) = \mathrm{Var}\ \bar{Y} + (\frac{n'}{n+n'})^2 b^2\,\mathrm{Var}(\bar{X} - \bar{X}') - 2\frac{n'}{n+n'}b\,\sigma_{\bar{X}-\bar{X}',\bar{Y}}$.

Wegen (7.3.2) ist $\mathrm{Var}(\bar{X} - \bar{X}') = (1/n + 1/n')\sigma_X^2$, und und die Kovarianz zwischen $\bar{X}'$ und $\bar{Y}$ ist 0, so daß sich $\sigma_{\bar{X}-\bar{X}',\bar{Y}} = \sigma_{\bar{X},\bar{Y}} = (1/n)\sigma_{X,Y}$ (mit (6.1.5)) ergibt. Beachtet man nun noch, daß $(1/n) + (1/n') = \frac{n'+n}{nn'}$ ist, so erhält man leicht die Behauptung (2).

Zu (3): Man benutze (2) mit $b = b_o = \sigma_{XY}/\sigma_X^2$ und nutze ferner $b_o^2\sigma_X^2 - 2b_o\sigma_{XY} = -\sigma_{XY}^2/\sigma_X^2 = -\sigma_Y^2\rho_{XY}^2$.

Zu (4): Mit offensichtlichen Modifikationen kann der Beweis von (6.1.4)(3) wörtlich übernommen werden.

Bei den Untersuchungen der Schätzer (7.3.4)(2),(3) und der Hartley-Ross Schätzung aus (7.3.6) können wir nur asymptotische Aussagen für $n \to \infty$ machen (dies war bereits in (6.2.5), (6.3.5), (6.4.5) der Fall). Dabei wollen wir stets von der Annahme $n' > n$ ausgehen, so daß wir erhalten:

(7.3.9) die Folge $\{a_n: n=1,2,...\}$ mit $a_n = \frac{n'}{n+n'}$ ist von der Ordnung O(1); d.h. (a_n) ist zwar eine beschränkte Folge, jedoch keine Null-Folge.

(7.3.10) Satz:

(1) $E(\hat{\hat{\mu}}_Y(\hat{b}_o)) = \mu_Y + O(1/n)$ (mit (7.3.4)(2));

(2) $E(\hat{\hat{\mu}}_Y(\hat{v})) = \mu_Y + O(1/n)$.

Beweis:

Zu (1): Unter Benutzung von (7.3.8) in (7.3.4)(2) ergibt sich: $E(\hat{\hat{\mu}}_Y(\hat{b}_o)) = E(\bar{Y}) - \frac{n'}{n+n'}(E(\hat{b}_o\bar{X}) - E(\hat{b}_o\bar{X}'))$. Wegen (7.3.2) ist jedoch $E(\hat{b}_o\bar{X}') = E(\hat{b}_o)E(\bar{X}') = E(\hat{b}_o)\mu_X$, so daß wir erhalten: $E(\hat{\hat{\mu}}_Y(\hat{b}_o)) = \mu_Y - \frac{n'}{n+n'}E(\hat{b}_o(\bar{X} - \mu_X))$. Nun entnimmt man aber aus (6.2.5)(1) (mit (6.2.2)), daß $E(\hat{b}_o(\bar{X} - \mu_X)) = O(1/n)$ ist. Zusammen mit (7.3.9) folgt hieraus die Behauptung.

Zu (2): Unter den Voraussetzungen von Abschnitt 6.3, die implizit auch hier unterstellt sind, ist $P(\bar{X} = 0) = O(1/n^{\infty})$. Terme dieser Ordnung unterdrücken wir im folgenden, da sie ohnehin durch andere Terme dominiert werden. Für den Beweis kann nun $\bar{X} \neq 0$ unterstellt werden. Es ist (mit (7.3.3)) $E(\hat{\hat{\mu}}_Y(\hat{v})) = \frac{n}{n+n'}E(\hat{v}\,\bar{X}) + \frac{n'}{n+n'}E(\hat{v}\,\bar{X}') = \frac{n}{n+n'}E(\bar{Y}) + \frac{n'}{n+n'}E(\hat{v})\,\mu_X$, wobei wir neben (6.3.2) auch noch (7.3.2) benutzt haben. Mit (6.3.3) und (6.3.5)(1) folgt weiter: $E(\hat{\hat{\mu}}_Y(\hat{v})) = \frac{n}{n+n'}\mu_Y + \frac{n'}{n+n'}(\mu_Y + O(1/n))$, und hieraus folgt die Behauptung.

(7.3.11) Satz:

(1) Für den in (7.3.6) angegebenen Hartley-Ross Schätzer gilt (mit $Z = Y/X$):
$E(\hat{\hat{\mu}}_{Y,HR}) = \mu_Y + \frac{1}{n+n'}\sigma_{ZX} = \mu_Y + O(1/n')$;

(2) für den in (7.3.6) angegebenen Lahiri-Midzuno Schätzer (mit Stichprobenplan P''_{LM} auf $\underline{U}''$) gilt:

$$E(\hat{\hat{\mu}}_Y(\hat{v})) = \mu_Y .$$

Beweis:

Zu (1): Mit (6.4.9) und (6.1.6) ist zunächst $E(\hat{\hat{\mu}}_{Y,HR}) = E(\bar{Z}\,\hat{\mu}_X) + \sigma_{ZX}$. Mit (7.3.3) und (7.3.2) ist dies weiter gleich $\frac{n}{n+n'}E(\bar{Z}\,\bar{X}) + \frac{n'}{n+n'}\mu_Z\,\mu_X + \sigma_{ZX}$.

Setzt man gemäß (6.4.9) $\bar{Y} - S_{ZX}$ für $\overline{ZX}$ ein und beachtet man abermals Lemma (6.1.6), so erhält man: $E(\hat{\hat{\mu}}_{Y,HR}) =$

$$\frac{n}{n+n'}\left(\mu_Y - \frac{n-1}{n}\sigma_{ZX}\right) + \frac{n'}{n+n'}\mu_Z\mu_X + \sigma_{ZX} =$$

$$\mu_Y - \frac{n'}{n+n'}\mu_Y - \frac{n-1}{n+n'}\sigma_{ZX} + \frac{n'}{n+n'}\mu_Z\mu_X + \frac{n+n'}{n+n'}\sigma_{ZX} =$$

$$\mu_Y - \frac{n'}{n+n'}(E(ZX) - \mu_Z\mu_X) + \frac{n'+1}{n+n'}\sigma_{ZX} \quad (\text{mit } Y = ZX).$$

Da $E(ZX) - \mu_Z\mu_X = \sigma_{ZX}$ ist, folgt hieraus sogleich die Behauptung.

Zu (2): Mit (M.2.5) erhalten wir: $E(\hat{\hat{\mu}}_Y(\hat{v})) = E(E(\hat{\hat{\mu}}_Y(\hat{v}) \mid \underline{U}''))$. Nach (6.4.16) -- mit offensichtlichen Modifikationen -- ist $E(\hat{\hat{\mu}}_Y(\hat{v}) \mid \underline{U}'') = \bar{Y}''$ (= arithmetisches Mittel von Y auf $\underline{U}''$) mit $E = E_{P''_{LM}}$. Da jedoch nach (2.1.5) mit (2.1.4) $E(\bar{Y}'') = \mu_Y$ gilt, folgt die Behauptung sofort.

(Für die Berechnung der Varianzen: siehe RAJ (1968), Abschnitte 7.5, 7.6, 7.7.)

7.4 ZUFALLS-STICHPROBEN ZU ALLGEMEINEN VERTEILUNGEN MIT HILFE VON DOPPELSTICHPROBEN.

Die in Kapitel 4 beschriebene Ziehung von Stichproben zu einer Verteilung P auf G erfordert natürlich die Kenntnis dieser Verteilung, also die Kenntnis der $p_j = P(u_j)$. In der Praxis wird oft $P = P^X$ aus (4.2.2) wünschenswert sein, wobei X eine die "Größe"/"Bedeutung" der Elemente von G "messende" Hilfsvariable ist. Ähnlich wie in 7.3 wird man X nicht von vornherein kennen; man wird jedoch oft X vergleichsweise schnell, mühelos, preiswert auf einer "langen" Vorstichprobe/Zusatzstichprobe ermitteln können. (Beispiel: G = Gesamtheit der landwirtschaftlichen Betriebe, Y = im Durchschnitt pro Arbeitskraft erzieltes Jahreseinkommen, X = Größe in Hektar.)

Im folgenden sei stets

(7.4.1) $\underline{U}'' = (U''_1, \ldots, U''_{n''})$: einfache oZ-Stichprobe aus G;

ferner sei P eine W-Verteilung auf G. P "induziert" auf $\underline{U}''$ eine W-Verteilung P" in folgender Weise:

(7.4.2) $P''_i = P(U''_i) / \sum_{j=1}^{n''} P(U''_j)$ für $i = 1, \ldots, n''$.

Bemerkung: Eigentlich ist P''_i für jedes i eine auf $\underline{U}''$ definierte Variable: $P(U''_i)$ hat den Wert P(u) genau dann, wenn $U''_i = u$ ist (mit $u \in G$).

Ein Spezialfall von (7.4.2) ist die durch P^X (4.2.2) induzierte Verteilung:

(7.4.3) $P''^X_i = X''_i / \sum_j X''_j$ mit $X''_j = X(U''_j)$, $j = 1, \ldots, n''$.

(7.4.4) Definition:

Es sei P eine Verteilung auf G, $\underline{U}''$ wie in (7.4.1), P" durch (7.4.2) definiert. Es sei $\underline{U} = (U_1, \ldots, U_n)$ (mit $n < n''$) eine gemäß (4.1.2) erklärte mZ-Stichprobe zur Verteilung P" aus $\underline{U}''$. Dann heißt $\underline{U}$ eine mZ-Doppelstichprobe zur Verteilung P (aus G).

Im folgenden sei $\underline{U}$ eine mZ-Doppelstichprobe aus G zur Verteilung P der Länge n ($n < n''$). Setze dann

(7.4.5) $Y_i = Y(U_i)$, $P_i = P''(U_i)$ (i.e. $P_i = P''_j$ für $U_i = U''_j$),

(7.4.6) $\hat{\hat{\mu}}_P = \frac{1}{n} \sum_{i=1}^{n} Y_i / (n'' P_i)$.

(7.4.7) Satz:

(1) $E(\hat{\hat{\mu}}_P) = \mu_Y$;

(2) $\text{Var}\ \hat{\hat{\mu}}_P = \frac{N}{N-1}\frac{n''-1}{n''}\frac{1}{n}\sum_{j=1}^{N} p_j\left(\frac{y_j}{Np_j} - \mu\right)^2 + \left(1-\frac{n''}{N}\right)\sigma_Y^{*2}/n''$

$= \frac{N}{N-1}\frac{n''-1}{n''}\ \text{Var}\ \hat{\mu}_P + \left(1-\frac{n''}{N}\right)\sigma_Y^{*2}/n''$

mit $\hat{\mu}_P$ aus (4.1.5);

(3) Eine unverzerrte Schätzfunktion für Var $\hat{\hat{\mu}}_P$ ist

$$\widehat{\text{Var}}\ \hat{\hat{\mu}}_P = \frac{1}{n-1} S^2_{Y/(n''P)} + \left(1-\frac{n''}{N}\right)\frac{1}{n''-1}\frac{1}{n}\left[\frac{1}{n''}\sum_{i=1}^{n}\frac{Y_i^2}{P_i} - \frac{1}{n-1}\frac{1}{n''^2}\sum_{\substack{i,j\\ i\neq j}}\frac{Y_iY_j}{P_iP_j}\right]$$

mit $S^2_{Y/(n''P)} = \frac{1}{n}\sum_i\left(Y_i/(n''P_i) - \hat{\hat{\mu}}_P\right)^2$.

Beweis:

Zu (1): Aufgrund von (4.1.6)(1) wissen wir: $E(\hat{\hat{\mu}}_P \mid \underline{U}'') = \bar{Y}'' = (1/n'')\sum_{j=1}^{n''} Y(U_j'')$. Wegen (7.4.1) ist $E(\bar{Y}'') = \mu_Y$; die Behauptung folgt, wenn man (M.2.5) beachtet.

Zu (2): Aus (4.1.6)(2) folgern wir: $\text{Var}\ (\hat{\hat{\mu}}_P \mid \underline{U}'') = \frac{1}{n}\sum_{j=1}^{n''} P_j''\left((Y(U_j'')/(n''P_j'') - \bar{Y}''\right)^2$. Dieser Ausdruck ist nach (4.1.6)(3) auch gleich

$$Z'' = \frac{1}{n\,n''^2}\sum_{\substack{i,j=1\\ i<j}}^{n''} Z_{ij} \qquad \text{mit } Z_{ij}=P_i''P_j''\left[\frac{Y(U_i'')}{P_i''} - \frac{Y(U_j'')}{P_j''}\right]^2.$$

Aus (2.2.5)(1) und (7.4.1) folgern wir: alle Z_{ij} haben denselben Erwartungswert, nämlich

$$E_o = \frac{1}{N}\frac{1}{N-1}\sum_{\substack{r,s=1\\ r\neq s}}^{N}(y_r/p_r - y_s/p_s)^2 p_r p_s$$

wobei wir natürlich $p_r=P(u_r)$ und $y_r=Y(u_r)$ und (1.2.1) haben. Nun ist nach (M.3.5)

$$\text{Var}\ \hat{\hat{\mu}}_P = E(Z'') + \text{Var}\ \bar{Y}'' .$$

Die Behauptung (2) folgt hieraus, wenn wir beachten, daß nach (2.2.4)(2) gilt $\text{Var}\ \bar{Y}'' = (1 - n''/N)\sigma_Y^{*2}/n''$ und daß $E(Z'') = (1/nn''^2)\,\frac{1}{2}\,n''(n''-1)\,E_o$ ist.

<u>Zu (3)</u>: Nach (4.1.12) ist $E(\frac{1}{n-1}s^2_{Y/n''P} \mid \underline{U}'') =$ $Var(\hat{\hat{\mu}}_P \mid \underline{U}'')$; also ist nach (M.2.5): $E(\frac{1}{n-1}s^2_{Y/n''P}) =$ $E(Var(\hat{\hat{\mu}}_P \mid \underline{U}''))$. Wie man dem Beweis zu (2) entnimmt, ist dieser Erwartungswert gleich E(Z"), und dies ist ja gleich dem ersten Summanden in (7.4.7)(2). Es bleibt zu zeigen: der zweite Summand in (7.4.7)(3) ist eine unverzerrte Schätzung für den zweiten Summanden in (7.4.7)(2). Da alle Y_i/P_i dieselbe Verteilung haben, ist offenbar

E(zweiter Summand in (3)) =

$$(1 - \frac{n''}{N})\frac{1}{n''-1}\frac{1}{n''}\left[E(Y_1^2/P_1) - \frac{1}{n''}E((Y_1/P_1)(Y_2/P_2))\right].$$

Da weiter $\underline{U}$ eine <u>mZ</u>-Stichprobe aus $\underline{U}''$ ist, Y_1/P_1 und Y_2/P_2 also unabhängig sind, ist (mit $E = E_{P''}$, (7.4.2))

E(zweiter Summand in (3) | $\underline{U}''$) =

$$(1-\frac{n''}{N})\frac{1}{n''-1}\frac{1}{n''}\left[\sum_j Y^2(U''_j) - \frac{1}{n''}\sum_{i,j} Y(U''_i)\,Y(U''_j)\right] =$$

$$(1 - \frac{n''}{N})\frac{1}{n''-1}\,s''^2_Y \quad \text{mit} \quad s''^2_Y = \frac{1}{n''}\sum_{j=1}^{n''}(Y(U''_j) - \bar{Y}'')^2 .$$

Mit (M.2.5) erhalten wir nun: E(zweiter Summand in (3)) = $(1 - n''/N)\frac{1}{n''-1}E(s''^2_Y)$. Dies ist nach (2.2.4)(3) mit (2.2.3) gleich Var $\bar{Y}''$ (wegen (7.4.1)). Wie bereits in (2) bemerkt wurde, ist aber Var $\bar{Y}''$ gleich dem zweiten Summanden in (2), nämlich $(1 - n''/N)\sigma^{*2}_Y/n''$.

Analog zu einer mZ-Stichprobe $\underline{U}$ aus $\underline{U}''$ kann man natürlich auch $\underline{U}$ als oZ-Stichprobe zur Verteilung P" aus $\underline{U}''$ wählen (siehe hierzu die Abschnitte 4.3 und 4.4). Statt einer mZ-Doppelstichprobe (7.4.4) hat man dann eine <u>oZ-Doppelstichprobe zur Verteilung</u> P.

7.5 DIE BEHANDLUNG DER ANTWORT-VERWEIGERER.

(Non Respondents)

Jeder Praktiker kennt das Problem, daß einige Elemente der Stichprobe die Antwort über ihren Y-Wert "verweigern" -- sehr oft in "latenter" Weise dadurch, daß sie Fragebögen nicht beantworten und zurückschicken. Wir wollen unterstellen, daß diese Antwort-Verweigerung nicht "total" ist; es soll möglich sein, durch zusätzlichen Aufwand (wie Hausbesuche, finanzielle Anreize etc...) doch das Untersuchungsmerkmal Y zu erheben -- selbst wenn bei "normalem" Aufwand die Antwort verweigert wurde. Allerdings wird man nun versuchen, wegen des "großen" Aufwandes mit "wenigen" Erhebungen bei Antwort-Verweigerern auszukommen. Wir präzisieren diese Überlegungen im folgenden für den Fall, daß eine einfache mZ-Stichprobe gezogen wurde.

Es sei nach wie vor G die zugrunde liegende Population,

(7.5.1) $G_1 = \{ u: u \in G, \text{ u ist bereit zu antworten} \}$,

$G_2 = \{ u: u \in G, \text{ u ist nur bei "zusätzlichem Aufwand" bereit zu antworten} \}$,

$N_i = \#(G_i), \; N_i > 0, \; N_1 + N_2 = N = \#(G)$.

Ferner sei

(7.5.2) $\underline{U}' = (U_1', \ldots, U_{n'}')$ eine einfache mZ-Stichprobe aus G,

$\underline{U}_i' = \underline{U}' \cap G_i$ (i=1,2) wie in (7.1.2), $n_i' = \#(\underline{U}_i')$.

Nach wie vor ist die Aufgabe, $\mu_Y = \mu = \mu_1 N_1/N + \mu_2 N_2/N$ zu schätzen, wobei $\mu_i = E(Y \mid G_i)$ ist. Dazu betrachte man die in (7.1.12) definierten Größen $\hat{\mu}_i'$. Für i = 1 erhält man $\hat{\mu}_i'$ aus $\underline{U}'$; für i = 2 ziehe man eine einfache oZ-Stichprobe $\underline{U}_2$ der Länge n_2 aus $\underline{U}_2'$, wobei n_2 die Bedingung (7.1.3) erfülle. Sodann erkläre man $\hat{\mu}_2$

gemäß (7.1.10). Setze nun

(7.5.3) $\hat{\mu}^{\wedge} = (n_1'/n')\hat{\mu}_1' + (n_2'/n')\hat{\mu}_2$,

wobei wegen des "zusätzlichen Aufwandes" auf $\underline{U}_2$ nun auch $\hat{\mu}_2$ und damit $\hat{\mu}^{\wedge}$ bekannt ist.

(7.5.4) Bemerkung: Offenbar ist $(\underline{U}_1', \underline{U}_2)$ eine geschichtete Doppelstichprobe im Sinne von (7.1.3) mit dem Spezialfall $n_1' = n_1$, $k = 2$. (7.5.3) enthält also die zweite in (7.1.6) angegebene Schätzfunktion. Die erste Schätzfunktion aus (7.1.6) zu betrachten scheint nicht sinnvoll, solange der Anteil N_2/N der "Verweigerer" als unbekannt angesehen werden muß.

(7.5.5) Satz:

$$E(\hat{\mu}^{\wedge}) = \mu; \quad \mathrm{Var}\,\hat{\mu}^{\wedge} = \frac{\sigma^2}{n'} + E\left(\frac{n_2'}{n_2}(n_2' - n_2)\right)\sigma_2^2/n'^2 + O(1/n'^{\infty}).$$

Beweis:

Bemerkung (7.5.4) und (7.1.14)(2), (7.1.15)(2).

Sollten die Anteile N_1/N und N_2/N bekannt sein, ist durch $\hat{\mu} = (N_1/N)\hat{\mu}_1' + (N_2/N)\hat{\mu}_2$ eine asymptotisch unverzerrte Schätzung von μ möglich, wobei nach (7.1.14) (1) die Verzerrung von der Ordnung $O(1/n'^{\infty})$ ist.

7.6 ÜBERHÖHTE GRUNDGESAMTHEIT.

Häufig ist man bei Anwendungen von Stichprobenverfahren in der Situation, daß die "gewünschte" Population G, aus der die Stichprobe zu ziehen wäre, nicht "verfügbar" ist; gleichzeitig jedoch ist eine andere Population G', die G als Teilmenge enthält, für eine Stichprobenziehung verfügbar. Als Beispiel könnte man anführen

G = Menge der Wähler einer bestimmten Partei,

G' = Menge der Wahlberechtigten, die ja im "Wählerverzeichnis" verfügbar sind.

Man nennt in solchen Fällen G' eine <u>überhöhte Grundgesamtheit</u> (oder auch Stichproben-Population; "sampling population"); G heißt die eigentliche <u>Ziel-Population</u> ("target population"). Wir präzisieren die Problemlage wie folgt:

(7.6.1) <u>Definition</u>:

Es seien G, G' zwei Populationen mit $G \subseteq G'$. Es sei $\underline{U}'$ eine einfache mZ-Stichprobe aus G' der Länge n'. Ferner sei $\underline{U} = \underline{U}' \cap G$ (im Sinne von (7.1.2)) mit $n = \#(\underline{U})$. Dann heißt $\underline{U}$ eine aus der <u>überhöhten Grundgesamtheit</u> G' <u>gezogene einfache mZ-Stichprobe aus</u> G der Länge n.

(7.6.2) <u>Satz</u>:

Es sei $\underline{U}$ wie in (7.6.1). Analog zu (7.1.12) sei

$$\hat{\mu} = \begin{cases} (1/n) \sum_{u \in \underline{U}} Y(u) & \text{mit } n = \#(\underline{U}) \text{ und } n > 0, \\ 0 & \text{für } n = 0. \end{cases} \quad \text{(Beachte (3.6.11).)}$$

Dann gilt:

$E(\hat{\mu}) = \mu + O(1/n'^{\infty})$ (mit $\mu = \mu_Y$).

<u>Beweis</u>:

Siehe (3.5.11).

<u>Anmerkung</u>: Man kann $\underline{U}$ auch als geschichtete Doppelstichprobe auffassen im Sinne von (7.1.1), wenn man setzt: $G_1' = G$, $G_2' = G' - G$, $n_1 = n_1'$, $n_2 = 0$ (wobei für n_2 die Konvention (7.1.3) dann verletzt ist). Aus Lemma (7.1.11)(1) können wir nun (7.6.2) folgern.

(7.6.3) <u>Satz</u>:

$\mathrm{Var}\,\hat{\mu} = (N'/N)\sigma^2/n' + O(n'^{-2})$ mit $N' = \#(G')$.

<u>Beweis</u>:

Folgt aus (3.5.14), (3.5.17) und (M.3.3), (M.4.1).

7.7 DOPPEL-STICHPROBEN ZUR SCHÄTZUNG OPTIMALER STICHPROBENLÄNGEN.

Bevor man eine Stichprobe mit fester Länge n (nach einem bestimmten Stichprobenplan $P_{(n)}$) zieht, hat man eben diese Länge n festzulegen. Natürlich kann man dies gleichsam "willkürlich" tun -- aufgrund von "externen" Überlegungen, die z.B. durch ein vorgegebenes Budget diktiert werden; man kann jedoch auch "systematische" Überlegungen zur Wahl von n anstellen -- ähnlich, wie dies bereits in Kapitel 3 z.T. geschehen ist.

Das folgende 8. Kapitel bietet eine systematische Theorie zur Bestimmung der Stichprobenlänge n an. Ausgehend von der Vorstellung einer "Präferenzstruktur", die Kosten (für die Stichprobenziehung/-Erhebung) und Risiko (einer Fehlschätzung, gegeben durch die Varianz der betrachteten Schätzfunktion) zueinander in Beziehung setzt und bewertet, wird die Idee einer "optimalen" Stichprobenlänge n^* begründet. (Siehe (8.2.3), (8.3.3).)

Bei der Herleitung von

(7.7.1) n^* = optimale Stichprobenlänge
bei gegebener Präferenzstruktur und
gegebenem Stichprobenverfahren (zur Präzisierung: siehe Kapitel 8)

zeigt sich nun -- wie man z.B. den Berechnungen in 8.4 entnimmt --, daß n^* von Parametern abhängt, die in vielen realistischen Situationen als unbekannt unterstellt werden müssen. (Solche Parameter sind die Varianz von Erhebungsmerkmal, von Hilfsvariablen; Kovarianzen etc...) Ein auf COX (1952) zurückgehender Vorschlag besteht nun darin, diese für die Bestimmung von n^* benötigten unbekannten Parameter aus einer "kleinen" "Vor-Stichprobe" zu ermitteln, alsdann n^*

zu schätzen durch eine geeignete Schätzfunktion $\hat{n}^*$, um schließlich die eigentliche Hauptstichprobe der Länge $\hat{n}^*$ zu ziehen. Wir wollen in diesem Abschnitt darlegen, welche Konsequnzen aus diesem Verfahren für Schätzer $\hat{\mu}$ erwachsen.

Wir behandeln vorerst -- und ausführlich -- das Problem der Mittelwertschätzung mit Hilfe einer einfachen mZ-Stichprobe (siehe 2.1). Mit (2.1.4) und (2.1.5)(2) ist

(7.7.2)(1) $\hat{\mu}_Y = \bar{Y}$;

(2) $\mathrm{Var}\, \hat{\mu}_Y = \sigma^2/n$.

Legt man in (7.7.1) eine Präferenzstruktur zugrunde, die verlangt, daß zwar die Kosten (und also n) zu minimieren sind, die Varianz von $\hat{\mu}_Y$ gleichwohl ein vorgegebenes Risikoniveau a nicht überschreiten darf, so erhält man mit (7.7.2)(2):

(7.7.3) $n^* =$ minimal; Nebenbedingung: $\sigma^2/n^* \leq a$.

Anmerkung: Aus notationeller und technischer Bequemlichkeit vernachlässigen wir, daß n^* -- und ebenso $\hat{n}^*$ -- eine natürliche Zahl ist. Die Modifikationen, die ohne diese Nachlässigkeit nötig sind, dürften offensichtlich sein.

Nach dieser Anmerkung läßt sich n^* sofort aus (7.7.3) herleiten:

(7.7.4) $n^* = \sigma^2/a$ (a = gegebene Konstante).

Es sei σ^2 unbekannt. Dann sei

(7.7.5)(1) n' eine willkürlich gewählte natürliche Zahl > 0

(2) $\underline{U}' = (U_1', \ldots, U_{n'}')$ eine einfache mZ-Stichprobe,

(3) $Y_i' = Y(U_i')$ für $i = 1, \ldots, n'$,

(4) $\bar{Y}' = \frac{1}{n'} \sum_i Y_i'$, $S'^2 = \frac{1}{n'} \sum_i (Y_i' - \bar{Y}')^2$.

(Natürlich ist $\underline{U}'$ die bereits erwähnte "Vor-Stichprobe".)

Aufgrund von (7.7.4) könnte sich (z.B.)

(7.7.6) $\hat{n}^{**} = S'^2/a$

als Schätzung für n^* anbieten. Da nach Voraussetzung jedoch mit $\underline{U}'$ auch $\bar{Y}'$ vorliegt, sollte wegen (7.7.2)(1) die "Haupt-Stichprobe" für die Schätzung von μ die Vor-Stichprobe als Teil enthalten und daher mindestens die Länge n' haben. Wir setzen folglich

(7.7.7) $\hat{n}^* = \mathrm{Max}\,(n', \hat{n}^{**})$ mit (7.7.6);

ferner sei

(7.7.8)(1) $n'' = \mathrm{Max}\,(\hat{n}^{**} - n', 0) = \hat{n}^* - n'$;

(2) $\underline{U}'' = (U_1'', \ldots, U_{n''}'')$: von $\underline{U}'$ unabhängige einfache mZ-Stichprobe.

Dann ist

(7.7.9)(1) $\underline{U} = (\underline{U}', \underline{U}'') = (U_1, \ldots, U_{\hat{n}^*})$ eine einfache mZ-Stichprobe (für jeden Wert von $\hat{n}^*$),

(2) $\underline{Y} = (Y_1, \ldots, Y_{\hat{n}^*})$ (mit $Y_i = Y(U_i)$ aus (1)) eine einfache mZ-Stichprobe aus Y (für jeden Wert von $\hat{n}^*$).

Als Schätzfunktion wähle man nun

(7.7.10) $\hat{\mu}_Y' = (1/\hat{n}^*) \sum_i Y_i$ (mit $i = 1, \ldots, \hat{n}^*$).

(7.7.11) Satz:

(1) $E(\hat{\mu}_Y') = \mu_Y$;

(2) $\mathrm{Var}\,\hat{\mu}_Y' \leq a + O(1/n')$, wobei a die in (7.7.3) gegebene Konstante ist;

(3) $\mathrm{Var}\,\hat{\mu}_Y' \leq \sigma^2/n^* + (\sigma^4/n^*) \cdot O(1/n')$.

Beweis:

Zu (1): Wegen (7.7.7) und (7.7.5)(1) ist stets $\hat{n}^* > 0$. Für jeden Wert m von $\hat{n}^*$ ist nach (2.1.5)(1) wegen (7.7.10) $E(\hat{\mu}_Y' \mid \hat{n}^* = m) = \mu_Y$. Aus (M.2.9) erhält man nun sofort die Behauptung.

Zu (2): Nach (M.3.3) ist zunächst Var $\hat{\mu}'_Y$ = E (Var ($\hat{\mu}'_Y \mid \hat{n}^*$)) + Var E($\hat{\mu}'_Y \mid \hat{n}^*$) . Nun ist jedoch -- wie soeben im Beweis zu (1) bemerkt wurde -- E($\hat{\mu}'_Y \mid \hat{n}^*$) eine Konstante mit Varianz 0; es gilt also:

(7.7.12) Var $\hat{\mu}'_Y$ = E (Var ($\hat{\mu}'_Y \mid \hat{n}^*$)).

Bemerkung: Offenbar ist (7.7.12) immer dann richtig, wenn der betrachtete Schätzer $\hat{\mu}'_Y$ einen von der Stichprobenlänge unabhängigen Erwartungswert besitzt -- z.B. wenn er unverzerrt ist.

Aus (7.7.12) und (7.7.2)(2) folgern wir:

(7.7.13) Var $\hat{\mu}'_Y = \sigma^2 E(1/\hat{n}^*)$.

Mit (7.7.6) und (7.7.7) erhält man aus (7.7.13):

(7.7.14) Var $\hat{\mu}'_Y \leq a\,\sigma^2 E(1/S'^2)$.

Aus (M.5.5)(4) kann man leicht herleiten:

(7.7.15) $E(1/S'^2) = 1/\sigma^2 + O(1/n')$.

(Man betrachte die Variablen $Z_1 = Y$, $Z_2 = Y^2$ und die Funktion $H(b,c) = 1/(c - b^2)$. Dann ist $H(\bar{Z}_1, \bar{Z}_2) = 1/S'^2$ und $H(E(Z_1), E(Z_2)) = 1/\sigma^2$.)

Aus (7.7.14) und (7.7.15) folgt sofort die Behauptung.

Zu (3): Folgt sofort aus (7.7.14) und (7.7.15), wenn man (7.7.4) nach a auflöst und in (7.7.14) einsetzt.

Wie man dem Beweis von (7.7.11) entnimmt, kommt es auf zweierlei an (man beachte die Bemerkung im Anschluß an (7.7.12) und die Anwendung von (M.5.5)(4) in (7.7.15)):

(7.7.16)(1) E($\hat{\mu}'_Y \mid \hat{n}^*$) ist eine (von $\hat{n}^*$ unabhängige) Konstante;

(2) es gibt eine Darstellung $n^* = H(b,c,d,...)$ (analog zu (7.7.4)), wobei H die Voraus-

setzungen von (M.5.5) erfüllt und b,c,d,... Momente von Zufallsvariablen sind.

Dann beachte man (7.7.7) und setze dabei

(7.7.17) $\hat{n}^{**} = H(\hat{b},\hat{c},\hat{d},\ldots)$, wobei $\hat{b}$, $\hat{c}$, $\hat{d}$ ... (resp.) die zu b, c, d, ... analogen Stichprobenmomente sind.

Offenbar läßt sich dann (auch für andere Stichprobenverfahren und andere Schätzer) ein zu (7.7.11) analoger Satz beweisen. (Siehe auch (8. 5.4).)

====================

LITERATURHINWEISE.

Bücher:
COCHRAN (1972) S.383-399; RAJ (1968) S.139-152.
Zeitschriftenartikel:
BERG (1972); deGRAFT-JOHNSON/SEDRANSK (1973); POKROPP (1974); RAO J.N.K.(1973); RAO P.S.R.S.(1975); SRINATH (1971).

8. BESTIMMUNG DER STICHPROBENLÄNGE.

von

Dr. INGO THEUERKAUF

Die vorangegangenen Kapitel behandelten das Problem, wie Stichproben gezogen werden können; lediglich für die geschichteten Stichproben wurde auch die Problematik der Stichprobenlänge (in den Teilstichproben) behandelt. Ansonsten blieb jedoch offen, wieviele Elemente aus G in der Stichprobe zu ziehen sind.

Diese Frage der Stichprobenlänge stellt sich zwar bei jeder Ziehung, sie wird jedoch in der Praxis oft ziemlich willkürlich beantwortet. Meist ergibt sich die Stichprobenlänge indirekt durch die für die Erhebung insgesamt verfügbaren Mittel, die fixen Stichprobenkosten und die Ziehungskosten pro Einheit, ohne daß ein "echter" Entscheidungsprozeß stattfindet. Nicht selten spielen noch schlichtere Überlegungen (wie etwa die "Glätte" einer Zahl oder die pauschale Vorstellung, für $n < 100$ seien die Resultate nicht "repräsentativ") eine Rolle.

In diesem Kapitel wollen wir die Möglichkeiten einer "rationalen" Wahl der Stichprobenlänge untersuchen. Ausgehend von der in Abschnitt 8.1 begründeten Möglichkeit, Kosten und "Risiko" (einer Fehlschättzung) in Relation zueinander zu bewerten, wird in 8.2 die Idee der "optimalen" Stichprobenlänge entwickelt. Abschnitt 8.3 behandelt die spezielle Aufgabe, die Kosten zu minimieren unter der Nebenbedingung, daß das Risiko ein vorgegebenes Niveau nicht überschreitet. Die Berechnung von optimalen Stichprobenlängen für die gängigsten

Strategien findet sich in 8.4. Schließlich werden in 8.5 einige Überlegungen angestellt, die dann notwendig werden, wenn die optimale Stichprobenlänge nicht ohne weiteres ermittelt werden kann, da die sie bestimmenden Parameter (wie z.B. die Varianz σ^2) unbekannt sind.

8.1 KOSTEN/RISIKO-PRÄFERENZORDNUNG.

Die Entscheidung über die Stichprobenlänge n hat zwei schwerwiegende unwiderrufliche Konsequenzen für die Strategie $(P_{(n)}, \hat{\mu})$:

(1) es wird festgelegt, wie hoch der zeitliche und finanzielle Aufwand für die Ausführung von $P_{(n)}$ -- die Stichprobenziehung -- und die Erhebung ist;

(2) über die Höhe des "Risikos" (einer Fehlschätzung), mit dem $\hat{\mu}$ notwendiger Weise behaftet ist, wird damit entschieden.

Um den Begriff des "Risikos" (auch "Schätzrisiko" oder "Schätzungenauigkeit" genannt) zu präzisieren, führen wir zunächst folgende "Verlustfunktion" ein:

(8.1.1) Definition:

Gegeben sei die Strategie $(P_{(n)}, \hat{\mu})$ zur Schätzung von μ. Eine Funktion L, die jeder Kombination aus "wahrem" Wert μ und geschätzten Wert $\hat{\mu} = \hat{\mu}(\underline{y}', \underline{v})$ (siehe (1.4.3)) genau einen "Verlustwert" zuordnet, heißt Verlustfunktion (zur Strategie $(P_{(n)}, \hat{\mu})$). Wir schreiben

(8.1.2) $L(\hat{\mu}, \mu)$ = Verlust, falls μ durch $\hat{\mu}$ geschätzt wird.

Zur nutzentheoretischen Grundlegung von Verlustfunktionen mit Hilfe von Präferenzordnungen sei auf v.NEUMANN/MORGENSTERN (1968) S.15ff verwiesen.

(8.1.3) <u>Definition</u>:

Gegeben sei die Verlustfunktion L zur Strategie $(P_{(n)}, \hat{\mu})$. Der bei Anwendung dieser Strategie zu erwartende Verlust heißt <u>Risiko</u> der Strategie. Wir schreiben kurz (und in Abhängigkeit von der uns hier interessierenden Stichprobenlänge):

(8.1.4) $R(n) = E_{P_{(n)}}(L(\hat{\mu}, \mu))$ = Risiko von $(P_{(n)}, \hat{\mu})$ mit Verlustfunktion L.

Es ist nicht nur in der "klassischen" statistischen Schätztheorie üblich, sondern scheint auch hier angebracht zu sein, der folgenden Verlustfunktion besondere Aufmerksamkeit zu widmen:

(8.1.5) $L(\hat{\mu}, \mu) = (\hat{\mu} - \mu)^2$.

Als Risiko (8.1.4) erhält man für diese quadratische Verlustfunktion (8.1.5) den in (1.4.9) erklärten mittleren quadratischen Fehler: $R(n) = MSE_{P_{(n)}}(\hat{\mu})$. Da wir jedoch fast ausschließlich unverzerrte Schätzer betrachten (resp. zumindest asymptotisch unverzerrte), können/wollen wir gemäß (1.4.10) im folgenden stets setzen:

(8.1.6) $R(n) = \mathrm{Var}\,\hat{\mu}$.

Mit (8.1.6) wird R(n) eine monoton fallende Funktion von n (wie in 8.4 noch einmal explizit festgehalten wird); die Stichproben-/Erhebungs-Kosten C(n) steigen monoton mit wachsendem n:

(8.1.7) Schaubild

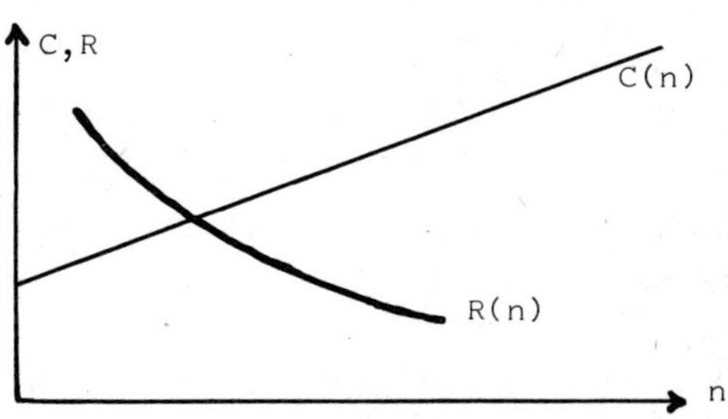

Das Schaubild (8.1.7) legt eine Analogie zu Problemstellungen nahe, die in der mikroökonomischen Theorie behandelt werden und die sich nutzen lassen, um ein systematisches Verfahren zur Bestimmung von n zu entwickeln. (Siehe zum folgenden z.B. HENDERSON/QUANDT (1973) S.5 ff.)

Wir wollen (vorübergehend) Stichprobenkosten C und Risiko R als "Güter" auffassen, zwischen denen "substituiert" werden kann. Es sei

(8.1.8) $W = \{(C,R)\colon C \geq 0,\ R \geq 0\}$ = Menge aller <u>denkbaren</u> Kosten-Risiko-Kombinationen.

(W enthält die <u>realisierbaren</u> Kombinationen (C(n),R(n))!) Es ist evident, daß ein (für die Wahl von n zuständiger) Entscheidungsträger bestimmte (C,R)-Kombinationen anderen vorziehen wird. Am liebsten würde er den Punkt (0,0) erreichen wollen; auf zusätzliche "Einheiten" der Güter "Kosten" und "Risiko" würde er gerne verzichten. (C und R stellen "schädliche" Güter dar, gerade so wie z.B. das "Gut" "Müll" in der mikroökonomischen Haushaltstheorie.)

Wir unterstellen nun, daß der Entscheidungsträger alle (C,R)-Kombinationen mit Hilfe einer "Nutzenfunktion" bewertet. (Jeder "Nutzenwert" ist hier natürlich ein "Verlustwert", der möglichst klein sein sollte!) Wir schreiben im folgenden:

(8.1.9) $\mathbb{L}(C,R)$ = "Nutzen"/(Verlust) der (C,R)-Kombination
$\mathbb{L}$: monoton (in C und R) steigende Funktion auf W.

(8.1.10) <u>Definition</u>:
$\mathbb{L}$ aus (8.1.9) heißt Verlustfunktion der (C,R)-Kombinationen oder kürzer: <u>W-Verlustfunktion</u>.

(Natürlich hat $\mathbb{L}$ aus (8.1.10) nichts mit L aus (8.1.1) zu tun.)

Für die folgenden Überlegungen sind zwei fundamentale Annahmen erforderlich:

(8.1.11)(1) Der Entscheidungsträger entscheidet sich für eine bestimmt W-Verlustfunktion $\mathbb{L}$. (Man könnte sagen: er ist sich seiner (persönlichen subjektiven) Präferenzen bezüglich Kosten (Geld) und Risiko (Sicherheit) im vorliegenden Schätzproblem bewußt.

(2) Er ist bestrebt, seinen Verlust möglichst gering zu halten.

Ohne die explizite Formulierung der W-Verlustfunktion $\mathbb{L}$ kann die Wahl der Stichprobenlänge immer nur mehr oder weniger willkürlich ausfallen.

8.2 OPTIMALE STICHPROBENLÄNGEN.

Aufgrund der in (8.1.11) getroffenen Annahmen soll -- cum grano salis -- die "optimale" Stichprobenlänge diejenige sein, für die $\mathbb{L}$ (gegebenenfalls unter zusätzlichen Nebenbedingungen) minimiert wird. Um diese Idee zu präzisieren, haben wir $\mathbb{L}$ als Funktion von n darzustellen. Zur Vermeidung technischer Schwierigkeiten sollen (vorübergehend) alle positiven reellen Zahlen als Stichprobenlängen (gleichsam näherungsweise) zugelassen sein. Die "Hilfsvariable" z möge diese "stetige" Stichprobenlänge bezeichnen. Ferner fordern wir:

(8.2.1)(1) $\bar{C}(z)$ und $\bar{R}(z)$ sind streng monoton wachsende Funktionen in z, definiert für alle $z \in \mathbb{R}_+$ (= reelle Zahlen, die ≥ 0 sind);

(2) $\bar{C}(z)$ und $\bar{R}(z)$ sind überall stetig;

(3) für jede natürliche Zahl n ist
$\bar{C}(n) = C(n)$ = Stichprobenkosten bzw.
$\bar{R}(n) = R(n)$ = Risiko bei einer Stichprobe der Länge n.

(4) Wir schreiben daher künftig: $C(z)$ = Kostenfunktion, $R(z)$ = Risikofunktion (für alle $z \geq 0$)

Da eine W-Verlustfunktion $\mathbb{L}$ (8.1.9) auf W (8.1.8)(!!) definiert ist, läßt sich nunmehr der Verlust ("Nutzen") auf W in Abhängigkeit von z darstellen:

(8.2.2) $\bar{\mathbb{L}}(z) = \mathbb{L}(C(z),R(z))$ für alle $z \in \mathbb{R}_+$.

Die "optimale" Stichprobenlänge n^* soll nun diejenige natürliche Zahl sein, die $\bar{\mathbb{L}}$ minimiert:

(8.2.3) Definition:

$n^* = \text{Min}\,\{n : n \geq z',\ \bar{\mathbb{L}}(z') = \text{Min}\,\{\bar{\mathbb{L}}(z) : z \in \mathbb{R}_+\}\}$
heißt optimale Stichprobenlänge (zu einer gegebenen Strategie mit Kosten, Risiko, W-Verlustfunktion).
(Hierbei bezeichnet n stets eine natürliche Zahl!)

In der Regel (und in den im Abschnitt 8.4 behandelten Strategien) wird z' sich ergeben als Lösung von

(8.2.4) $\dfrac{d\,\bar{\mathbb{L}}(z)}{dz} = 0$ (mit $\dfrac{d^2\,\bar{\mathbb{L}}(z)}{dz^2} > 0$ an der Stelle z').

(8.2.5) Beispiel: einfache mZ-Stichprobe.

(1) $C(z) = c_o + c\,z$; c_o = fixe Kosten, c = Kosten pro Ziehungs-/Erhebungseinheit.

(2) $R(z) = \sigma^2/z$ (siehe (2.1.5)).

(3) $\mathbb{L}(C,R) = C + d\,R$; d = "Umrechnungsfaktor" für "Risikoeinheiten" in "Geldeinheiten".

Aus obigen Annahmen folgt: $\bar{\mathbb{L}}(z) = c_o + c\,z + d\,\sigma^2/z$; die Lösung von (8.2.4) ist leicht bestimmt als

(4) $z' = \sigma\sqrt{(d/c)}$. n^* gemäß (8.2.3).

(8.2.6) Beispiel: einfache oZ-Stichprobe.

(1) und (3) wie in (8.2.5);

(2) $R(z) = \frac{N-z}{N-1}\,\sigma^2/z$ (siehe (2.2.4)).

Aus obigen Annahmen folgt: $\bar{\mathbb{L}}(z) = c_o + cz + d\frac{N-z}{N-1}\cdot\frac{1}{z}\cdot\sigma^2$;

die Lösung von (8.2.4) ist leicht bestimmt (unter Beachtung von $z \leq N$) als

(4) $z' = \text{Min}\,\{N, \sigma\sqrt{(d/c)N/(N-1)}\}$. n^* gemäß (8.2.3).

Ähnlich zu (8.2.5) und (8.2.6) werden wir in 8.4 zu den in den Kapiteln 3, 4 und 6 behandelten Strategien die jeweils optimalen Stichprobenlängen berechnen, wobei wir die Kostenfunktion (mutatis mutandis)

(8.2.7) $C(n) = c_o + c\,n\,,\quad C(z) = c_o + c\,z\,,$

die W-Verlustfunktion

(8.2.8) $\mathbb{L}(C,R) = C + d\,R$

und daher für $\bar{\mathbb{L}}$ aus (8.2.2) (mit (8.1.6))

(8.2.9) $\bar{\mathbb{L}}(z) = c_o + c\,z + R(z)$

unterstellen werden.

Der folgende Abschnitt untersucht vorerst jedoch eine Alternative zu (8.2.8), die besonders relevant erscheint.

8.3 SCHÄTZUNGEN MIT VORGEGEBENER VARIANZ.

Es ist denkbar, daß der Entscheidungsträger eine Nutzenstruktur auf W hat die fordert, daß das Risiko R ein bestimmtes Niveau a nicht überschreiten darf, daß ansonsten die Kosten zu minimieren sind. (Gleichsam "dual" dazu findet man in der Praxis häufig die Vorgehensweise, daß die Stichprobenkosten ein vorgegebenes Niveau nicht überschreiten dürfen.)

Eine solche "eingeschränkte Rationalität" wird durch folgende Aufgabe beschrieben:

(8.3.1) $\mathbb{L}(C,R) = C$; Minimiere $\mathbb{L}$ unter der

(8.3.2) Nebenbedingung $R \leq a$.

(8.3.3) Definition:

$n^* = \text{Min}\{n: n \geq z', z' \text{ ist Lösung von } (8.3.1), (8.3.2)\}$ heißt optimale Stichprobenlänge bei vorgegebenem Risiko resp. bei vorgegebener Varianz. (Hierbei bezeichnet n stets eine natürliche Zahl!)

Die Situation läßt sich graphisch darstellen in

(8.3.4) Schaubild

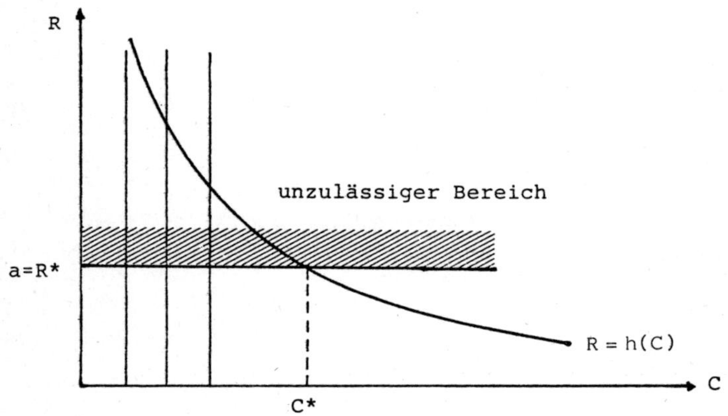

Erläuterung zu (8.3.4):
Die eingezeichneten Parallelen zur Ordinate entsprechen den Indifferenzkurven, die von $\mathbb{L}$ aus (8.3.1) erzeugt werden. Wegen (8.3.2) liegt der unzulässige (C,R)-Bereich oberhalb der Geraden R = a. Da nur solche (C,R)-Kombinationen realisiert werden können, die die Form haben (C(n),R(n)), liegen alle überhaupt realisierbaren (C,R)-Kombinationen auf der Kurve $R = h(C)$, wobei h definiert ist als $h(C) = R(z(C))$ mit z(C) als Umkehrfunktion zu C(z) (i.e. $C(z(C')) = C'$ für alle C').
Ferner ist $R^* = R(z')$, $C^* = C(z')$.

Man sieht leicht ein, daß z' in (8.3.3) bestimmt wird als Lösung der Gleichung

(8.3.5) $R(z') = a$, a = vorgegebene Konstante
= Risiko/Varianz-Niveau.

(8.3.6) Beispiel: einfache mZ-Stichprobe.
Aus (2.1.5) und (8.3.5) folgt: $z' = \sigma^2/a$.
n* gemäß (8.3.3).

(8.3.7) Beispiel: einfache oZ-Stichprobe.
Mit (2.2.4) lautet (8.3.5): $\frac{N-z'}{N-1} \cdot \frac{1}{z'} \sigma^2 = a$. Daraus

errechnet man: $$z' = N \frac{\sigma^2/a}{\sigma^2/a + (N-1)} .$$
n* gemäß (8.3.3).

8.4 BERECHNUNG VON OPTIMALEN STICHPROBENLÄNGEN.

In diesem Abschnitt berechnen wir optimale Stichprobenlängen für Strategien, die in den Kapiteln 3, 4 und 6 behandelt wurden. Für Kapitel 2 ist dies bereits in den Beispielen (8.2.5), (8.2.6) und (8.3.7), (8.3.8) geschehen. Berechnungen zu Kapitel 5 würden z.T. Wiederholungen von Berechnungen zu Kapitel 4 und 2 sein; sie unterbleiben daher.

Es werden jeweils die beiden folgenden Aufgaben gelöst:

(8.4.1)(1) Aufgabe 1: Bestimme n* (8.2.3) mit (8.2.7), (8.2.8), (8.2.9);
(2) Aufgabe 2: Bestimme n* (8.3.3).

Wir werden dabei jeweils nur die z' aus (8.2.3), (8.3.3) berechnen und nicht jedesmal explizit hinzufügen:

(8.4.2) $n^* = \mathrm{Min}\{ n : n \geq z' , n \text{ ist eine natürliche Zahl} \}$.

(8.4.3) <u>Einfache geschichtete mZ-Stichproben</u>. <u>Aufgabe 1</u>.

Siehe zum folgenden (3.2.9).

(1) $C(z_1,\dots,z_k) = c_o + \sum_{i=1}^{k} c_i z_i$;

(2) $\mathbb{L}(z_1,\dots,z_k) = c_o + \sum_i c_i z_i + d\sum_i (N_i/N)^2 \sigma_i^2/z_i$.

Die Lösung von (8.2.4) mutatis mutandis ergibt sich zu

(3) $z_i^! = (N_i/N)\sigma_i \sqrt{d/c_i}$; n_i^* nach (8.4.2).

(8.4.4) <u>Einfache geschichtete oZ-Stichprobe</u>. <u>Aufgabe 1</u>.

Siehe zum folgenden (3.2.9).

(1) wie in (8.4.3);

(2) $\mathbb{L}(z_1,\dots,z_k) = c_o + \sum_i c_i z_i + d\sum_i \frac{N_i^2}{N^2}\frac{\sigma_i^2}{z_i}\frac{N_i - z_i}{N_i - 1}$.

Die Lösung von (8.2.4) (unter Beachtung der Restriktion $z_i^! \leq N_i$) ergibt sich zu

(3) $z_i^! = \mathrm{Min}\,(N_i,\ (N_i/N)\sigma_i \sqrt{(d/c_i)(N_i/(N_i-1))}\ )$;

n_i^* nach (8.4.2).

(8.4.5) <u>Einfache geschichtete mZ-Stichprobe</u>. <u>Aufgabe 2</u>.

(1) wie in (8.4.3);

(2) wie in (8.4.3).

(3) Aufgabe 2 (cf.(8.3.1)und (8.3.2) mit (3.3.4)!) ist identisch mit der Kosten minimierenden Allokation.

(4) $z_i^!$ ist identisch mit n_i (3.3.17), (3.3.18), wobei $V_o^!$ sich in offensichtlicher Weise aus a (8.3.2) ergibt.

(8.4.6) <u>Einfache geschichtete oZ-Stichprobe</u>. <u>Aufgabe 2</u>.

(1) wie in (8.4.3).

(2) Mit $R(z_1,\dots,z_k) = \sum_i (N_i/N)^2 \sigma_i^{*2}/z_i - \frac{1}{N}\sum_i (N_i/N)\sigma_i^{*2}$ (aus (3.2.9)(2) und (2.4.6) für $i = 1,\dots,k$) ist die folgende Aufgabe zu lösen:

(3) Minimiere $C(z_1,\dots,z_k)$ unter der Nebenbedingung $R(z_1,\dots,z_k) = a$.

Die Lösung von (3) erhält man mit Hilfe der bekannten

Lagrange-Methode: $F(z_1,\ldots,z_k,\alpha) = C(..) + \alpha(R(..) - a)$ ist nach allen Variablen partiell zu differenzieren; man setze alle Ableitungen = 0 und erhalte:

(4) $z_i' = \text{Min}\{N_i,\ (N_i/N)(\sigma_i^*/\sqrt{c_i})V_o''\}$, wobei die Konstante $V_o'' = \sum_j (N_j/N)\sigma_j^*\sqrt{c_j}/(a + \frac{1}{N}\sum_j (N_j/N)\sigma_j^{*2})$ ist. (Siehe auch (3.3.17) und die Bemerkungen zu oZ-Stichproben nach (3.3.11) bis (3.3.13).)

(8.4.7) <u>mZ-Stichproben zur Verteilung P</u>.

Siehe zum folgenden (4.1.5),(4.1.6),(4.1.9)(2).

(1) Setze $\tau^2 = \text{Var}(Y/NP) = \sum_j p_j((y_j/Np_j) - \mu)^2$.

(2) <u>Aufgabe 1</u>: Analog zu (8.2.5) mit τ statt σ.

(3) <u>Aufgabe 2</u>: Analog zu (8.3.6) mit τ statt σ.

(8.4.8) <u>oZ-Stichproben zur Verteilung P</u>.

Wie man (4.3.8)(2) entnimmt, läßt sich Var $\hat{\mu}_{HT}$ nicht so ohne weiteres in Abhängigkeit von der Stichprobenlänge n darstellen. Diese Schwierigkeit scheint sich auch für die proportionalen oZ-Stichproben zu P (siehe (4.4.2)) nicht leicht beheben zu lassen -- trotz der Darstellung (4.4.3)! Die für Aufgabe 1 und 2 benötigte Risikofunktion R(z) liegt nicht explizit vor.

(8.4.9) <u>Differenzen-Schätzer aus einfachen mZ-Stichproben</u>

<u>Aufgabe 1</u>.

Siehe zum folgenden (6.1.4), (6.1.14).

(1) Setze $\tau^2(b) = \sigma_Y^2 + b^2\sigma_X^2 - 2b\sigma_{XY}$ (b gegeben),

$\tau^2(b_o) = \sigma_Y^2(1-\rho_{XY}^2)$. ($b_o$ aus (6.1.11).)

Analog zu (8.2.5) erhält man offensichtlich:

(2) $z' = \tau\sqrt{d/c}$.

<u>Aufgabe 2</u>.

Analog zu (8.3.6) erhält man offensichtlich:

(3) $z' = \tau^2/a$.

(8.4.10) <u>Differenzen-Schätzer aus einfachen oZ-Stichproben</u>.

(1) wie in (8.4.9).

<u>Aufgabe 1</u> resp. <u>Aufgabe 2</u> erhält man offenbar analog zu (8.2.6) resp. (8.3.7) mit τ statt σ.

(8.4.11) <u>Regressionsschätzer aus einfachen mZ-Stichproben</u>.

(1) Setze $R(z) = \frac{1}{z}\sigma_Y^2(1-\rho_{XY}^2) = \frac{1}{z}\tau^2$ mit $\tau^2 = \tau^2(b_o)$ aus (8.4.9)(1).

Ein Vergleich von R(z) mit (6.2.5)(2) zeigt, daß -- nun doch entgegen (8.1.6) -- R(z) nur einen Teil der Varianz von $\hat{\mu}_Y(\hat{b}_o)$ darstellt; der nicht weiter bestimmte Rest $O(n^{-3/2})$ bleibt in R(z) unberücksichtigt. Die Bestimmung von z' und daher von n* kann folglich nur approximativ erfolgen.

<u>Aufgabe 1</u> und <u>Aufgabe 2</u> werden nunmehr wie in (8.4.9) behandelt.

(8.4.12) <u>Verhältnis-Schätzer aus einfachen mZ-Stichproben</u>.

(1) Für den verzerrten Schätzer (6.3.4) setze
$R(z) = \frac{1}{z}\tau^2(v)$ (mit $\tau^2(v)$ aus (8.4.9)(1) und b=v).

Ein Vergleich mit (6.3.5)(2) zeigt, daß in R(z) der Rest $O(n^{-3/2})$ unberücksichtigt bleibt. Da nach (6.3.4)(1) die Verzerrung von der Ordnung O(1/n) ist, die in den mittleren quadratischen Fehler MSE mit $O(1/n^2)$ eingeht, bleibt auch die Verzerrung in R(z) unberücksichtigt.

<u>Aufgabe 1</u> und <u>Aufgabe 2</u> werden nunmehr wie in (8.4.9) (mutatis mutandis) behandelt.

(2) Für den HR-Schätzer (6.4.4) setze
$R(z) = \frac{1}{z}\tau^2(\mu_Z)$ (mit $\tau^2(\mu_Z)$ aus (8.4.9)(1) und $b = \mu_Z$, wobei μ_Z aus (6.4.5)(3) stammt).

Ein Vergleich mit (6.4.5)(2) zeigt abermals, daß R(z) Terme der Ordnung $O(n^{-3/2})$ nicht beachtet.

<u>Aufgabe 1</u> und <u>Aufgabe 2</u> werden wie in (8.4.9) gelöst.

8.5 AUSWEGE BEI UNBEKANNTEN BESTIMMUNGSGRÖSSEN.

Wie aus Abschnitt 8.4 ersichtlich wird, involviert die jeweilige Formel für z' und damit für n^* immer den Parameter $\sigma^2 = \sigma_Y^2$, ferner gelegentlich σ_X^2, σ_{XY}^2 (z.B. in (8.4.9)(1)) oder weitere Bestimmungsgrößen (wie z.B. in (8.4.7) oder gar bei den geschichteten Stichproben in (8.4.3) bis (8.4.6)).

Bei vielen praktischen Schätzproblemen werden diese Bestimmungsgrößen unbekannt sein, so daß n^* nicht berechnet werden kann. Zur Lösung dieses Dilemmas sind die folgenden drei Verfahren in Betracht zu ziehen:

(8.5.1)(1) Ausnutzung von "a priori Information";
(2) Schätzung aus "Vorstichproben";
(3) Sequentielle Schätzung.

Wir erläutern (8.5.1) insbesondere am Parameter σ^2.

(8.5.2) A priori Information.

Der Parameter σ^2 wird (mehr oder weniger grob) vor Ziehung des ersten Elements "abgeschätzt". Hierbei können die Ergebnisse früherer Stichproben aus G (oder aus "ähnlichen" Grundgesamtheiten) verwendet werden. Falls keinerlei Erfahrungswerte vorhanden sind, müssen theoretische Überlegungen -- z.B. über "Mächtigkeit" und "Struktur" der Grundgesamtheit und des Stichprobenraumes -- angestellt werden. Zuweilen können Resultate einer (vielleicht aus anderen Gründen durchgeführten) Pilot-Studie verwendet werden.

(8.5.3) Vorstichproben/Doppel-Stichproben.

Wie bereits in Abschnitt 7.7 beschrieben wurde, wird σ^2 aus einer "kleinen" Vorstichprobe geschätzt. Mit dem so geschätzten σ^2 verfahre man -- cum grano salis -- wie mit (einem bekannten Parameter) σ^2, um so eine

Schätzung $\hat{n}^*$ für n^* zu erhalten. Auf analoge Weise verfahre man mit eventuellen anderen Bestimmungsgrößen von n^*. (Zur Präzisierung sei auf (7.7.16)(2), (7.7.17) und (7.7.7) verwiesen.) Schließlich ergänze man die Vorstichprobe durch eine "Hauptstichprobe", so daß die gesamte, aus Vor- und Haupt-Stichprobe bestehende Stichprobe ("Doppel-Stichprobe") die Länge $\hat{n}^*$ hat. Ersetzt man im betrachteten Schätzer $\hat{\mu} = \hat{\mu}(n^*)$ das n^* durch $\hat{n}^*$, so steht nunmehr der Schätzer $\hat{\mu}(\hat{n}^*)$ zur Verfügung.

Über die Eigenschaften von $\hat{\mu}(\hat{n}^*)$ gibt Auskunft:

(8.5.4) Satz: (für einfache mZ-Stichproben)

Ist $\hat{\mu}(n^*)$ unverzerrt und gilt (7.7.16)(2), so ist

(1) $E(\hat{\mu}(\hat{n}^*)) = \mu$;

(2) $\text{Var}\,\hat{\mu}(\hat{n}^*) \leq \text{Var}\,\hat{\mu}(n^*) + O(1/n')$, wobei n' die Länge der Vorstichprobe ist.

Beweis:

Man hat nur die Beweisschritte zu (7.7.11) mit den offensichtlichen Modifikationen nachzuvollziehen.

Man bemerke, daß bei den Berechnungen in 8.4 die Bedingung (7.7.16)(2) jeweils erfüllt ist (mit z' statt n^*). Für die unverzerrten Schätzer $\hat{\mu}(n^*)$ in 8.4 findet daher (8.5.4) Anwendung.

(8.5.5) Sequentielle Schätzung.

Während des Ziehungsvorgangs wird σ^2 nach jedem Zug mittels S^{*2} geschätzt; die Stichprobe wird abgebrochen, sobald die aus S^{*2} resultierende Schätzung für n^* zum ersten mal kleiner ist als die Anzahl der bis dahin gezogenen Elemente ("sequentielle Stichprobe"). Diese Technik kann als konsequente Weiterentwicklung von "Doppelstichproben-Verfahren" ("double sampling") angesehen werden.

Es ist klar, daß die soeben beschriebene sequentielle Schätzung mit einer hohen Zahl von Berechnungs- und Arbeitsschritten verbunden ist. Bei hinreichender "technischer Ausstattung" dürfte dieser Aspekt jedoch an Relevanz verlieren, so daß sequentielle Schätzverfahren praktikabel (und für die Praxis empfehlenswert) werden. Eine ausführliche Darstellung der sequentiellen Schätzung (mit implizit geschätztem n^* bei unbekanntem n^*) unter gewissen Verteilungs-Annahmen findet man bei THEUERKAUF (1980). Probleme unter Normalverteilung haben besonderes Gewicht bei GOVINDARAJULU (1975) S.293 ff.

SCHLUSS-BEMERKUNGEN.

In der Literatur (z.B. COCHRAN (1972) S.96 ff) findet man auch folgendes Verfahren zur Bestimmung von n (bei einfachen Zufalls-Stichproben). Man unterstelle zunächst (z.B. aufgrund des "Zentralen Grenzwert-Satzes"), daß $\bar{Y}$ (approximativ) normalverteilt ist. Sodann gebe man mit Hilfe von $\bar{Y}$ ein Konfidenzintervall für μ_Y an, indem man sowohl die Intervallsbreite als auch die Wahrscheinlichkeit ("Konfidenz") vorgibt. Bei bekanntem σ^2 läßt sich dann n aus diesen Vorgaben errechnen. Es ist klar, daß bei diesem Verfahren die Stichproben-Kosten überhaupt nicht beachtet werden.

=====================

LITERATURHINWEISE.

Bücher:
COCHRAN (1972) S.92-110; GOVINDARAJULU (1975) S.293 ff; THEUERKAUF (1980)

Zeitschriftenartikel:
COX (1952); HOLST (1973); KISH (1976); PATHAK (1976).

9. SCHÄTZPROBLEME BEI FEHLERHAFTEN ANTWORTEN.

Bislang waren wir (in den Kapiteln 2 bis 7) davon ausgegangen, daß in einer

Stichprobe $\underline{U} = (U_1,\ldots,U_n)$ aus $G = \{u_1,\ldots,u_N\}$

die von einem Stichprobenelement U_i gegebene Y-Antwort Y_i (= Antwort auf die Frage nach Y = Ermittelung von Y = Messung von Y ...bei U_i) "korrekt" ist in dem Sinne, daß

(9.0.1)(1) $Y_i = y_j$ für $U_i = u_j$,

(2) y_j = "wahrer" Y-Wert von $u_j = Y(u_j)$.

Wir betonen noch einmal, daß stets galt:

(9.0.2) Y_i = die von U_i gegebene Y-Antwort.

(9.0.3) Bemerkung: Auch in den Abschnitten 2.7 und 7.5 sind (9.0.1) und (9.0.2) (implizit) unterstellt; denn dort war lediglich die Bereitschaft zu antworten eingeschränkt, nicht jedoch die Korrektheit von gegebenen Antworten.

In diesem 9.Kapitel wollen wir Verletzungen von (9.0.1) -- die in realen Situationen immer wieder auftreten -- zulassen, wobei nur einfache Stichproben $\underline{U}$ betrachtet werden. Desgleichen wird (9.0.2) modifiziert durch die Einführung einer gewissen Unbestimmtheit in Antworten. Die Folge dieser Modifikationen wird sein, daß sich die statistischen Eigenschaften des Schätzers $\overline{Y}$ (siehe Kapitel 2) verändern: es treten Verzerrungen und/oder vergrößerte Varianzen auf. Die folgenden 4 Abschnitte berichten, wie man mit diesen "neuen" Problemen umgehen kann.

In 9.1 betrachten wir den gleichsam drastischen Fall von bewußt falschen Antworten -- also eine Verletzung von (9.0.1)(1) --, wobei wir uns auf "Indikator"-Variable (ja-nein-, 0-1-Variable) beschränken. Gibt eine solche Variable darüber Auskunft, ob ein Element von G einer bestimmten Untermenge B angehört und ist ferner diese Untermenge B eine "Problemgruppe", so ist mit falschen Angaben zu rechnen. Durch ein geeignetes Verfahren der Fragestellung (das auf WARNER (1965) zurückgeht) werden dann doch wieder unverzerrte Schätzungen des auf B entfallenden Anteils möglich.

Wenn -- insbesondere im Gegensatz zu (9.0.1)(2) -- unterstellt werden muß, daß jedem Element aus G nicht genau ein Y-Wert, sondern eine ganze Palette möglicher Antworten zur Verfügung steht (resp. zuzuordnen ist; z.B. durch "Meßfehler" bedingt), dann werden neue grundsätzliche Überlegungen notwendig, die diese "Antwortvariabilität" berücksichtigen. Diese Überlegungen werden im Grundsatz in Abschnitt 9.2 präsentiert. Die damit verbundenen Auswirkungen auf den Schätzer $\bar{Y}$ sind in 9.3 enthalten. Schließlich findet man in Abschnitt 9.4 einige Bemerkungen, die den Umgang mit den zuvor präzisierten Problemen (der Antwortverzerrung und Antwortvariabilität) betreffen.

9.1 EINE BEFRAGUNGSTECHNIK ZUR VERMEIDUNG FALSCHER ANTWORTEN.

(Randomized Response)

Man betrachte das in 2.5 behandelte Problem der Schätzung eines Anteilswertes:

(9.1.1) $G_B = \{u: u \in G,\ u \text{ besitzt Eigenschaft } B\}$; ferner
$p_B = P_o(G_B)$; $Y(u) = 1$ für $u \in G_B$; $Y(u) = 0$ für $u \notin G_B$.

Wenn B eine "problematische" Eigenschaft ist, G_B also eine mit Vorurteilen belastete "Problemgruppe" ist, wird man auf die Y-Frage "gehören Sie zu G_B" (etwa: sind Sie Alkoholiker; hatten Sie im Lauf ihres Lebens eine Abtreibung ...) nicht mit Sicherheit mit einer korrekten Antwort rechnen können. Wir unterstellen daher:

(9.1.2) q_B = Wahrscheinlichkeit, daß ein Element aus G_B korrekt antwortet; $0 < q_B < 1$;
Elemente aus $G - G_B$ antworten stets korrekt.

Die Aufgabe ist, $p_B = E_{P_o}(Y)$ (aus (9.1.1)) zu schätzen. Dazu sei $\underline{U} = (U_1,\ldots,U_n)$ eine einfache mZ-Stichprobe aus G; ferner sei wie in (9.0.2) Y_i die von U_i gegebene Antwort. Wir haben dann also

(9.1.3) $Y_i = 1$ für $U_i \in G_B$, und U_i antwortet korrekt;
$Y_i = 0$ ansonsten.

Nach (9.1.2) ist $q_B = P(U_i \text{ antwortet korrekt} \mid U_i \in G_B)$. Ferner ist $P(Y_i = 1) = P(U_i \text{ antwortet korrekt und } U_i \in G_B)$ $= q_B \cdot P(U_i \in G_B) = q_B p_B$; also gilt:

(9.1.4) $E(Y_i) = q_B\, p_B$ für alle $i=1,\ldots,n$.

(9.1.5) <u>Satz:</u>
$\bar{Y}$ ist eine verzerrte Schätzfunktion für p_B. Genauer: $E(\bar{Y}) = p_B q_B = p_B - p_B(1 - q_B)$.

<u>Beweis</u>:
folgt sogleich aus (9.1.4) mit (2.1.6)(2).

Wegen der in (9.1.5) genannten Verzerrung betrachten wir als "Gütekriterium" nicht die Varianz sondern den mittleren quadratischen Fehler MSE (siehe (1.4.9) von $\bar{Y}$. Aus (9.1.3) und (9.1.4) mit (9.1.5) errechnet man (siehe auch (1.4.10)):

(9.1.6) $MSE(\bar{Y}) = E((\bar{Y} - p_B)^2) = \frac{1}{n} p_B q_B(1 - p_B q_B) + p_B^2(1 - q_B)^2.$

Man könnte versuchen, die Verzerrung zu beseitigen, indem man statt $\bar{Y}$ den Schätzer $(1/q_B)\bar{Y}$ benutzt. Da jedoch i.a. q_B nicht bekannt ist, ist dies kein gangbarer Weg. Einen Ausweg aus diesem Dilemma bietet der auf WARNER (1965) zurückgehende Versuch, nun doch korrekte Antworten zu erhalten dadurch, daß dem Befragten Schutz der Privatsphäre "garantiert" wird in folgender Weise: Vor der Befragung von U_i wird ein Zufallsexperiment Z_i ausgeführt, das bestimmt, welche der beiden möglichen Fragen von U_i zu beantworten ist; Frage j bei $Z_i = j$ -- wobei gilt:

(9.1.7) $Z_i = 1$: 1. Frage "gehören Sie zu G_B" ,

$Z_i = 2$: 2. Frage "gehören Sie zu $G - G_B$" --

wird an U_i gestellt. Die folgenden (plausiblen) Annahmen werden unterstellt:

(9.1.8)(1) nur U_i kennt das Ergebnis von Z_i;

(2) wegen (1) ist U_i bereit, stets korrekt zu antworten.

Dem Interviewer hingegen ist nur bekannt

(9.1.9) $p_Z = P(Z_i = 1)$ resp. $(1 - p_Z) = P(Z_i = 2)$,

wobei $p_Z \neq 1/2$ unterstellt wird.

(Z.B. könnte Z_i bedeuten, daß U_i aus M Zetteln einen "zufällig" (mit Wahrscheinlichkeit 1/M) auswählt. Auf jedem Zettel steht "1" oder "2", und nur U_i sieht, was auf dem ausgewählten Zettel steht. Der Interviewer kennt lediglich die Anzahl m der Zettel, auf denen "1" steht; also kennt er $p_Z = m/M$.)

Statt Y_i (9.1.3) führen wir nun die folgenden Variablen ein:

(9.1.10) $Y_i^Z = 1$, falls U_i "ja" sagt nach Ausführung von Z_i,
$Y_i^Z = 0$, falls U_i "nein" sagt nach Ausführung von Z_i.

Als Schätzer für p_B benutze man nun

(9.1.11) $\hat{p}_B^Z = (\bar{Y}^Z - (1-p_Z))/(2p_Z - 1)$ mit $\bar{Y}^Z = \frac{1}{n}\sum_{i=1}^n Y_i^Z$.

Für $p_Z = 1$ erhält man offensichtlich $\hat{p}_B^Z = \bar{Y}^Z$.

(9.1.12) <u>Satz</u>:

(1) $E(\hat{p}_B^Z) = p_B$;

(2) $\text{Var}\, \hat{p}_B^Z = \frac{1}{n}p_B(1-p_B) + \frac{1}{4n}((2p_Z - 1)^{-2} - 1)$;

(3) eine unverzerrte Schätzfunktion für $\text{Var}\, \hat{p}_B^Z$ ist

$\widehat{\text{Var}}\, \hat{p}_B^Z = \frac{1}{n-1}(2p_Z - 1)^{-2}\, \bar{Y}^Z(1-\bar{Y}^Z)$.

<u>Beweis</u>:

<u>Zu (1)</u>: Setze $p_Y = P(Y_i^Z = 1)$. Dann ist $p_Y = P(G_B)P(Z_i = 1) + P(G - G_B)P(Z_i = 2)$ wegen (9.1.7) und (9.1.8)(2). Also haben wir mit (9.1.9) und (9.1.10):

(9.1.13) $p_Y = p_B p_Z + (1-p_B)(1-p_Z) = P(Y_i^Z = 1)$.

Aus (9.1.13) folgt sogleich -- analog zu (2.5.9)(1),(2):

(9.1.14)(1) $E(\bar{Y}^Z) = p_Y$;

(2) $\text{Var}\, \bar{Y}^Z = \frac{1}{n}\, p_Y(1-p_Y)$.

Mit Hilfe von (9.1.14)(1) zeigt man nun leicht, daß sich aus (9.1.11) die Behauptung (1) ergibt, wobei man noch (9.1.13) zu beachten hat.

<u>Zu (2)</u>: Aus (9.1.11) und (9.1.14)(2) erhält man:

$\text{Var}\, \hat{p}_B^Z = (2p_Z - 1)^{-2}\, \frac{1}{n}p_Y(1-p_Y)$. Setzt man nun (9.1.13) für p_Y ein, so findet man schließlich (nach einigen zwar elementaren, jedoch auch mühseligen Rechenschritten):

$p_Y(1-p_Y) = (2p_Z - 1)^2\, p_B(1-p_B) + p_Z(1-p_Z)$.

Also ist $\operatorname{Var} \hat{p}_B^Z = \frac{1}{n} p_B(1-p_B) + \frac{1}{n} p_Z(1-p_Z)(2p_Z-1)^{-2}$.

Da aber $p_Z(1-p_Z) = \frac{1}{4}(4p_Z(1-p_Z) + (2p_Z-1)^2 - (2p_Z-1)^2)$ $= \frac{1}{4}(1-(2p_Z-1)^2)$ ist, folgt sogleich die Behauptung (2).

Zu (3): Nach (2.5.9)(3) ist $\bar{Y}^Z(1-\bar{Y}^Z)/(n-1)$ eine unverzerrte Schätzung für Var $\bar{Y}^Z$. Multipliziert man diesen Schätzer mit dem Faktor $(2p_Z-1)^{-2}$, so erhält man -- wie dem Beweis zu (2) zu entnehmen ist -- einen unverzerrten Schätzer für Var $\hat{p}_Y^Z$.

Satz (9.1.12) zeigt, daß das Problem der Schätzung des Anteils p_B gelöst werden kann durch die in (9.1.7), (9.1.8), (9.1.10) beschriebene Methode ("randomized response"; im Hinblick auf (9.1.8)(2) möchte man eher von "randomized question" reden!). Nur die (triviale) Kenntnis von p_Z (9.1.9) ist dazu vonnöten.

9.2 ANTWORT-VARIABILITÄT.

In vielen praktischen Anwendungen muß man davon ausgehen, daß ein (nach Y) befragtes Element $u_j \in G$ nicht nur eine einzige Antwort (-- etwa wie bislang: y_j --) zur Verfügung hat, sondern daß die tatsächlich gegebene Antwort aus einem ganzen Bündel möglicher Antworten stammt. Diese "Antwortvariabilität" kann u.a. folgende Gründe haben:

(1) u_j ist sich über seinen Wert $Y(u_j)$ (= "wahrer" Y-Wert von u_j) nicht so recht im klaren; dies zeigt sich darin, daß u_j bei wiederholten Befragungen verschiedene Y-Antworten gibt; es kann auch sein, daß u_j sich "bewußt" "flexibel" hält und seine Y-Meinung eben nicht festlegt;

(2) die Ermittelung von $Y(u_j)$ kann nur mit Hilfe eines bestimmten Meßverfahrens erfolgen, und dieses Meßverfahren ist (wie so oft) mit Meßfehlern behaftet;

(3) die Y-Antwort von u_j wird durch den "Interviewer" beeinflußt;

(4) die Y-Antwort von u_j wird durch andere Elemente aus G beeinflußt; die einzelnen Y-Antworten von Stichprobenelementen können dann von den übrigen Elementen der Stichprobe abhängen.

Die unter (3) und (4) genannten Gründe können auch zu "systematischen" Verzerrungen der Antworten führen; das gleiche gilt für (2), wenn das Meßverfahren einen systematischen Fehler aufweist.

Nach den vorangegangenen Erörterungen läßt sich eine Stichprobenerhebung von Y als "zusammengesetztes" Experiment auffassen mit den Teilexperimenten

(9.2.1)(1) Ziehung einer Stichprobe $\underline{U}$ aus G,
(2) Ermittelung (Erhebung/Messung...) von Y .

Von der Beschreibung des Experiments (9.2.1)(1) durch W-Räume/W-Verteilungen handelt das vorliegende Buch in großen Teilen (cf. auch (1.2.8)). Für die Beschreibung des Experiments (9.2.1)(2) führen wir nun einen Wahrscheinlichkeitsraum A ein, der die Y-Antworten der Elemente von G als "Zufallsereignisse" darstellt. Es wird nicht nötig sein, in notationelle Details zu gehen. Wir schreiben kurz:

(9.2.2) A = <u>Antwortraum</u> (für Y auf G)
= W-Raum, der angibt, welche Y-Antworten von Elementen aus G mit welchen Wahrscheinlichkeiten gegeben werden.

Man mag sich A als gegebene "Super-Population" -- ähnlich wie in Abschnitt 6.5 -- vorstellen. Jede tatsächlich gegebene Y-Antwort eines bestimmten Elementes u_j ist die Realisation einer (auf A erklärten) Zufallsvariable; wir bezeichnen diese Variable mit

(9.2.3) $Y_j^!$ = Y-Antwort von u_j
= auf A (9.2.2) erklärte Zufallsvariable, die alle möglichen Y-Antworten von u_j als Werte hat (mit der durch A induzierten Verteilung).

Wir unterstellen nun, daß es für jedes $u_j \in G$ ein wohldefiniertes "Durchschnittsverhalten" bei den Y-Antworten gibt; wir unterstellen also die Existenz des über dem W-Raum A zu bildenden Erwartungswertes

(9.2.4) $y_j^o = E(Y_j^!)$ für (9.2.3) (mit $E = E_A$).

Des weiteren unterstellen wir, daß dieses "Durchschnittsverhalten" für jedes j bei der Stichprobenziehung erhalten bleibt. (Man kann dies als Einschränkung der in (3) und (4) zu Beginn des Abschnitts genannten Gründe ansehen.) Wir haben dann auch im gesamten (i.e. für (9.2.1)(1) und (2) "zuständigen") W-Raum

(9.2.5) $E(Y_j^! \mid \underline{U}) = y_j^o$ für (9.2.3).

(Der Deutlichkeit wegen: (9.2.5) gilt unabhängig davon, ob nun das spezielle Element u_j in $\underline{U}$ vorkommt oder nicht!)

(9.2.6) Definition:
$V_j^! = Y_j^! - y_j^o$ (mit (9.2.3), (9.2.4)) heißt Antwortvariabilität von u_j. Schreibe auch kurz:
$\underline{V}' = (V_1^!,\ldots,V_N^!)$. Es gilt also

(9.2.7) $Y_j^! = y_j^o + V_j^!$ mit $E(V_j^!) = 0$ für alle $j = 1,\ldots,N$.

Es ist denkbar, unter allen möglichen Werten von $Y_j^!$ einen Wert auszuzeichnen als den "wahren" Y-Wert von u_j. Dieser "wahre" Y-Wert muß nicht identisch sein mit y_j^o. Wir schreiben daher:

(9.2.8) y_j^w = wahrer Y-Wert von u_j

und unterstellen implizit, daß y_j^w durch (9.2.8) "wohldefiniert" und "sinnvoll" ist.

(9.2.9) Bemerkung: Die Möglichkeit von (9.2.8) beruht auf der Annahme, daß die Rede vom "wahren" Y-Wert gleichsam unabhängig von allen faktischen "Meßergebnissen"/ Y-Antworten zulässig/korrekt/sinnvoll ist. Es mag Fragestellungen und Situationen geben, wo diese Auszeichnung eines $Y_j^!$-Wertes und damit auch die Unterscheidung zwischen y_j^w und y_j^o vertretbar/vernünftig ist. In außerordentlich vielen Fragestellungen (insbesondere in den Sozialwissenschaften, in Psychologie, Pädagogik...) wird man mit gutem Grund lediglich zulassen wollen, daß y_j^w nicht schon durch (9.2.8) sondern erst durch

(9.2.10) $y_j^w = y_j^o$ (mit (9.2.4))

wohldefiniert ist. Die Rede von y_j^w in (9.2.8), die nicht mit (9.2.10) übereinstimmt, muß sich auf anderes noch als die Antworten von u_j berufen; denn u_j kann -- ex definitione -- nur über y_j^o Auskunft geben. Die Gefahr, die damit einhergeht, ist offenkundig: z.B. redet dann jemand über die "wahren" Bedürfnisse, die "wahren" Interessen, die "wahren" Überzeugungen von u_j, obgleich u_j systematisch davon ausgeschlossen ist, sich dazu äußern zu können. Deshalb: man hüte sich vor (9.2.8) ohne (9.2.10)!

Mit der Einführung von y_j^w (9.2.8) -- unabhängig von y_j^o -- hat man die Möglichkeit gewonnen, eine (systematische) Verzerrung ("bias") zum Ausdruck zu bringen:

(9.2.11) $b_j = y_j^o - y_j^w$ heißt (Antwort-)Verzerrung von u_j.

Statt (9.2.7) kann man dann auch schreiben:

(9.2.12) $Y_j^! = y_j^w + b_j + V_j^!$ mit $E(V_j^!) = 0$ $(j = 1,\dots,N)$.

(9.2.13) Bemerkung: Gelegentlich schreibt man (9.2.7) und (9.2.12) als "Meßfehler"-Modelle (siehe z.B. COCHRAN (1972) S.437 ff): Ist y_{jr} bzw. v_{jr} die r-te Messung von Y_j' bzw. der bei dieser Messung auftretende Meßfehler, so hat man

$y_{jr} = y_j^o + v_{jr}$ bzw. $y_{jr} = y_j^w + b_j + v_{jr}$.

Da die y_j^o, y_j^w, b_j in (9.2.7), (9.2.12) Konstante sind, ist die Varianz von Y_j' gleich der von V_j'. Wir führen daher die folgenden Symbole für die Varianzen/Kovarianzen der V_j' ein:

(9.2.14) $\sigma_{ij} = E(V_i' \cdot V_j') = \mathrm{Cov}(V_i', V_j')$ (mit $E = E_A$) für $i \neq j$;

$\sigma_{ii} = \sigma_i^2 = E(V_i'^2) = \mathrm{Var}\, V_i'$ (mit $E = E_A$) ;

$\sigma_{V'}^2 = \frac{1}{N} \sum_{j=1}^{N} \sigma_j^2$;

$$\rho_{V'} = \frac{1}{N(N-1)} \sum_{\substack{i,j=1 \\ i \neq j}}^{N} \sigma_{ij} / \sigma_{V'}^2 .$$

(9.2.15) Definition:

$\sigma_{V'}^2$ heißt durchschnittliche Antwortvarianz (auch: durchschnittliche Varianz der Antwortvariabilität/ der Meßfehler); $\rho_{V'}$ heißt Korrelationskoeffizient der Antwort-Variabilität.

Die Benennungen (9.2.15) für die Ausdrücke in (9.2.14) werden gerechtfertigt durch folgenden Satz:

(9.2.16) Satz:

Wählt man eine einfache oZ-Stichprobe (U_1, U_2) der Länge 2 aus G und ist V_i = Antwortvariabilität von U_i -- i.e. $V_i = V_j'$ für $U_i = u_j$ (i=1,2) --, so gilt:

(1) $\mathrm{Var}\, V_i = \sigma_{V'}^2$ (i = 1,2) ;

(2) $\mathrm{Cov}\,(V_1, V_2) = \rho_{V'} \cdot \sigma_{V'}^2$.

Beweis:

Zu (1): Es ist $E(V_i) = 0$ (Beweis: siehe (9.3.7).) Also ist $\mathrm{Var}\, V_i = E(V_i^2) = E(E(V_i^2 \mid \underline{V}'))$. Ferner ist

$E(V_i^2 | \underline{V}') = \frac{1}{N}\sum_j V_j'^2$, da (z.B. wegen (2.2.6)) $P(U_i = u_j) = 1/N$ ist. Also ist $E(V_i^2) = E(\frac{1}{N}\sum_j V_j'^2) = (1/N)\sum_j E(V_j'^2) = \sigma^2_{V'}$.

<u>Zu (2)</u>: $E(V_1V_2) = E(E(V_1V_2 | \underline{V}'))$. Nun ist aber (z.B. wegen (2.2.7)) $E(V_1V_2 | \underline{V}') = \frac{1}{N(N-1)}\sum_{\substack{i,j \\ i \neq j}} V_i'V_j'$. Folglich ist $E(V_1V_2) = \frac{1}{N(N-1)}\sum_{\substack{i,j \\ i \neq j}} E(V_i'V_j')$, und die Behauptung folgt sogleich.

Es wird sich als nützlich erweisen, die folgenden Merkmale (resp. Zufallsvariable auf G mit der durch P_o induzierten Verteilung) zu definieren:

(9.2.17)(1) $Y^o: u_j \dashrightarrow Y^o(u_j) = y_j^o$;

(2) $Y^w: u_j \dashrightarrow Y^w(u_j) = y_j^w$;

(3) $B: u_j \dashrightarrow B(u_j) = b_j$.

Desgleichen führen wir die folgenden <u>Zufalls-Funktionen</u> ein (im Gegensatz zu Zufalls-Variablen haben solche Zufalls-Funktionen -- "random functions" -- als "Werte" keine reellen Zahlen sondern Zufallsvariable !! siehe z.B. NEVEU (1965) S.86) :

(9.2.18)(1) $Y': u_j \dashrightarrow Y'(u_j) = Y_j'$;

(2) $V': u_j \dashrightarrow V'(u_j) = V_j'$.

Faßt man eine reelle Zahl als "degenerierte" Zufallsvariable auf, läßt sich jede Zufallsvariable als -- sozusagen "degenerierte" -- Zufallsfunktion interpretieren. Statt (9.2.7) resp. (9.2.12) für alle j = 1,...,N anzugeben, können wir nun folgende Relation zwischen Zufallsfunktionen konstatieren:

(9.2.19) $Y' = Y^o + V'$ resp. $Y' = Y^w + B + V'$.

Mit den in (9.2.17) gegebenen Zufallsvariablen sind auch deren Mittelwerte erklärt:

(9.2.20)(1) $\mu_Y^o = (1/N) \sum_j y_j^o = E_{P_o}(Y^o)$;

(2) $\mu_Y^w = (1/N) \sum_j y_j^w = E_{P_o}(Y^w)$;

(3) $\bar{b} = \mu_Y^o - \mu_Y^w = (1/N) \sum_j b_j = E_{P_o}(B)$.

Alle diese drei Parameter sind in der Regel unbekannt und aus Stichprobenergebnissen zu schätzen. Wir wollen im folgenden Abschnitt untersuchen, wie weit die aus dem 2. Kapitel wohlbekannte Schätzung durch das Stichprobenmittel $\bar{Y}$ auch unter den Voraussetzungen dieses Abschnitts nutzbar ist.

9.3 MITTELWERT-SCHÄTZUNG BEI ANTWORTVARIABILITÄT.

Es sei $\underline{U} = (U_1, \ldots, U_n)$ eine einfache (mZ- oder oZ-)Stichprobe aus G. Setze:

(9.3.1)(1) $Y_i = Y'(U_i)$ = Y-Antwort von U_i; i.e.
$Y_i = Y_j'$ für $U_i = u_j$ (mit (9.2.18), (9.2.3));

(2) $V_i = V'(U_i)$ (mit (9.2.18), (9.2.6))
= Antwortvariabilität von U_i ;

(3) $Y_i^o = Y^o(U_i)$, $Y_i^w = Y^w(U_i)$, $B_i = Y_i^o - Y_i^w = B(U_i)$
(mit (9.2.17)).

Die arithmetischen Mittel der Y_i resp. V_i resp. Y_i^o resp. Y_i^w resp. B_i bezeichnen wir mit:

$\bar{Y}$ resp. $\bar{V}$ resp. $\bar{Y}^o$ resp. $\bar{Y}^w$ resp. $\bar{B}$.

Aufgrund von (9.2.19) gilt:

(9.3.2)(1) $Y_i = Y_i^o + V_i = Y_i^w + B_i + V_i$ für $i = 1, \ldots, n$;

(2) $\bar{Y} = \bar{Y}^o + \bar{V} = \bar{Y}^w + \bar{B} + \bar{V}$.

Mit den in (9.3.1) erklärten Zufallsvariablen hat man auch die Stichprobenvarianzen/-Kovarianzen und die "korrigierten" Varianzen/Kovarianzen (siehe (1.2.22), (1.2.23), (6.0.7)); wir bezeichnen sie mit

$$S_Y^2 \text{ resp. } S_V^2 \text{ resp. } S_{Y^o}^2 \text{ resp. } S_{Y^o,V} \text{ resp.}$$

$$S_Y^{*2} \text{ resp. } S_V^{*2} \text{ resp. } S_{Y^o}^{*2} \text{ resp. } S_{Y^o,V}^{*} .$$

Aus (9.3.2)(1),(2) läßt sich bekanntlich herleiten:

(9.3.3) $S_Y^{*2} = S_{Y^o}^{*2} + S_V^{*2} + 2\, S_{Y^o,V}^{*}$.

In Anlehnung an die Untersuchungen des 2. Kapitels -- insbesondere (2.4.8), (2.4.9), (2.4.10) -- behandeln wir nun die Frage, wie groß

(9.3.4)(1) $E(\bar{Y})$,

(2) $\operatorname{Var} \bar{Y}$,

(3) $E((1-f)\frac{1}{n} S_Y^{*2})$

unter den in 9.2 gemachten und hier unterstellten Voraussetzungen sind.

Für weitere Berechnungen ist folgende Aussage wichtig:

(9.3.5) Lemma:

(1) $E(Y_i^o \mid \underline{V}') = E(Y_i^o) = \mu_Y^o$ (Notation: (9.2.6));

(2) $E(V_i \mid \underline{V}') = (1/N) \sum_{j=1}^{N} V_j'$.

Beweis:

Zu (1): Wegen (9.2.5) ist Y_i^o von $\underline{V}'$ unabhängig. Der Rest folgt aus (9.2.20).

Zu (2): Wegen (9.2.5) ist $E(V_i \mid \underline{V}')$ $= \sum_j V'(u_j) \frac{1}{N} = (1/N) \sum_j V_j'$, wobei wir noch (9.3.1)(2) benutzt haben.

(9.3.6) <u>Satz</u>:

(1) $E(\overline{Y}) = \mu_Y^o$;

(2) $\operatorname{Var}\overline{Y} = (1/n)(1-f^*)\sigma^2_{Y^o} +$
$$\frac{1}{n}\sigma^2_{V'}\frac{N-1}{N}((1-f^*)(1-\rho_{V'}) + n(\frac{1}{N-1} + \rho_{V'}))$$
mit (9.2.14), (1.2.13) für Y^o, (2.4.5);

(3) ist $\underline{U}$ eine oZ-Stichprobe, so ist
$$\operatorname{Var}\overline{Y} = \frac{1}{n}\,\frac{N-n}{N-1}\sigma^2_{Y^o} + \frac{1}{n}\sigma^2_{V'}(1 + (n-1)\rho_{V'})\ ;$$

(4) ist $\underline{U}$ eine mZ-Stichprobe, so ist
$$\operatorname{Var}\overline{Y} = \frac{1}{n}\sigma^2_{Y^o} + \frac{1}{n}\sigma^2_{V'}\frac{N-1}{N}(1 + \frac{n}{N-1} + (n-1)\rho_{V'})\ .$$

<u>Beweis</u>:

<u>Zu (1)</u>: Wegen (9.3.2)(2) genügt es zu zeigen:

(9.3.7) $E(\overline{V}) = 0$ resp. $E(V_i) = 0$ für alle $i = 1,\ldots,n$.

In der Tat ist mit (M.2.9) $E(V_i) = E(E(V_i \mid \underline{V}')) = (1/N)\sum_j E(V_j') = 0$ (mit Lemma (9.3.5)(2) und (9.2.7)).

<u>Zu (2)</u>: Zunächst ist (mit (9.3.2), (9.3.5)) $E(\overline{Y} \mid \underline{V}') = E(\overline{Y}^o) + (1/N)\sum_j V_j'$. Also ist $\operatorname{Var} E(\overline{Y} \mid \underline{V}'))$ $= (1/N^2)(\sum_j \operatorname{Var} V_j' + \sum_{i,j,\ i\neq j} \operatorname{Cov}(V_i',V_j'))$. Beachtet man nun (9.2.14), so erhält man (mit $\operatorname{Var}(Z+\text{const}) = \operatorname{Var} Z$):

(9.3.8) $\operatorname{Var} E(\overline{Y} \mid \underline{V}') = \frac{1}{N}\sigma^2_{V'}(1+(N-1)\rho_{V'}) = \operatorname{Var} E(\overline{V} \mid \underline{V}')$.

Ferner haben wir mit (2.4.8)(2) $\operatorname{Var}\overline{Y}^o = \frac{1}{n}(1-f^*)\sigma^2_{Y^o}$, $\operatorname{Var}(\overline{V} \mid \underline{V}') = \frac{1}{n}(1-f^*)\Big(\frac{1}{N}\sum_j V_j'^2 - (\frac{1}{N}\sum_j V_j')^2\Big)$; ähnlich folgt aus (6.1.5) mutatis mutandis:
$\operatorname{Cov}(\overline{Y}^o, \overline{V} \mid \underline{V}') = \frac{1}{n}(1-f^*)\frac{1}{N}\sum_j (y_j^o - \mu_Y^o)\cdot V_j'$ und daher $E(\operatorname{Cov}(\overline{Y}^o,\overline{V} \mid \underline{V}')) = 0$. Also ist $E(\operatorname{Var}(\overline{Y} \mid \underline{V}')) =$ $E(\operatorname{Var}\overline{Y}^o + \operatorname{Var}(\overline{V} \mid \underline{V}')) = \operatorname{Var}\overline{Y}^o + E(\operatorname{Var}(\overline{V} \mid \underline{V}')) =$ $\frac{1}{n}(1-f^*)\Big(\sigma^2_{Y^o} + \frac{1}{N}\sum_j E(V_j'^2) - (1/N^2)\sum_{i,j} E(V_i'V_j')\Big)$.

Beachtet man nun (9.2.14), so führt eine leichte Rechnung zu der Aussage:

$$(9.3.9)\quad E(\mathrm{Var}(\bar{Y} \mid \underline{V}')) = \frac{1}{n}(1-f^*)\sigma^2_{Y^o} + \frac{1}{n}(1-f^*)\sigma^2_{V'}\frac{N-1}{N}(1 - \rho_{V'}).$$

Addiert man nun die linken Seiten (9.3.8) und (9.3.9), so erhält man mit (M.3.3) $\mathrm{Var}\,\bar{Y}$; addiert man die rechten Seiten von (9.3.8) und (9.3.9), so gewinnt man die rechte Seite in (9.3.6)(2) und damit die Behauptung (2).

Zu (3) und (4): folgen aus (2) mit (2.4.5).

In (9.3.6)(1),(2) findet man die Antwort auf die in (9.3.4)(1),(2) gestellten Fragen. Zunächst stellt man fest: $\bar{Y}$ ist ein unverzerrter Schätzer für μ^o_Y, i.a. jedoch nicht für μ^w_Y. Mit (9.2.20) haben wir aus (9.3.6)(1):

$$(9.3.10)\quad E(\bar{Y}) = \mu^w_Y + \bar{b}\,.$$

Das Problem der Schätzung des "wahren" Mittelwertes μ^w_Y ist durch $\bar{Y}$ also noch nicht gelöst, wenn man nicht von vornherein $\bar{b} = 0$ unterstellt (z.B. wegen (9.2.10)). Wir werden dieses Problem in Abschnitt 9.4 weiter erörtern.

Zur Varianz von $\bar{Y}$ bemerken wir, daß sie die Summe aus $\mathrm{Var}\,\bar{Y}^o$ (cf. (2.4.8)(2) für Y^o) und $\mathrm{Var}\,\bar{V}$ ist; man entnimmt nämlich den Beweisen zu (9.3.8) und (9.3.9) leicht, daß gilt:

$$(9.3.11)\quad \mathrm{Var}\,\bar{V} = \mathrm{Var}\,E(\bar{V} \mid \underline{V}') + E(\mathrm{Var}(\bar{V} \mid \underline{V}')) = \frac{1}{N}\sigma^2_{V'}(1+(N-1)\rho_{V'}) + \frac{1}{n}(1-f^*)\frac{N-1}{N}\sigma^2_{V'}(1-\rho_{V'})\,.$$

Wir haben also die instruktive Darstellung:

$$(9.3.12)\quad \mathrm{Var}\,\bar{Y} = \mathrm{Var}\,\bar{Y}^o + \mathrm{Var}\,\bar{V}\,.$$

(9.3.13) Definition:

$\mathrm{Var}\,\bar{V}$ (aus (9.3.11)) heißt Antwortvarianz, $\bar{b}$ aus (9.3.10) heißt Antwortverzerrung, $\mathrm{Var}\,\bar{Y}^o$ heißt eigentliche Stichprobenvarianz.

<u>Bemerkung</u>: Wäre die Antwort aller u_j nun doch "deterministisch" (i.e. hätte jedes u_j nur jeweils einen einzigen Wert als Y-Antwort zur Verfügung), so wäre die in (9.2.3) erklärte Variable $Y_j^!$ offenbar gleich der Konstanten y_j^o für alle $j = 1,\dots,N$. Für die Y_i aus (9.3.1) hätten wir dann: $Y_i = Y_i^o$ für alle i, also auch $\bar{Y} = \bar{Y}^o$. Var $\bar{Y}^o$ ist also die Varianz der Schätzung $\bar{Y}$ bei <u>Abwesenheit</u> von Antwortvariabilität.

Um schließlich die in (9.3.4)(3) gestellte Aufgabe zu lösen, zeigen wir:

(9.3.14) <u>Satz</u>:

$$E((1-f)\tfrac{1}{n}S_Y^{*2}) = \tfrac{1}{n}(1-f^*)\sigma_{Y^o}^2 + \tfrac{1}{n}(1-f^*)\tfrac{N-1}{N}\sigma_{V'}^2(1-\rho_{V'})$$

$$= \text{Var}\,\bar{Y}^o + E(\text{Var}(\bar{V}\mid \underline{V}'))$$

$$= \text{Var}\,\bar{Y} - \text{Var}\,E(\bar{V}\mid \underline{V}') \quad (\text{mit } (9.3.8)).$$

<u>Beweis</u>:

Zunächst ist nach (2.4.10)

(9.3.15) $E((1-f)S_{Y^o}^{*2}) = (1-f^*)\sigma_{Y^o}^2$.

Desgleichen folgt aus (2.4.10): $E(S_V^{*2}\mid \underline{V}')(1-f) = (1-f^*)S_{V'}^2 = (1-f^*)\Big(\tfrac{1}{N}\sum_j V_j^{!2} - (\tfrac{1}{N}\sum_j V_j^!)^2\Big)$. Dem Beweis zu (9.3.9) entnimmt man: $E(S_{V'}^2) = \sigma_{V'}^2(1-\rho_{V'})(N-1)/N$. Insgesamt erhalten wir daher

(9.3.16) $E((1-f)S_V^{*2}) = (1-f^*)\tfrac{N-1}{N}\sigma_{V'}^2(1-\rho_{V'})$.

Schließlich folgern wir aus (6.1.6): $E(S_{Y^o,V}^*\mid \underline{V}')(1-f) = (1-f^*)\tfrac{1}{N}\sum_j(y_j^o-\mu_Y^o)V_j^!$. Da der Erwartungswert dieses Ausdrucks 0 ist, haben wir

(9.3.17) $E((1-f)S_{Y^o,V}^*) = 0$.

Aus (9.3.3), (9.3.15), (9.3.16), (9.3.17) folgt nun die Behauptung (9.3.14).

9.4 ÜBER DEN UMGANG MIT STICHPROBEN BEI VERZERRUNGEN UND VARIABILITÄT IN DEN ANTWORTEN.

Mit der Einführung von Verzerrung und Variabilität -- wie dies in 9.2 geschehen ist -- stellen sich (im Anschluß an die Berechnungen aus 9.3, insbesondere (9.3.6)) vor allem die folgenden drei Probleme:

(9.4.1)(1) Wie kann man Verzerrungen erkennen und schätzen?

(2) Wie kann man Antwortvariabilität erkennen und schätzen?

(3) Wie ist (unter diesen "neuen" Bedingungen 9.2) eine Stichprobe im Vergleich mit einer Vollerhebung zu bewerten?

Zu (9.4.1)(1).

Hat man das Ziel, die Verzerrung $\bar{b}$ (9.2.20)(3) zu beseitigen und den wahren Mittelwert μ_Y^w (9.2.20)(2) zu schätzen, so wird man wegen (9.3.6)(1), (9.3.10) nach

(9.4.2) $\hat{\bar{b}}$ = Schätzfunktion für $\bar{b}$

suchen, um dann mit Hilfe von

(9.4.3) $\hat{\mu}_Y^w = \bar{Y} - \hat{\bar{b}}$

eine Schätzung von μ_Y^w zu gewinnen. Wegen (9.3.10) hat man dann sofort die Aussage:

(9.4.4) Ist $E(\hat{\bar{b}}) = \bar{b}$, so ist $E(\hat{\mu}_Y^w) = \mu_Y^w$.

Solange man die in 9.2 gemachten Annahmen über den Charakter einer Erhebung/Messung von Y nicht revidiert, wird es unmöglich sein, (9.4.2) und (9.4.3) als jeweils unverzerrte Schätzer aufgrund einer Stichprobe $\underline{U}$ zu erhalten. Als einziger Ausweg bietet sich an, folgende

Annahme zusätzlich einzuführen:

(9.4.5) Es existiert ein weiteres Erhebungsverfahren -- das wir _geeicht_ nennen --, das die direkte Beobachtung von y_j^w oder b_j auf u_j gestattet.

Da man i.a. davon ausgehen muß, daß ein "geeichtes" Verfahren (z.B. eine Messung mit einem ständig kontrollierten geeichten Spezial-Instrument ohne Meßfehler) aufwendiger ist als ein "normales", den Modellvorstellungen des Abschnitts 9.2 genügenden Erhebungsverfahren, wird man mit einer kleinen Stichprobe $\underline{U}'$ auskommen wollen, um dort $\hat{b}$ (9.4.2) resp. $\hat{\mu}_Y^w$ (9.4.3) zu ermitteln. Wir wollen die Einzelheiten der Wahl von $\underline{U}'$ hier nicht erörtern. (Der Leser sei z.B. auf KONIJN (1973) S.394 ff verwiesen.)

Freilich muß man -- im Anschluß an (9.2.9) -- äußerst skeptisch sein, was die Möglichkeit von (9.4.5) in solchen Bereichen angeht, in denen die "Eichung" von Meß-/Erhebungsverfahren gewiß als problematisch gilt. (Diese Situation dürfte in den Sozialwissenschaften, in der Pädagogik, in der Psychologie oft vorliegen -- jedenfalls dann, wenn die Frage zugelassen ist, _was_ es denn eigentlich ist, das mit einem als "geeicht" ("standardisiert") deklarierten Verfahren gemessen wird!) Kann man jedoch (9.4.5) nicht mit gutem (wissenschaftlichen) Gewissen aufrecht erhalten, muß die Idee des "wahren" Wertes (9.2.8) und damit die Idee der Verzerrung (9.2.11) als "nicht operational", als gleichsam "leer" und töricht verworfen werden. (Zitat aus COCHRAN (1972) S.453: "Eine konstante Verzerrung in allen Stichprobeneinheiten ist kaum aufzudecken." Frage: _Wer_ hat dann die Kompetenz, von "Verzerrung" zu reden?)

_Zu (9.4.1)(2)._

Im Gegensatz zur Verzerrung ist die Antwortvariabilität aufgrund von "normalen" (in 9.2 beschriebenen) Erhebungsverfahren nachweisbar/schätzbar. Eine Möglichkeit der Schätzung -- auf die wir hier nicht näher eingehen -- besteht darin, die Stichprobe $\underline{U}$ in Teilstichproben "zufällig" aufzuteilen; aus den "internen" Streuungen innerhalb der Teilstichproben und den "externen" Streuungen zwischen den Teilstichproben läßt sich dann die Antwortvarianz (9.3.11)

(9.4.6) $v_A = \frac{1}{N}\sigma^2_{V'}(1+(N-1)\rho_{V'}) + \frac{1}{n}(1-f^*)\frac{N-1}{N}\sigma^2_{V'}(1-\rho_{V'})$

schätzen. (Siehe hierzu z.B. STENGER (1977) S.399, auch COCHRAN (1972) S.447 ff zu ineinandergreifenden Stichproben, "interpenetrating subsamples".)

Eine andere Möglichkeit der Schätzung von v_A wird dadurch gegeben, daß man Y auf $\underline{U}$ nicht nur einmal sondern mehrmals erhebt. Wir betrachten die zweimalige Erhebung. Für jede dieser Erhebungen werden die Annahmen des Abschnitts 9.2 unterstellt. Ferner seien beide Erhebungen voneinander unabhängig. Wir präzisieren:

(9.4.7)(1) Y'_{js} = Y-Antwort von u_j bei s-ter Erhebung mit (9.2.3) für s=1,2;

(2) $y^o_{js} = E(Y'_{js})$; $V'_{js} = Y'_{js} - y^o_{js}$ (s = 1,2).

Daß die beiden Erhebungen nach demselben Verfahren vorgenommen werden, drücken wir aus durch die Annahme

(9.4.8) V'_{j1} hat dieselbe Verteilung wie V'_{j2} für alle j.

Auf der Stichprobe $\underline{U}$ haben wir nunmehr:

(9.4.9) Y_{is} = Y-Antwort von U_i bei s-ter Erhebung,
V_{is} = Antwortvariabilität von U_i bei s-ter Erhebung,
Y^o_{is} = "durchschnittliche" (in A (9.2.2)) Y-Antwort von U_i bei s-ter Erhebung.

Mit offensichtlicher Notation haben wir für die arithmetischen Mittel

(9.4.10) $\bar{Y}_s = \bar{Y}^o_s + \bar{V}_s \quad (s = 1,2)$.

Anmerkung: Man nennt $\bar{Y}_1 - \bar{Y}_2$ auch Netto-Differenz, $\frac{1}{n}\sum_i (Y_{i1} - Y_{i2})^2$ Brutto-Differenz (der beiden Erhebungen).

Schließlich sind folgende Annahmen notwendig:

(9.4.11)(1) für jede Erhebung gilt (9.2.5) und daher (9.3.5) -- mutatis mutandis;

(2) $(V_{11},\ldots,V_{n1})$ und $(V_{12},\ldots,V_{n2})$ sind voneinander unabhängig.

(9.4.12) Satz:

$(1/2)E((\bar{Y}_1-\bar{Y}_2)^2) = v_A + (1/2)E((\bar{Y}^o_1 - \bar{Y}^o_2)^2)$,

wobei v_A die Antwortvarianz (9.4.6) bei einer einfachen Zufallsstichprobe $\underline{U}$ der Länge n ist. (Natürlich ist implizit unterstellt, daß in (9.4.9) eine einfache Zufallsstichprobe vorliegt.)

Beweis:

Aus (9.4.10), (9.4.11)(1) folgt zunächst: $E((\bar{Y}_1 - \bar{Y}_2)^2) = E((\bar{V}_1 - \bar{V}_2)^2) + E((\bar{Y}^o_1 - \bar{Y}^o_2)^2)$. Wegen (9.4.11)(2) ist $E((\bar{V}_1 - \bar{V}_2)^2) = E(\bar{V}_1^2) + E(\bar{V}_2^2) =$ $\text{Var}\,\bar{V}_1 + \text{Var}\,\bar{V}_2$. Wegen (9.4.8) ist (mit (9.3.11)) $\text{Var}\,\bar{V}_s = v_A$ (9.4.6) für $s = 1,2$.

Wir setzen

(9.4.13) $\hat{v}_A = \frac{1}{2}(\bar{Y}_1 - \bar{Y}_2)^2$.

Aufgrund von (9.4.12) wird $\hat{v}_A$ die Antwortvarianz v_A i.a. überschätzen. Kann man davon ausgehen, daß das "durchschnittliche" Antwortverhalten in beiden Befragungen identisch ist, daß also $y^o_{j1} = y^o_{j2}$ für alle j gilt, so ist offenbar $E(\hat{v}_A) = v_A$.

<u>Zu (9.4.1)(3).</u>
Mit der Einführung von $Y_j^!$ (9.2.3) als Zufallsvariable für die Y-Antworten von u_j (für alle j) erhält auch eine Vollerhebung einen Stichprobencharakter; man könnte sagen:

(9.4.14) eine <u>Vollerhebung</u> von Y auf G ist eine Stichprobe aus $(Y_1^!,\ldots,Y_N^!)$ der Länge 1.

Dieser Stichprobencharakter ist es, den man dafür "verantwortlich" machen kann dafür, daß die Varianz von $\bar{Y}$ (auf einer Stichprobe $\underline{U}$ der Länge n) auch für $n \dashrightarrow \infty$ (in (9.3.6)(4)) resp. $n \dashrightarrow N$ (in (9.3.6)(3)) <u>nicht</u> gegen Null geht. Die Stichprobe $\underline{U}$ mag so groß sein wie sie will: Var $\bar{Y}$ wird eine gewisse Untergrenze nicht unterschreiten! Man ersieht aus (9.3.6), daß unter den Annahmen von 9.2 gilt: für alle hinreichend großen Stichprobenlängen n ist

(9.4.15) Var $\bar{Y} \geq \sigma^2_{V^!} \cdot \rho_{V^!}$.

Aufgrund von (9.4.14) und (9.4.15) schwindet der "Wert", den Vergrößerungen der Stichprobenlänge bei einfachen Zufallsstichproben ansonsten haben. Da (im wesentlichen) Var $\bar{Y}$ gegen die rechte Seite von (9.4.15) für $n \dashrightarrow \infty$ (resp. N) geht, schlägt sich eine Verlängerung der Stichprobe lediglich in höheren Kosten nieder, sofern Var $\bar{Y}$ schon in der Nähe der in (9.4.15) angegebenen Untergrenze ist.

Die Situation kann noch ungünstiger werden, wenn die Annahme revidiert werden muß, daß $\sigma^2_{V^!}$ und $\rho_{V^!}$ konstant sind und nicht mit n wachsen! Es wäre nämlich denkbar, daß eine Erhöhung von n zu geringerer Sorgfalt bei der Erhebung von Y führt, so daß man statt (9.2.3) die folgende Größe einzuführen hätte:

(9.4.16) $Y_j^!(n)$ = Erhebung von Y bei u_j, wenn insgesamt bei n Elementen die Ernebung von Y vorgenommen wird.

Mit $Y_j'(n)$ (9.4.16) hat man dann auch

(9.4.17) $V_j'(n)$ = Antwortvariabilität von u_j, wenn insgesamt bei n Elementen Y erhoben wird.

Analog zu (9.2.14), (9.2.15) hätte man aus (9.4.17) nun

$$(9.4.18)\quad \sigma^2_{V'(n)} = \sum_{j=1}^{N} \operatorname{Var} V_j'(n)/N \,,$$

$$\rho_{V'(n)} = \sum_{\substack{i,j=1\\ i \neq j}}^{N} \operatorname{Cov}\,(V_i'(n), V_j'(n)) \frac{1}{N(N-1)} / \sigma^2_{V'(n)} \,.$$

Sind nun $\sigma^2_{V'(n)}$ und $\rho_{V'(n)}$ monoton wachsende Funktionen von n, so würde die <u>Antwortvarianz</u> Var $\bar{V}(n)$ mit n wachsen (siehe (9.3.11) mutatis mutandis). Zwar fällt Var $\bar{Y}^o = (1/n)(1-f^*)\sigma^2_{Y^o}$ nach wie vor mit n, für die Summe (9.3.12) Var $\bar{Y}$ muß jedoch damit gerechnet werden, daß für hinreichend großes n Var $\bar{Y}$ mit n steigt!

Die vorangegangenen Erörterungen zeigen, daß bei Vorliegen von Antwortvariabilität nicht mehr notwendiger Weise damit gerechnet werden kann, daß die längere Stichprobe auch diejenige ist, die für eine kleinere Varianz des Schätzers $\bar{Y}$ sorgt. Die Bedeutung von Überlegungen zur Wahl der Stichprobenlänge (siehe insbesondere das 8.Kapitel) werden erneut unterstrichen.

===================

LITERATURHINWEISE.

Zeitschriftenartikel:
ERIKSSON (1973); HORVITZ/GREENBERG/ABERNATHY (1976); KOCH (1973); KOOP (1974); LANKE (1976); STENGER (1977); STRECKER (1971); WEICHSELBERGER (1971); WARNER (1965), (1976).

10. BEISPIELE.

Die folgenden Beispiele sollen die gängigsten der in den Kapiteln 2 bis 6 behandelten Strategien illustrieren. Sie sind fiktiver Natur, weil "realistische" Beispiele i.d.Regel zu viel Raum beanspruchen würden. Es bleibt daher dem Leser überlassen, Begriffe wie "Grundgesamtheit", "Merkmal", "Schicht", "Klumpen" etc... mit konkreten Inhalten zu füllen.

Als Grundgesamtheit werden wir häufig die Gesamtheit oder Teile einer Menge

(10.0.1) $\{u_{ij}: \ i = 1,\dots,15; \ j = 1,\dots,10\}$

unterlegen; auf der Menge (10.0.1) sei ein Merkmal Y definiert, dessen Werte nunmehr explizit aufgeführt und gegliedert werden:

(10.0.2) Tabelle der $y_{ij} = Y(u_{ij})$ für (10.0.1):

(i = Zeilenindex; j = Spaltenindex)

										(i)
73	126	112	130	127	99	110	90	101	98	(1)
90	123	119	116	79	128	90	99	91	106	(2)
105	116	126	113	114	127	99	92	108	97	(3)
96	114	118	105	104	102	113	105	92	106	(4)
86	123	123	101	107	98	95	106	101	101	(5)
125	81	85	86	78	89	108	105	116	99	(6)
120	99	107	91	111	112	94	98	95	91	(7)
108	77	67	100	114	126	90	94	98	107	(8)
118	91	96	122	100	121	108	116	102	109	(9)
124	104	88	72	76	66	86	76	113	102	(10)
119	89	91	94	118	100	100	105	88	90	(11)
127	110	84	67	78	129	113	97	99	111	(12)
119	98	108	85	100	112	98	100	85	91	(13)
114	96	107	73	93	125	119	93	95	102	(14)
126	89	93	94	113	95	107	117	88	95	(15)
(1)	(2)	(3)	(4)	(5)	(6)	(7)	(8)	(9)	(10)	(j)

Natürlich ist der Zweck von (10.0.2) der, uns in die Lage zu versetzen, zu jeder Stichprobe aus G die Y-Werte zu ermitteln! Ansonsten ist uns (10.0.2) gleichsam unbekannt !!! -- ebenso unbekannt, wie die Parameter

(10.0.3) $\bar{y} = 102.00$; $s^2 = 211.23$

(wobei natürlich $\bar{y}$ und s^2 gemäß (1.2.12) und (1.2.13) mit $N = 150$ gebildet sind).

Zur Abkürzung der in (10.0.2) enthaltenen Gliederung führen wir für die "Blöcke" in (10.0.2) folgende Notation ein:

(10.0.4)

$\underline{y}^{11}$	$\underline{y}^{12}$	$\underline{y}^{13}$	$\underline{y}^{14}$
$\underline{y}^{21}$	$\underline{y}^{22}$	$\underline{y}^{23}$	$\underline{y}^{24}$

= (10.0.2).

10.1 BEISPIELE ZU EINFACHEN ZUFALLS-STICHPROBEN.

Gegeben sei die Grundgesamtheit

(10.1.1) $G = \{ u_{j+(i-1)\cdot 10} : i=1,\dots,10;\ j=1,\dots,15 \}$
mit $u_{j+(i-1)10} = u_{ij}$ aus (10.0.1).

(Dann ist $\mu = \bar{y}$, $\sigma^2 = s^2$ aus (10.0.3)!)

1. Beispiel. Zu (2.1.1),(2.1.4),(2.1.5).

Ziehung einer mZ-Stichprobe der Länge $n = 6$ gemäß Abschnitt 2.3.

1. Schritt: siehe (10.1.1).
2. Schritt: Bestimme a und FS für Tafel M.6. Ergebnis:
   FS : gehe von (5×5)-Block zu (5×5)-Block (in Tafel T) wie beim natürlichen Lesen; die Ziffern eines Blocks werden zeilenweise hintereinander geschrieben.
   a = Anfangsstelle für den 1.Block: a = "Block-Stelle" = (1.Seite von T, 8.Block-Zeile, 2.Block-Spalte).
3. Schritt: N=150 ist dreistellig. Bildung der t_j:

024 402 975 003 107 369 255 430 953 041 (t_1 bis t_{10})
071 915 872 520 832 814 358 784 111 767 (t_{11} bis t_{20})
768 875 184 179 316 414 467 ... (t_{20} bis ..)

4. Schritt:
   $T_1=t_1=24$; $T_2=t_4=3$; $T_3=t_5=107$; $T_4=t_{10}=41$; $T_5=t_{11}=71$; $T_6=t_{19}=111$.

5. Schritt: $\underline{U} = (u_{24}, u_3, u_{107}, u_{41}, u_{71}, u_{111})$.
6. Schritt: $\underline{Y} = (113, 112, 100, 86, 108, 127)$ aus (10.0.2) und (10.1.1).

Aus $\underline{Y}$ errechnet man nun:

(10.1.2) $\hat{\mu} = \overline{Y} = 107.67, \quad \widehat{\text{Var}}\,\hat{\mu} = 31.64$.
Ferner mit bekanntem σ : $\text{Var}\,\hat{\mu} = 35.17$.

2. Beispiel. Zu (2.2.3), (2.2.4), 2.3, (8.3.7).

Ziehung einer oZ-Stichprobe mit optimaler Stichprobenlänge gemäß (8.3.7).

Gegeben sei das maximale Risikoniveau $a = 20$: $\text{Var}\,\hat{\mu} \leq 20$.
Bekannt sei (siehe auch (8.5.2)):

$\sigma^2 = 211$. Dann ist nach (8.3.7) $z' = 150 \dfrac{211/20}{211/20 + 149}$,

also $n = n^* = 10$ nach (8.3.3).

Zu ziehen ist also eine einfache mZ-Stichprobe der Länge $n = 10$. Dies geschieht mit einem modifizierten Verfahren:

(10.1.3) Modifikation des 4.Schrittes in Abschnitt 2.3 :
T_i = (kleinste Natürliche Zahl $\geq t_i^! \cdot N \cdot 10^{-q}$) ,
wobei die $t_i^!$ im 3.Schritt als q-stellige Zahlen gebildet werden mit $q > b$ (b = Stellenzahl von N).

Anmerkung: Modifikation (10.1.3) ist immer dann angebracht, wenn N "klein" ist im Vergleich mit 10^b; hier ist $N = 150$ "klein" im Vergleich mit 1 000 . Wir arbeiten mit $q = 5$.

Es folgt nun die Auswahl mit Hilfe von T in M.6:
1. Schritt: Siehe (10.1.1).
2. Schritt: FS:Blockwiese (wie soeben bei der mZ-Stichprobe). Die zu ermittelnde Anfangsstelle gilt für den 1.Block: a = (1.Seite von T, 2.Block-Zeile, 3.Blockspalte).

Die übrigen Schritte Schritte und deren Ergebnisse sind zusammengefaßt in folgender Tabelle:

i	1	2	3	4	5	6
$t_i^!$	81055	50735	75462	15459	93110	91954
$t_i^! \cdot 150 \cdot 10^{-5}$	121.6	76.1	113.2	23.2	139.7	137.9
T_i	122	77	114	24	140	138
Y_i	98	90	67	113	102	93

i	7	8	9	10	11	...
	15644	15071	44709	94048	32290	
	23.5	22.6	67.1	141.1	48.4	
T_{i-1}		23	68	142	49	
Y_{i-1}		126	98	89	101	

<u>Anmerkung:</u> Für eine oZ-Stichprobe ist in (10.1.3) die Verschiedenheit der T_i natürlich hinzuzufügen. Daher erhält man in obiger Tabelle zu $i = 7$ kein T_i, da bereits $T_4 = 24$ ist!

Aus $\underline{Y}$ (= letzte Zeile der Tabelle) errechnet man:

(10.1.4) $\hat{\mu} = \bar{Y} = 97.7$; $\widehat{\text{Var}}\ \hat{\mu} = 22.4$.
Ferner mit bekanntem σ : Var $\hat{\mu} = 19.82$.

10.2 BEISPIELE ZU GESCHICHTETEN STICHPROBEN.

Gegeben sei die Grundgesamtheit (10.1.1) mit folgender Schichtung $G_1, \ldots, G_4$ $(k = 4)$:

(10.2.1) $G_1 =$ alle u_{i1}; $G_2 =$ alle u_{ij} mit $j=2,3$;
$G_3 =$ alle u_{ij} mit $j=4,5,6$; $G_4 =$ alle u_{ij} mit $j \geq 7$.
Y-Werte in $G_i = \{\underline{Y}^{1i}, \underline{Y}^{2i}\}$ mit (10.0.4).

Mit vorgegebenen Kosten c_i pro Einheit in G_i hat man:

(10.2.2)

Schicht i	1	2	3	4
N_i	15	30	45	60
c_i	16	4	9	16
σ_i	16.08	15.78	17.86	8.92

<u>3. Beispiel. Zu (3.2.5),(3.2.8),(3.2.9)(2),(3.3.1).</u>

<u>Einfache geschichtete mZ-Stichprobe der Länge n=10 mit proportionaler Allokation.</u>

Man errechnet zunächst: $n_1=1$, $n_2=2$, $n_3=3$, $n_4=4$.

Für die Ziehung aus den G_i ist jedes G_i anzuordnen, etwa "zeilenweise", z.B. für G_2: $u_{1\,2}, u_{1\,3}, u_{2\,2}, \ldots, u_{15\,3}$.
Wir unterstellen folgende Ziehungsergebnisse für die T_j:
In G_1: $T_1=9$; in G_2: $T_1=17$, $T_2=3$; in G_3: $T_1=25$, $T_2=5$, $T_3=37$; in G_4: $T_1=34$, $T_2=6$, $T_3=49$, $T_4=36$ (für (3.2.4) mZ!)

<u>Anmerkung</u>: Um die Unabhängigkeit der aus verschiedenen Schichten stammenden Ziehungen zu gewährleisten, ist für jedes G_i ein "eigenes" Fortsetzungsschema FS und eine eigene Anfangsstelle a zu bestimmen!

Den obigen T_j entsprechen bei "zeilenweiser" Anordnung die folgen-den Y-Werte, wie man (10.0.2) entnimmt:

$\underline{Y}_1 = 118$; $\underline{Y}_2 = (91, 123)$; $\underline{Y}_3 = (122, 79, 85)$;
$\underline{Y}_4 = (116, 99, 98, 109)$. Daraus erhält man (für (3.2.5)):
$\bar{Y}^1 = 118$, $\bar{Y}^2 = 107$, $\bar{Y}^3 = 95.3$, $\bar{Y}^4 = 105.5$.

Für (3.2.8) folgt nunmehr: $\hat{\mu}$ = 118(15/150) + 107(30/150) + 95.3(45/150) + 105.5(60/150) = 104.0 .
Da in (10.2.2) die σ_j gegeben sind, läßt sich Var $\hat{\mu}$ aus (3.2.9) bestimmen: Var $\hat{\mu} = (15/150)^2 \cdot 16.08^2 + (30/150)^2 \cdot 15.78^2/2 + (45/150)^2 \cdot 17.86^2/3 + (60/150)^2 \cdot 8.92^2/4 = 20.32$. Wir fassen zusammen:

(10.2.3) $\hat{\mu}$= 104.0, Var $\hat{\mu}$= 20.32 für (3.2.8), (3.2.9)(2) (einfache geschichtete Stichprobe mit proportionaler Allokation).

Anmerkung: Wären die σ_i in (10.2.2) nicht gegeben, müßte Var $\hat{\mu}$ durch (3.2.9) (3) geschätzt werden. Dazu freilich würde in G_1 die Stichprobenlänge 1 nicht ausreichend sein.

4. Beispiel. Zu (3.3.3), (3.3.14), (3.2.9)(2).

Kostenoptimale Allokation (3.3.3), (3.3.14).

Mit den in (10.2.2) angegebenen Kosten c_i errechnet man folgende variable Kosten $\sum_i n_i c_i$ für die der Schätzung $\hat{\mu}$ in (10.2.3) zugrunde liegende geschichtete Stichprobe mit proportionaler Allokation:

$$C_o' = 115 \quad (=\textstyle\sum_{i=1}^4 n_i c_i).$$

Mit diesem gegebenen C_o' (siehe (3.3.10)) berechnen wir nun die Längen der Teilstichproben bei kostenoptimaler Allokation. Nach (3.3.14) und (3.3.15) hat man folgende Größen zu berechnen:

(10.2.4)

i	1	2	3	4	
$(N_i/N)\,\sigma_i/\sqrt{c_i}$	0.40	1.58	1.79	0.89	
$(N_i/N)\,\sigma_i\sqrt{c_i}$	6.43	6.31	16.07	14.27	$\sum_i' = 43.08$

Aus (10.2.4) und C_o' = 115 ergibt sich zunächst die Konstante K_o aus (3.3.15) als 115/43.08 = 2.67, und wieder aus (10.2.4) erhält man gemäß (3.3.14):

$$K_o(N_i/N)\,\sigma_i/\sqrt{c_i} : \; 1.07, \; 4.22, \; 4.78, \; 2.38 .$$

Rundet man diese Größen zur nächstliegenden natürlichen Zahl, so hat man schließlich:

(10.2.5) $n_1=1;\ n_2=4;\ n_3=5;\ n_4=2.$
Variable Kosten $\sum_i c_i n_i = 109 < C_o'$.

Für die Varianz von $\hat{\mu}$ bei Allokation (10.2.5) findet man:

$$V_{opt} = (15/150)^2 16.08^2 + (30/150)^2 15.78^2/4 + (45/150)^2 17.86^2/5 + (60/150)^2 8.92^2/2 = 16.1 .$$

Man bemerke, daß $\mathrm{Var}_{\mathrm{opt}}$ bei etwa 20% kleiner ist als Var $\hat{\mu}$ aus (10.2.3) praktisch gleichen (sogar geringeren) Stichprobenkosten.

5. Beispiel. Zu (3.5.2),(3.5.4),(3.5.9)(2).

Nachträgliche Schichtung.

Wir betrachten erneut die einfache mZ-Stichprobe aus dem 1.Beispiel in 10.1, die zu (10.1.2) geführt hatte. Wir unterlegen nun die in (10.2.1) erklärten Schichten für eine nachträgliche Schichtung der Stichprobe $\underline{U} = (u_{24}, u_3, u_{107}, u_{41}, u_{71}, u_{111})$ (siehe S. 219 unten). Da aus (10.1.1) und (10.2.1) folgt:

$$u_{41}, u_{71}, u_{111} \in G_1, \; u_3 \in G_2, \; u_{24} \in G_3, \; u_{107} \in G_4,$$

erhält man gemäß (3.5.3) folgende Mittelwertschätzungen in den Schichten (zu $\underline{Y}$: siehe S.219 unten):

$\hat{\mu}_i'$: 107, 112, 113, 100 . Aus (3.5.4) und (3.5.9)(2) errechnet man nun:

(10.2.6) $\hat{\mu}' = 107.0$, Var $\hat{\mu}' = 33.87 + O(n^{-2})$ $(n = 6)$
bei nachträglicher Schichtung.
Die n_i' (3.5.2) waren: $n_1' = 3$, $n_2' = 1$, $n_3' = 1$, $n_4' = 1$.

Man vergleiche (10.2.6) mit (10.1.2).

10.3 BEISPIELE ZU STICHPROBEN ZU EINER VERTEILUNG P.

Wir gehen von einer neuen Grundgesamtheit aus, die aus 10 Unternehmen bestehe. Von Interesse ist Y = Investitionen (in Mio.DM). Die Stichprobe soll zur Verteilung P erfolgen, wobei $p_j = m_j/M$ (4.2.6) sei mit m_j = Umsatz von Unternehmen j, $M = \sum_j m_j$. Die folgende Tabelle führt auf die unbekannten y_j = Investitionen von Unternehmen j, die bekannten m_j und die M_i (4.2.7):

(10.3.1)

j	1	2	3	4	5	6	7	8	9	10
y_j	0.1	2.5	12.0	6.0	30.0	0.0	10.0	15.0	8.0	4.9
m_j	1	7	14	8	30	2	2	29	1	6
M_j	1	8	22	30	60	62	64	93	94	100

(y_j in Mio.DM; m_j in 100 Mio. DM); M = 100.
$\mu_Y = 8.85$ (unbekannt), $\sigma^2 = 79.56$

6. Beispiel. Zu (4.1.2),(4.1.5),(4.1.12),(4.2.7),(4.2.9).

mZ-Stichprobe zur Verteilung P. 4.1, 4.2.

Es sei $p_j = P(\text{Unternehmen } j) = m_j/M = m_j/100$. Die Stichprobenlänge sei 4. Zur Ziehung gemäß (4.2.7),(4.2.8), (4.2.9) haben wir aus den Zahlen 1,2,...,100 eine einfache mZ-Stichprobe der Länge 4 zu ziehen, wobei wir 100 mit der zweistelligen Zahl 00 identifizieren. Wir wählen dazu: FS (Fortsetzungsschema): Spaltenweise abwärts, von links nach rechts; Anfangsstelle a (gelost): a = (2.Seite von T in M.6, 28.Zeile, 21.Spalte). Damit werden folgende Zufallszahlen erzeugt: 3 5 0 7 3 2 9 5 7 .... Also ist (wegen $T_i = t_i$): $T_1=35$, $T_2=7$, $T_3=32$, $T_4=95$.

Ein Blick auf die M_j in (10.3.1) zeigt nun:

$\underline{U} = (u_5, u_2, u_5, u_{10})$; $\underline{Y} = (30.0, 2.5, 30.0, 4.9)$;

in (4.1.4) $\underline{P} = (0.30, 0.07, 0.30, 0.06)$.

Für $\hat{\mu}_P$ (4.1.5) und $\widehat{Var}\,\hat{\mu}_P$ (4.1.12) errechnet man nun:

(10.3.2) $\hat{\mu}_P = 7.95$; $\widehat{Var}\,\hat{\mu}_P = 2.3$.

7. Beispiel. Zu (4.4.2),(4.4.3),(4.3.10)(1),(4.4.13).

Proportionale oZ-Stichprobe zu P: $p_j=m_j/100$ aus (10.3.1), Stichprobenlänge $n = 2$.

Aus den Zahlen 1,...,50 = k = M/n = 100/2 ist eine Stichprobe der Länge 1 zu ziehen. Das Ergebnis sei I = 2. Die Zahlen 2 und 2+50 entsprechen in (10.3.1) den Unternehmen 2 und 5 ($M_1 < 2 \leq M_2$; $M_4 < 52 \leq M_5$). Mit $y_2=2.5$, $p_2=0.07$, $y_5=30$, $p_5=0.30$ errechnet man (nach (4.4.3)):

$\hat{\mu}_{HT} = (1/10)(2.5/0.14 + 30/0.60) = 6.79$.

Zur Berechnung von $\hat{\sigma}^2_{HT}$ (4.3.10)(1) benötigt man die π_{ij}. Wir begnügen uns da--mit, die fest gewählte Anordnung (10.3.1) als gegeben hinzunehmen und nur für diese Anordnung die Varianz von $\hat{\mu}_{HT}$ zu schätzen. Mit dieser Einschränkung können wir nun (4.4.13) nutzen. Nach (4.4.11),(4.4.12) ist $m_{25} = 7$, da genau für $2 \leq I \leq 8$, $52 \leq 50+I \leq 58$ die Unternehmen 2 und 5 die Stichprobe bilden. Also ist $\pi_{25} = 7/50 = 0.14$. Mit $\pi_2 = 0.14$ und $\pi_5 = 0.60$ errechnet man für (4.3.10)(1): $\hat{\sigma}^2_{HT} = 16.31$.

Wir fassen die Ergebnisse zusammen:

(10.3.3) $\hat{\mu}_{HT} = 6.79$; $\hat{\sigma}^2_{HT} = 16.31$ für die geordnete Grundgesamtheit (10.3.1).

Bei der Berechnung des Yates-Grundy Schätzers ergibt sich ein negativer, also unbrauchbarer Wert: $\hat{\sigma}^2_{YG} = -4.13$ (natürlich wiederum nur für die fest angeordnete Grundgesamtheit).

10.4 BEISPIELE ZU KLUMPEN-STICHPROBEN.

Wir betrachten die Grundgesamtheit (10.0.1), die analog zu der Zerlegung in 8 Blöcke (10.0.2) in 8 Klumpen aufgeteilt sei. Die folgende Tabelle, die auch die Klumpengrößen m_i und die kumulierten Größen $M_i = m_1 + \dots + m_i$ enthält, vedeutlicht die Situation:

(10.4.1)

K_i	1	2	3	4	5	6	7	8
m_i	5	10	15	20	10	20	30	40
$m_i/150$	1/30	2/30	3/30	4/30	2/30	4/30	6/30	8/30
M_i	5	15	30	50	60	80	110	150
Y-Werte in K_i	$\underline{y}^{11}$	$\underline{y}^{12}$	$\underline{y}^{13}$	$\underline{y}^{14}$	$\underline{y}^{21}$	$\underline{y}^{22}$	$\underline{y}^{23}$	$\underline{y}^{24}$

8. Beispiel. Zu (5.2.2), (5.2.3)(5), (5.2.6).

mZ-Klumpen-Stichprobe zu größen-proportionaler Verteilung der Länge $r = 3$.

Für die Ziehung gemäß (5.2.6) werde G (10.0.1) so geordnet, daß Elemente von K_{i+1} stets nach Elementen von K_i (für alle i) stehen. (Dann wird (5.2.6) identisch mit dem in (4.2.7) bis (4.2.9) beschriebenen Verfahren.)

Für die Auswahl benutzen wir:
FS : Blockweise, zeilenweise Anordnung innerhalb eines (5×5)-Blocks;
a = 1.Blockstelle: (Seite 2 von T M.6, Zeile 7, Spalte 9).

Ergebnis: t_i : 147 850 543 016 165 487 493 127 529 463 ..
$T_1 = 147$, $T_2 = 6$, $T_3 = 127$. Aus (10.4.1) entnimmt man: $\underline{\mathbb{K}} = (K_8, K_3, K_8)$. Aus (10.0.2) errechnet man die $\bar{Y}_i^K$ als 100, 110, 100; (5.2.2) ergibt nun: $\hat{\mu}_{\mathbb{P}} = 103.3$.
Für (5.2.3)(5) findet man leicht: $\widehat{\text{Var}}\, \hat{\mu}_{\mathbb{P}} = 11.11$. Wir fassen zusammen:

(10.4.2) $\hat{\mu}_{\mathbb{P}} = 103.3$, $\widehat{\text{Var}}\, \hat{\mu}_{\mathbb{P}} = 11.11$.

9. Beispiel. Zu (5.3.10) mit $\mathbb{P}$ wie im 8.Beispiel.

Proportionale oZ-Klumpenstichprobe der Länge $r = 3$.

Die Ausgangsdaten liegen in (10.4.1) vor. Aus $k = M/r = 150/3 = 50$ ist eine Zahl I auszuwählen, mit "uniformer" Verteilung auf 1,...,50. Ergebnis: I = 23. Aus (10.4.1) sieht man nun: $\underline{\mathbb{K}} = (K_3, K_6, K_8)$ (zu I, I+50, I+100).
Die Merkmalssummen sind in diesen K_i: $y_3^K = 1650$, $y_6^K = 1860$, $y_8^K = 4000$. Der Schätzer (5.3.10) ist dann

$\hat{\mu}_{IHT} = \hat{\mu}_{IP} = (1/3)(1650/15 + 1860/20 + 4000/40) = 101$; also

(10.4.3) $\hat{\mu}_{IHT} = \hat{\mu}_{IP} = 101$ für (5.3.10).

Für die Schätzung der Varianz von $\hat{\mu}_{IHT}$ müßten wir wieder die π_{ij} für i,j = 3,6,8 kennen. Ohne Schwierigkeit lassen sich diese Größen für die vorgelegte Anordnung der K_i in (10.4.1) ermitteln -- nach (4.4.13). Am übersicht-lichsten geschieht dies tabellarisch:

I-Werte	16-30	11-30	11-50
gezogenes K_i	K_3	K_6	K_8

Dieser Tabelle entnimmt man: $m_{36}=15$, $m_{38}=15$, $m_{68}=20$; also $\pi_{36}=15/50 = 0.3$, $\pi_{38}=0.3$, $\pi_{68}=0.4$. Berechnet man mit diesen π_{ij} den Schätzer (5.3.6)(1) $\hat{\sigma}^2_{IHT}$, so ergibt sich der abnorme Wert 24 402 (!!). Der Grund dafür ist, daß die obigen π_{ij} ja nur für die in (10.4.1) gegebene Anordnung der Klumpen gleich $\mathbb{P}$(K_i und K_j sind in $\underline{\mathbb{K}}$) sind; diese Anordnung ist jedoch -- anders als in (10.3.1) (!) -- von 1 bis 4 und von 5 bis 8 nach der Größe m_i erfolgt! Durch diese "Korrelation" werden viele $\pi_{ij} = 0$, und zwar auch dann, wenn die Klumpen K_i und K_j groß sind (z.B. (i,j) = (3,4), (4,6), (6,7), (3,7)). Für solche (i,j) wäre der entsprechende Summand in Var $\hat{\mu}_{IHT}$ (5.3.5)(2) negativ und würde also zur Verkleinerung dieser Varianz beitragen. In der Schätzung (5.3.6)(1) werden jedoch solche Summanden systematisch unterdrückt! (Siehe die dortige "Konvention"!) Die Folge ist eine systematische Überschätzung der Varianz von $\hat{\mu}_{IHT}$ durch den Schätzer (5.3.6)(1).

10.5 BEISPIELE ZU SCHÄTZUNGEN MIT VORKENNTNISSEN.

Als Grundgesamtheit betrachten wir aus (10.0.1) die Teilmenge der u_{ij} mit i= 6, ...,15, j = 1 . Der Y-Wertevorrat ist nach (10.0.2),(10.0.4) gleich $\underline{y}^{21}$. Die Hilfsvariable X sei "leicht" zu ermitteln bzw. in ihren wesentlichen Parametern bekannt. Wir ordnen G neu und führen die (unbekannten) Y-Werte mit den X-Werten tabellarisch auf:

(10.5.1)

u_i: i	1	2	3	4	5	6	7	8	9	10
x_i	126	123	116	114	123	112	119	126	118	123
y_i	125	120	108	118	124	119	127	119	114	126

Man findet: $\mu_X = 120$, $\sigma^2_X = 22$, $\sigma_{XY} = 12.7$, $\sigma^2_Y = 31.2$

10. Beispiel. Zu (6.1.1),(6.1.11), (6.1.14)(2),(8.4.9).

Differenzenschätzung mit einer einfachen mZ-Stichprobe mit optimaler Stichprobenlänge.

Zunächst soll die optimale Stichprobenlänge $n = n^*$ gemäß (8.4.9) bestimmt werden. Dazu berechnet man in Aufgabe 2 $z' = 31.2(1 - (12.7)^2/(22 \cdot 31.2)/a$, wobei a die Obergrenze für Var $\hat{\mu}_Y(b_o)$ ist. Mit vorgegebenem a = 5 ist $z' = 4.78$, also ist $n = 5$ die optimale Stichprobenlänge (für Aufgabe 2 in (8.4.9)).

Die Ziehung aus G (10.5.1) gemäß der in 2.3 beschriebenen Technik (mit 10 als 00) führte zum Ergebnis:

$\underline{U} = (u_2, u_3, u_6, u_8, u_9)$; aus (10.5.1) erhält man:

$\underline{Y} = (120,108,119,119,114)$

$\underline{X} = (123,116,112,126,118)$. Aus diesem Stichprobenergebnis rechnet man nun die relevanten Statistiken aus:

$\bar{Y} = 116$, $\bar{X} = 119$, $S_X^2 = 24.8$, $S_Y^2 = 20.4$, $S_{XY} = -1$.

Für das nach Voraussetzung bekannte/berechenbare b_o findet man mit (6.1.11),(10.5.1) : $b_o = 12.7/22 = 0.58$.

Daraus berechnet man:

(10.5.2) $\hat{\mu}_Y(b_o) = 116.58$; Var $\hat{\mu}_Y(b_o) = 4.77$.

Die aus obiger Stichprobe geschätzte Varianz ist $\widehat{\text{Var}}\, \hat{\mu}_Y(b_o) = 7.48$ gemäß (6.1.4)(3).

11. Beispiel. Zu (6.2.2), (6.2.12).

Regressionsschätzer aus einer Stichprobe der Länge n=5.

Man betrachte die Grundgesamtheit (10.5.1); nun sei jedoch nur μ_X bekannt. Die Stichprobe sei identisch mit der aus dem 10. Beispiel. Die Berechnung von $\hat{b}_o = S_{XY}/S_X^2$ (6.2.1) ergibt: $\hat{b}_o = -0.04$; der Regressionsschätzer (6.2.2) ist dann gleich $\hat{\mu}_Y(\hat{b}_o) = 115.96$.

Die (approximativ) geschätzte Varianz (6.2.12) ist $\widehat{\text{Var}}\, \hat{\mu}_Y(\hat{b}_o) = 4.09$. Zusammengefaßt:

(10.5.3) $\hat{\mu}_Y(\hat{b}_o) = 115.96$, $\widehat{\text{Var}}\, \hat{\mu}_Y(\hat{b}_o) = 4.09$

für einen Regressionsschätzer aus einer mZ-Stichprobe der Länge 5 aus (10.5.1).

12. Beispiel. Zu (6.3.3), (6.3.7).

Verzerrte Verhältnis-Schätzung.

Betrachte die Grundgesamtheit (10.5.1), bekannt sei nur μ_X. Aus der Stichprobe, die identisch sei mit der aus dem 10.Beispiel, errechnet man: $\hat{\mu}_Y(\hat{\vartheta}) = (116/119)\cdot 120 = 116.97$ (mit $\hat{\vartheta} = 116/119$). Ferner ist $\widehat{\mathrm{Var}}\ \hat{\mu}_Y(\hat{\vartheta}) = (1/5)(20.4 + (116/119)^2 24.8 - 2(116/119)(-1)) = 9.18$. Also

(10.5.4) $\hat{\mu}_Y(\hat{\vartheta}) = 116.97$, $\widehat{\mathrm{Var}}\ \hat{\mu}_Y(\hat{\vartheta}) = 9.18$.

13. Beispiel. Zu (6.4.4), (6.4.12).

Unverzerrte Verhältnis-Schätzung. Hartley-Ross.

Die Situation sei wie im 12. Beispiel, ebenfalls mit der Stichprobe aus dem 10.Beispiel. Zunächst errechnet man: $\hat{\vartheta}' = (1/5)(120/123 + 108/116 + 119/112 + 119/126 + 114/118)$ $= 0.98$. Dann ist $\hat{\mu}_{Y,HR}(6.4.4) = 0.98 \cdot 120 + (5/4)(116 - 0.98\cdot 119) = 117.1 + 1.25(116-116.6) = 116.4$. Weiter rechnet man aus: $\widehat{\mathrm{Var}}\ \hat{\mu}_{Y,HR}(6.4.12) = (1/5)(20.4 + 0.98^2\, 24.8 - 2(-1)0.98) = 9.23$. Also:

(10.5.5) $\hat{\mu}_{Y,HR} = 116.4$, $\widehat{\mathrm{Var}}\ \hat{\mu}_{Y,HR} = 9.23$.

===================

LITERATURHINWEISE.

Bemerkung. In der Praxis/in Anwendungen/in realistischen Beispielen erkennt man immer wieder die Komplexität und Interdependenz der dabei zu lösenden Probleme, die im vorliegenden Buch -- und eben auch in den Beispielen dieses Kapitels -- jeweils einzeln behandelt wurden. Zum Abschluß sei daher die Lektüre von Berichten über tatsächlich durchgeführte Erhebungen und Schätzungen empfohlen. Wir geben hier nur einige wenige Hinweise:

Bücher: RAJ (1968) S.271 ff; RAJ (1972) S.175 ff; STATISTISCHES BUNDESAMT (Hrsg.)(1960).

M. MATHEMATISCHER ANHANG.

In diesem Anhang stellen wir einige Aussagen zusammen, die in den voraufgegangenen Kapiteln benötigt werden und die nicht unmittelbar zur Stichprobentheorie gehören. Einige der Aussagen werden üblicher Weise nicht zu dem elementaren Grundwissen gerechnet, das im Grundstudium der Statistik für Wirtschaftswissenschaftler vermittelt wird. Die im folgenden betrachteten Wahrscheinlichkeitsräume sind endlich, die darauf erklärten Zufallsvariable folglich diskret.

M.1 MULTINOMIAL-, BINOMIALVERTEILUNG

Zur Definition von Multinomial- und Binomialverteilung verweisen wir auf POKROPP (1977), S.185 und S.130, S.129. Dort ist in (7.2.10) S.131 mit S.129ff formuliert und bewiesen der folgende

(M.1.1) Satz:

Sind $Z_1,\ldots,Z_n$ unabhängige, auf demselben Wahrscheinlichkeitsraum erklärte Zufallsvariable, die alle BV(1;p) (i.e. binomialverteilt mit den Parametern 1 und p) sind, so gilt: $\sum_{i=1}^{n} Z_i$ ist eine BV(n;p) verteilte Variable.

Wir zeigen ferner

(M.1.2) Satz:

Sind $Z_1,\ldots,Z_k$ auf demselben Wahrscheinlichkeitsraum erklärte Zufallsvariable mit einer gemeinsamen Multinomialverteilung mit den Parametern $n; p_1,\ldots,p_k$, so gilt für $i \neq j$: Die bedingte Verteilung von Z_i, gegeben $Z_j = z$, ist eine $BV(n-z;\ p_i/(1-p_j))$ Verteilung.

Beweis:

Setze o.B.d.A. $i = 1$, $j = k$. Die bedingte gemeinsame Verteilung von $Z_1,\dots,Z_{k-1}$, gegeben $Z_k = z$, ist multinomial mit den Parametern $n-z$; $p_1' = p_1/(1-p_k),\dots,$ $p_{k-1}' = p_{k-1}/(1-p_k)$ (siehe POKROPP (1977) S.186). Die Randverteilung von Z_1 aus dieser bedingten Verteilung ist eine BV($n-z$; p_1') Verteilung (siehe POKROPP (1977) Aussage (10.1.7) S.185).

M.2 BEDINGTE ERWARTUNG.

Gegeben sei ein Wahrscheinlichkeitsraum $(\mathbb{D}, \mathbb{B}, \mathbb{P})$, X eine Zufallsvariable darauf. Es sei $A \in \mathbb{B}$ mit $\mathbb{P}(A) > 0$.

(M.2.1) Definition:

$E(X \mid A) = \sum_x x\, \mathbb{P}(X = x \mid A)$ heißt bedingter Erwartungswert von X, gegeben das Ereignis A.

(M.2.2) Satz:

Ist $Z_{\mathbb{D}} = (A_1,\dots,A_k)$ eine Zerlegung von $\mathbb{D}$ (i.e. $A_1 \cup \dots \cup A_k = \mathbb{D}$, $A_i \cap A_j = \emptyset$ für $i \neq j$, $A_i \in \mathbb{B}$ für alle i), so gilt für eine Zufallsvariable X

$E(X) = \sum_i E(X \mid A_i)\, \mathbb{P}(A_i)$.

Beweis:

$$E(X) = \sum_x x\, \mathbb{P}(X = x) = \sum_x x\, \mathbb{P}\Big(\bigcup_i \{(X=x) \cap A_i\}\Big) =$$
$$\sum_x \sum_i x\, \mathbb{P}((X=x) \cap A_i) = \sum_x \sum_i x\, \mathbb{P}(X = x \mid A_i)\, \mathbb{P}(A_i) =$$
$$\sum_i \mathbb{P}(A_i) \sum_x x\, \mathbb{P}(X = x \mid A_i) = \sum_i E(X \mid A_i)\, \mathbb{P}(A_i) .$$

(M.2.3) Satz:

Ist $A \in \mathbb{B}$, $\bar{A} = \mathbb{D} - A$, so gilt:

$E(X) = E(X \mid A)\, \mathbb{P}(A) + E(X \mid \bar{A})\, \mathbb{P}(\bar{A})$.

Beweis:

Man wende (M.2.2) auf die Zerlegung $(A,\bar{A})$ an.

(M.2.4) Definition:

Es sei $Z_{\mathbb{D}} = (A_1,\dots,A_k)$ eine Zerlegung von $\mathbb{D}$, X eine Zufallsvariable auf $\mathbb{D}$. Definiere eine neue Zufallsvariable $E(X \mid Z_{\mathbb{D}})$ -- genannt: bedingte Erwartung von X, gegeben $Z_{\mathbb{D}}$ -- durch die Vorschrift: Für $u \in A_i$ ist $E(X \mid Z_{\mathbb{D}})(u) = E(X \mid A_i)$. $E(X \mid Z_{\mathbb{D}})$ ist also auf den Mengen A_i konstant, hat die Werte $E(X \mid A_i)$ mit den Wahrscheinlichkeiten $\mathbb{P}(A_i)$.

(M.2.5) Satz:

$E(X) = E(E(X \mid Z_{\mathbb{D}}))$ für jede Zerlegung $Z_{\mathbb{D}}$.

Beweis:

Es ist $E(E(X \mid Z_{\mathbb{D}})) = \sum_i E(X \mid A_i)\, \mathbb{P}(A_i) =$
$\sum_i \sum_x x\, \mathbb{P}(X = x \mid A_i)\, \mathbb{P}(A_i) = \sum_x \sum_i x\, \mathbb{P}((X=x) \cap A_i) =$
$\sum_x x\, \mathbb{P}(\bigcup_i \{(X=x) \cap A_i\}) = \sum_x x\, \mathbb{P}((X=x) \cap \mathbb{D}) = E(X).$

Wir betrachten nun ein Zufallsexperiment, dessen k mögliche Ergebnisse eine Zerlegung von $\mathbb{D}$ induzieren gemäß der Definition:

$$A_i = \{u \in \mathbb{D} : \text{i-tes Ergebnis des Experiments Z tritt ein}\}$$

und schreiben dann kurz:

(M.2.6) $E(X \mid Z) = E(X \mid \text{die durch Z induzierte Zerlegung})$.

Eine für die Stichprobentheorie typische Situation ist die folgende. Es seien Z' und Z" zwei Zufallsexperimente. Z' werde durch $(\mathbb{D}', \mathbb{B}', \mathbb{P}')$ beschrieben. (Das soll hier heißen: $\mathbb{D}'$ besteht aus den endlich vielen möglichen Elementar-Ergebnissen von Z', $\mathbb{B}'$ ist die Potenzmenge von $\mathbb{D}'$, $\mathbb{P}'(u')$ = Wahrscheinlichkeit, daß Z' das Ergebnis u' hat.) Z" werde durch $(\mathbb{D}'', \mathbb{B}'', \mathbb{P}'')$ beschrieben. Um beide Experimente gleichzeitig betrachten zu können, benötigen wir den Wahrscheinlichkeitsraum $(\mathbb{D}, \mathbb{B}, \mathbb{P})$, wobei $\mathbb{D} = \mathbb{D}' \times \mathbb{D}''$, $\mathbb{B}$ = durch $\mathbb{B}' \times \mathbb{B}''$ erzeugte Ereignis-Algebra, $\mathbb{P}(u', u'')$ = Wahrscheinlichkeit, daß Z' das Ergebnis u' und Z" das Ergebnis u" hat. Natürlich sind $\mathbb{P}'$ und $\mathbb{P}''$ die Randverteilungen von $\mathbb{P}$: $\mathbb{P}'(u') = \mathbb{P}(u', \mathbb{D}'')$, $\mathbb{P}''(u'') = \mathbb{P}(\mathbb{D}', u'')$. Es sei nun X' eine auf $\mathbb{D}'$ erklärte Zufallsvariable. X' läßt sich fortsetzen auf $\mathbb{D}$ durch die Vorschrift: $X(u',u'') = X'(u')$. Natürlich gilt für die über $\mathbb{D}'$ und $\mathbb{D}$ gebildeten Erwartungswerte:

(M.2.7) $E_{\mathbb{P}'}(X') = E_{\mathbb{P}}(X)$.

Nun definiert das Experiment Z" eine Zerlegung von $\mathbb{D}$ in kanonischer Weise: $A(u'') = \{(u',u'') : u' \in \mathbb{D}'\}$ für jedes $u'' \in \mathbb{D}''$. Beachten wir nun (M.2.5), (M.2.6) und (M.2.7), so können wir sagen:

(M.2.8) $E_{\mathbb{P}'}(X') = E_{\mathbb{P}}(E_{\mathbb{P}}(X \mid Z''))$.

Beispiel:

Es sei $\underline{U}'$ eine einfache oZ-Stichprobe der Länge n' aus G, $\underline{U}''$ eine einfache oZ-Stichprobe der Länge n" aus G. Es sei $n' < n''$. Es sei Y ein Merkmal auf G, X' das arithmetische Mittel von Y auf $\underline{U}'$, X" das arithmetische Mittel von Y auf $\underline{U}''$. Nach (2.2.3) und (2.2.4)(1) ist $E(X \mid U'') = X''$, ebenso ist $E(X') = \mu$, $E(X'') = \mu$, wobei μ das arithmetische Mittel aller Y-Werte in G ist. Damit bestätigt sich (M.2.8): $E(X') = \mu = E(X'') = E(E(X' \mid U''))$. Im letzten Ausdruck haben wir X' statt X geschrieben und damit -- wenn man so will -- den zunächst undefinierten Ausdruck $E(X' \mid U'')$ erklärt. Dieser vereinfachten Notation bedienen wir uns des öfteren.

Gegeben seien nun zwei diskrete Zufallsvariable X und Y. Dann wird $\mathbb{D}$ durch Y (und analog durch X) zerlegt in kanonischer Weise: $A_y = \{u \in \mathbb{D} : Y(u) = y\}$. Für die durch diese Zerlegung gemäß (M.2.4) definierte bedingte Erwartung von X schreiben wir: $E(X \mid Y)$ = bedingte Erwartung von X, gegeben Y. Die Werte dieser Variablen kann man mit Hilfe der bedingten Wahrscheinlichkeit $f_X(x \mid y) = \mathbb{P}(X=x \mid Y=y)$ in der gewohnten Weise schreiben:

$E(X|y) = \sum_x x f_X(x|y)$. Natürlich gilt wegen (M.2.5)

(M.2.9) $E(X) = E(E(X|Y))$.

(M.2.10) <u>Satz</u>:

$E(E(g(X) \cdot h(Y)|Y)) = E(h(Y) \cdot E(g(X)|Y))$.

<u>Beweis</u>:

$E(E(g(X)h(Y)|Y)) = \sum_y E(g(X)h(Y)|y) f_Y(y) =$

$\sum_y E(g(X)h(y)|y) f_Y(y) = \sum_y h(y) \cdot E(g(X)|y) f_Y(y) =$

$E(h(Y) \cdot E(g(X)|Y))$.

M.3 BEDINGTE VARIANZ.

Gegeben sei weiterhin der Wahrscheinlichkeitsraum $(\mathbb{D}, \mathbb{B}, \mathbb{P})$, endlich. X und Y seien zwei darauf erklärte (diskrete) Zufallsvariable.

(M.3.1) <u>Definition</u>:

Die auf $\mathbb{D}$ definierte Zufallsvariable

(M.3.2) $\text{Var}(X|Y) = E(X^2|Y) - (E(X|Y))^2$

heißt <u>bedingte Varianz von</u> X, <u>gegeben</u> Y.

Man macht sich leicht klar, daß Var (X|Y) die folgenden Werte hat: $\text{Var}(X|y) = \sum_x (x - E(X|y))^2 f_X(x|y)$; ferner ist natürlich $\mathbb{P}(\text{Var}(X|Y) = \text{Var}(X|y)) = \mathbb{P}(Y = y)$.

Der folgende Satz erweist sich bei vielen Beweisführungen als nützlich.

(M.3.3) <u>Satz</u>:

$\text{Var } X = E(\text{Var}(X|Y)) + \text{Var } E(X|Y)$.

<u>Beweis</u>:

$\text{Var } X = E(X^2) - (E(X))^2 = E(E(X^2|Y)) - (E(E(X|Y)))^2$

nach (M.2.9). Wir subtrahieren und addieren nun einmal

den Ausdruck $E((E(X|Y))^2)$ und erhalten: $\mathrm{Var}\ X =$

$E(E(X^2|Y)) - E((E(X|Y))^2) + E((E(X|Y))^2) - (E(E(X|Y)))^2$

$= E\{E(X^2|Y) - (E(X|Y))^2\} + \mathrm{Var}\ E(X|Y))$ (mit (M.3.2))

$= E(\mathrm{Var}(X|Y)) + \mathrm{Var}\ E(X|Y)$ (wieder mit (M.3.2)).

Häufig benötigen wir statt der durch Y erzeugten Zerlegung irgend eine beliebige (z.B. durch ein weiteres Zufallsexperiment induzierte) Zerlegung $Z_{\mathbb{D}}$, bezüglich der die bedingte Varianz betrachtet wird. Es ist

(M.3.4) $\mathrm{Var}\ (X|Z_{\mathbb{D}}) = E(X^2|Z_{\mathbb{D}}) - (E(X|Z_{\mathbb{D}}))^2$,

(M.3.5) $\mathrm{Var}\ X = E(\mathrm{Var}(X|Z_{\mathbb{D}})) + \mathrm{Var}\ E(X|Z_{\mathbb{D}})$.

M.4 ELEMENTARES ÜBER NULLFOLGEN.

Es seien (a_n) (= Abkürzung für $(a_n: n=1,2,\ldots)$) und (b_n) Nullfolgen. Es sei ferner $a_n = O(1/n^t)$, $b_n = O(1/n^s)$ (siehe (3.5.5), (3.5.6), (3.5.7) zur Notation). Dann gilt:

(M.4.1) $a_n+b_n = O(1/n^{\min(s,t)})$;

(M.4.2) $a_n \cdot b_n = O(1/n^{(s+t)})$.

Die Beweise von (M.4.1) und (M.4.2) folgen leicht aus (3.5.6).

(M.4.3) Ist $0 < q < 1$, so ist $q^n = O(1/n^{\infty})$. (Zur Notation siehe (3.5.8).)

Beweis:

Zeige: für jedes reelle $t > 0$ existiert eine $A(t)$ mit

(M.4.4) $q^n \cdot n^t \leq A(t)$ für alle $n = 1,2,\ldots$.

Es sei n_o eine natürliche (von t abhängende) Zahl mit $(n_o+1)^t/n_o^t < 1/q$. Dann gilt für alle $n \geq n_o$

$(n+1)^t/n^t < 1/q$. Setze nun $A(t) = \text{Max}\{q^m \cdot m^t: m=1,..,n_o\}$. Dann erfüllt natürlich $A(t)$ die Bedingung (M.4.4) für alle n mit $n \leq n_o$. Es sei nun $n > n_o$. Dann aber ist

$q^{(n+1)}(n+1)^t = q^n \cdot n^t \cdot q(\frac{n+1}{n})^t \leq q^n \cdot n^t$; folglich ist

$q^n \cdot n^t \leq q^{n_o} \cdot n_o^t$ für alle $n > n_o$. Da aber (M.4.4) bereits für $n \leq n_o$ galt, gilt (M.4.4) nun auch für alle $n > n_o$.

Aus (M.4.3) lassen sich für Folgen von binomialverteilten Zufallsvariablen wichtige Konsequnzen ableiten:

(M.4.5) Satz:

Es sei $(X_{(n)}: n=1,2,...)$ eine Folge von Zufallsvariablen; $X_{(n)}$ sei BV(n,p)-verteilt mit $0 < p < 1$. Dann gilt:

(1) $P(X_{(n)} = 0) = O(1/n^{\infty})$;

(2) Für jede feste natürliche Zahl k ist
$P(X_{(n)} \leq k) = O(1/n^{\infty})$.

Beweis:

Es genügt offensichtlich, (2) zu zeigen. Dazu genügt es wegen (M.4.1) zu beweisen, daß gilt:

(M.4.6) $P(X_{(n)} = k) = O(1/n^{\infty})$ für jede natürliche Zahl k.

Es ist $P(X_{(n)} = k) = \binom{n}{k} p^k (1-p)^{n-k} =$

$\frac{n!}{k!(n-k)!} p^k (1-p)^{-k} (1-p)^n \leq \frac{1}{k!} n^k p^k (1-p)^{-k} (1-p)^n = c_k \cdot a_n$

mit $a_n = n^k (1-p)^n$. Da c_k nicht von n abhängt, genügt es für den Nachweis von (M.4.6) zu zeigen, daß $a_n = O(1/n^{\infty})$ ist. Es sei also $t > 0$ eine feste reelle Zahl. Für $t' = k+t$ gilt nach (M.4.4) mit $q = 1-p$: $(1-p)^n \cdot n^{t'}$ ist eine durch eine geeignete Konstante $A(t')$ beschränkte Folge. Aber wegen $(1-p)^n n^{t'} = a_n n^t$ ist $a_n n^t$ durch $A'(t) = A(t')$ beschränkt, und damit gilt (3.5.6) (mit a_n statt r_n) für alle n und jedes feste t. Nach (3.5.8) ist daher $a_n = O(1/n^{\infty})$, und (M.4.6) ist bewiesen.

M.5 ASYMPTOTISCHE AUSSAGEN ÜBER STICHPROBENMOMENTE.

(M.5.1) Satz:

Es sei Z eine auf einem geeigneten W-Raum erklärte Zufallsvariable, $\underline{Z} = (Z_1,\ldots,Z_n)$ sei eine einfache mZ-Stichprobe aus Z. Zu jedem natürlichen n betrachten wir eine solche Stichprobe und deren Momente $\bar{Z}$ und S_Z^2 (analog zu (1.2.21), (1.2.22)). Ferner sei $\mu = E(Z)$ und $\sigma^2 = \text{Var } Z$. Dann gilt:

(1) Ist $\mu \neq 0$, so ist $P(\bar{Z} = 0) = O(1/n^{\infty})$;

(2) Ist $\sigma^2 \neq 0$, so ist $P(S_Z^2 = 0) = O(1/n^{\infty})$.

Beweis:

Zu (1): Für jede natürliche Zahl r gilt

(M.5.2) $E(|\bar{Z} - \mu|^r) = O(1/n^{r/2})$.

Den Beweis zu (M.5.2) entnehme man z.B. HANSEN/HURWITZ/MADOW (1953) S.87ff. Aus (M.5.2) erhält man leicht

(M.5.3) $P(|\bar{Z} - \mu| > c) = O(1/n^{\infty})$ für jedes $c > 0$,

wie man z.B. STENGER (1971) S.50 (Satz 2) entnimmt. Aus (M.5.3) folgt sofort die Behauptung (1).

Zu (2): Für jede natürliche Zahl r gilt

(M.5.4) $E((S_Z^2 - \sigma^2)^{2r}) = O(1/n^r)$.

Den Beweis zu (M.5.4) entnehme man z.B. STENGER (1971) S.64f (Satz 2). Wiederum folgt wie oben (analog zu Aussage (M.5.3)) die Aussage $P(|S_Z^2 - \sigma^2| > c) = O(1/n^{\infty})$ für jedes $c > 0$, und hieraus erhält man sofort die Behauptung (2).

Wir werden im folgenden mehrere Zufallsvariable -- etwa $Z_{(1)},\ldots,Z_{(k)}$ -- betrachten und deren Stichprobenmomente, insbesondere die arithmetischen Mittel $\bar{Z}_{(1)},\ldots,\bar{Z}_{(k)}$, wobei die Stichprobenlängen für alle k Variablen gleich n sind. Ferner unterstellen wir ausdrücklich, daß die dem betrachteten W-Raum zugrunde liegende Menge, auf der die Variablen definiert sind, endlich ist. Der Wertevorrat von $\bar{Z}_{(1)},\ldots,\bar{Z}_{(k)}$ bleibt daher für alle n beschränkt, ebenso der von Funktionen der $\bar{Z}_{(i)}$. Dadurch erzielt man beweistechnische Erleichterungen, von denen wir im folgenden stillschweigend profitieren werden.

(M.5.5) <u>Satz</u>:

Es sei $H(z_1,\ldots,z_k)$ eine auf $\mathbb{R}^k$ erklärte, dreimal stetig differenzierbare Funktion im Punkte $(\mu_1,\ldots,\mu_k)$ mit $\mu_i = E(Z_{(i)})$. Es sei ferner

$$H_s = \left.\frac{\partial H(z_1,\ldots,z_k)}{\partial z_s}\right|_{(\mu_1,\ldots,\mu_k)} \quad \text{und}$$

$$H_{s,t} = \left.\frac{\partial^2 H(z_1,\ldots,z_k)}{\partial z_s \partial z_t}\right|_{(\mu_1,\ldots,\mu_k)}. \quad \text{Sei ferner}$$

$\sigma_{s,t} = \mathrm{Cov}\,(\bar{Z}_{(s)},\bar{Z}_{(t)})$ für $s \neq t$, $\sigma_{s,s} = \mathrm{Var}\ \bar{Z}_{(s)}$.

Dann gilt:

(1) $E(H(\bar{Z}_{(1)},\ldots,\bar{Z}_{(k)})) = H(\mu_1,\ldots,\mu_k) + (1/2)\sum_{s,t=1}^{k} H_{s,t}\ \sigma_{s,t} + O(n^{-\frac{3}{2}})$;

(2) $\mathrm{Var}\ H(\bar{Z}_{(1)},\ldots,\bar{Z}_{(k)}) = \sum_{s,t=1}^{k} H_s H_t\ \sigma_{s,t} + O(n^{-\frac{3}{2}})$;

(3) $\sigma_{s,t} = O(1/n)$;

(4) $E(H(\bar{Z}_{(1)},\ldots,\bar{Z}_{(k)})) = H(\mu_1,\ldots,\mu_k) + O(1/n)$.

<u>Beweis</u>:

Wegen (M.5.3) brauchen wir uns, wenn wir von Termen der Ordnung $O(1/n^{\infty})$ absehen, nur mit H in einer Umgebung von $(\mu_1,\ldots,\mu_k)$ zu befassen. Natürlich gilt (M.5.3) mutatis mutandis für die k Variablen $\bar{Z}_{(1)},\ldots,\bar{Z}_{(k)}$ gleichzeitig.

Desgleichen kann man (M.5.2) für mehrere Variable formulieren und analog zu (M.5.2) beweisen (man modifiziere HANSEN/HURWITZ/MADOW (1953) S.87ff entsprechend), z.B.:

(M.5.6) $E(|\bar{Z}_{(s)} - \mu_s|^t |\bar{Z}_{(i)} - \mu_i|^r |\bar{Z}_{(j)} - \mu_j|^m) = O(n^{-(t+r+m)/2})$.

Für den Fall $k = 1$ und gerader Potenz findet man einen genauen Beweis bei STENGER (1971), S.56ff.
Nach Voraussetzung läßt sich H um $(\mu_1, \ldots, \mu_k)$ in eine Taylor-Reihe wie folgt entwickeln (siehe z.B. OSTROWSKI (1961) S.166ff):

(M.5.7) $H(\bar{Z}_{(1)}, \ldots, \bar{Z}_{(k)}) = H(\mu_1, \ldots, \mu_k) + \sum_i (\bar{Z}_{(i)} - \mu_i) H_i + \frac{1}{2}\sum_{i,j} (\bar{Z}_{(i)} - \mu_i)(\bar{Z}_{(j)} - \mu_j) H_i H_j + R_3$,

wobei man wegen (M.5.6) für den Rest R_3 zeigen kann:[1)]

(M.5.8) $E(R_3) = O(1/n^{3/2})$.

Nach diesen Vorbereitungen kommen wir nun zu den einzelnen Behauptungen des Satzes.

Zu (1): Man bilde in (M.5.7) E(H) und beachte (M.5.8).

Zu (2): Man berechne aus (M.5.7) die Funktion H^2 und Bilde sodann $E(H^2)$; ferner berechne man aus (1) $(E(H))^2$. Eine etwas umständliche Rechnung (unter Beachtung von (M.5.6) mutatis mutandis) zeigt dann, daß $E(H^2) - (E(H))^2 = \text{Var } H$ tatsächlich gleich dem in (2) angegebenen Ausdruck ist.

Zu (3): folgt aus (M.5.6)(z.B. mit $t = 0$); man kann jedoch $\sigma_{s,t}$ auch direkt berechnen (wie in (und so die Behauptung erhalten.

Zu (4): folgt natürlich aus (1) und (3).

================

LITERATURHINWEISE.

KRICKEBERG (1963), Kapitel IV; STENGER (1971) S.45-66.

---

1) Für den Fall $k = 1$ findet man einen genauen Beweis in STENGER (1971) S.52f.

M.6 TAFEL VON ZUFALLSZAHLEN.[1]

69723	00490	93565	86014	08884	51710	37289	85559	89673	05682
60172	62895	92330	07846	38338	11432	74672	04485	72632	41008
33962	30096	24965	38022	14037	82004	28836	49493	20525	87197
21981	41227	32947	04962	70098	13599	72739	92969	11169	36281
91862	17406	51446	23121	74985	48394	89985	72651	72413	95314
52608	11124	81055	91954	32290	54984	67363	00035	13216	70890
32739	75386	50735	15644	94965	07718	57011	17818	54675	33990
09447	73416	75462	15071	49358	56970	80227	65483	94566	98765
25818	47626	15459	44709	37122	22185	80551	19164	20318	28502
41162	20877	93110	94048	91399	10409	94086	36267	73579	13956
02099	54385	41547	40048	08793	45817	27228	93397	06729	40835
18381	09876	06638	68890	04224	07742	15327	74310	85058	40620
00560	29646	37873	60311	06744	84213	94201	20791	28419	55888
77598	75539	48742	05774	58857	04674	97092	32603	98618	90193
74554	78074	52629	42620	29015	26813	94579	58598	99082	88869
09685	07702	48457	25435	35635	50108	81084	77510	86222	59799
47290	80904	45631	36770	73026	91782	03402	43962	80486	59754
80331	14936	14084	33817	74645	25214	17278	36413	59897	92088
99876	41708	18491	33138	18698	48371	29441	93187	93737	02658
56615	32224	92711	82692	12379	52824	11781	90635	08046	53314
60807	03181	38997	50844	55025	85274	90057	88294	79324	41692
43527	17279	93421	82021	09864	18949	51743	97503	76202	23943
92163	95179	96730	83488	80345	84089	72021	56341	08384	52958
68549	16881	14443	69062	59979	61108	10182	22279	99109	35757
20148	73345	04175	29122	24393	39460	06201	66315	81395	21757
68965	87337	91796	38328	99447	07506	54428	41559	08260	27295
62472	58053	48277	01407	78391	27885	81730	60326	00156	28021
64792	23680	55888	54670	48736	41788	49481	03677	48807	24714
16484	00584	34869	73551	00179	93064	86309	64101	48834	39491
95494	82152	16427	78931	46070	98153	00805	52692	41378	16825
16701	69312	12424	11454	10768	59327	82501	05921	86889	48485
49922	20924	75534	72672	30990	31311	95487	33372	03389	54469
02656	53995	71277	31019	88023	08134	80463	90099	60756	11287
55124	02747	90858	73740	99019	71514	09747	94201	13089	74164
90793	48426	75396	66646	65774	04067	14667	51166	20571	22376
64808	02440	53041	87841	41446	49115	23307	12525	40720	35290
83103	29750	07191	11767	78385	27368	24126	32448	60861	13226
80819	03107	58725	76887	26143	82670	52172	06920	26437	38702
45443	36925	20832	51841	21699	92916	50329	28061	56426	15864
38368	54309	81435	79316	98792	15893	30570	39644	20856	60248
41292	35890	79785	96380	13226	85686	23386	46825	59420	46521
21672	15066	52446	69918	35883	29775	40724	15290	00327	07577
39395	77316	17302	07849	15813	00957	89388	40134	20326	41203
26997	70397	20341	68460	39354	36914	14546	67523	88860	36300
98965	44307	70023	39567	72441	37989	45494	17914	74547	71333

1) erzeugt auf der TR 440, Rechenzentrum der Universität Hamburg.

42008	71235	94170	17371	94218	02600	62903	12462	06584	69954
14642	05268	79354	21568	53964	66550	68448	57567	33764	11287
76940	06657	95290	10982	03856	04386	92271	42238	06632	73214
07288	88117	08405	12345	91028	75373	35725	66820	49326	16881
82095	72328	24785	56486	39040	41479	07561	49870	13113	80430
31826	13257	27612	52850	60310	87298	90711	33665	88860	19991
90523	67705	72343	48775	11785	23825	35157	56973	41863	57972
62381	73432	95252	81542	26797	05553	94066	48064	82025	86215
09694	14803	05006	37142	74199	51447	13174	98497	92279	02762
14654	39801	47201	42636	79861	64276	64388	52453	82323	93167
92302	77512	85106	76233	80451	48749	67664	53073	91240	02274
80313	13358	77079	18437	37578	48716	78188	68844	96481	07744
89571	54525	65719	73133	20536	52089	35048	44730	55162	96995
18403	83972	94218	48629	63891	96165	72745	44209	69198	07128
95825	84856	29159	96975	59798	96335	08443	28863	45231	42542
54764	43670	61641	69271	46196	97658	94834	13775	44912	94011
91391	33154	72543	14416	61549	41138	14987	21304	10316	36176
01616	49089	06790	45478	60433	56090	84644	99091	07610	66401
70250	14472	83256	93139	91047	43491	12455	48802	81595	53599
03065	19000	16156	18247	94518	58818	24116	43756	24714	75245
45567	32507	29686	44054	97050	40386	71709	24091	16917	65218
38855	66103	64555	94022	29407	60984	82320	57342	24331	79302
37198	98731	02888	56930	57487	64303	11987	63713	93714	68967
45054	01253	10489	73520	18270	95795	08669	44614	47931	09731
27663	99527	39025	82568	52644	50086	30128	08690	46323	28857
82643	58470	97565	46272	24960	57595	97599	40242	75612	68231
74365	79395	10910	73386	54533	35812	85697	61458	11899	22900
32499	06780	42714	98607	32132	47038	43213	20347	56153	25791
13549	21279	40061	93543	53405	41717	39084	61981	53760	50010
22144	86469	11032	34680	04026	14031	15549	72378	01780	13094
07412	84266	18451	74140	73167	06599	51577	70287	14785	29463
86352	52047	47262	84608	32960	14523	30404	35532	05430	94662
20197	48530	29852	85715	26367	04589	08287	18280	16165	18648
50691	64453	30520	51142	98224	48388	58106	93259	48749	26881
01818	84516	70143	92671	50074	42213	62953	09244	31275	10338
04931	64222	11140	24156	74139	56816	41146	65457	29331	18509
56726	89286	31132	65705	21997	84336	58534	30326	00273	68019
48184	57448	33460	20317	68820	83186	37156	87423	71950	13954
27941	42728	12511	25394	56448	66298	50190	92602	22912	20367
75683	03448	22709	97210	65313	09182	30747	99921	93988	15520
84084	59477	73446	31246	62361	75513	90893	69270	92445	34148
10602	31913	66441	44029	47913	63525	02162	22759	37880	35066
47995	61021	14397	02905	12287	82843	87896	91621	84842	35161
73741	62550	47166	94171	99207	86521	11700	27092	66105	84929
24043	95948	16624	56726	20301	35739	38640	26128	49157	18043

LITERATURVERZEICHNIS.

Abkürzungen

AS	Annals of Statistics
AMS	Annals of Mathematical Statistics
ASTA	Allgemeines Statistisches Archiv
ISR	International Statistical Review/ Review of the International Statistical Institute
JASA	Journal of the American Statistical Association
JRSS	Journal of the Royal Statistical Society
SH	Statistische Hefte

Bücher und Übersichtsartikel mit weiteren Literaturangaben zur Stichprobentheorie.

BAMBERG,G.(1976): Lineare Bayes-Verfahren in der Stichprobentheorie. Math.Systems in Economics,Vol.27

CASSEL,C.M./SÄRNDAL,C.E./WRETMAN,J.H.(1977): Foundations of Inference in Survey Sampling.New York-London-Sydney-Toronto.

COCHRAN,W.G.(1972):Stichprobenverfahren.Berlin-New York.

DALENIUS,T.(1962): Recent Advances in Sample Survey Theory and Methods. AMS 33.

GODAMBE,V.P./SPROTT,D.A.(Hrsg.)(1971): Foundations of Statistical Inference. Toronto-Montreal.

HANSEN,M.H./HURWITZ,W.N./MADOW,W.G.(1953): Sample Survey Methods and Theorie,II. New York-London-Sydney.

JOHNSON,N.L./SMITH Jr.,H.(Hrsg.)(1969): New Developments in Survey Sampling. New York-London-Sydney-Toronto.

KELLERER,H.(1963): Theorie und Technik des Stichprobenverfahrens. München.

KONIJN,H.S.(1973): Statistical Theory of Sample Survey Design and Analysis. Amsterdam-London-New York.

RAJ,D.(1968): Sampling Theory. New York-London-et al.

RAJ,D.(1972): The Design of Sample Surveys. New York et al

SMITH,M.F.(1976): The Foundations in Survey Sampling: a Review. JRSS,A, 139.

SOLOMON,H./ZACKS,S.(1970): Optimal Design of Sampling from Finite Populations: A Critical Review and Indication of New Research Areas. JASA 65.

SOM,R.K.(1973): A Manual of Sampling Techniques. London.

STATISTISCHES BUNDESAMT (Hrsg.)(1960): Stichproben in der amtlichen Statistik. Stuttgart-Mainz.

STENGER,H.(1971): Stichprobentheorie. Würzburg-Wien.

Zeitschriftenartikel zur Stichprobentheorie und sonstige im Text zitierte Literatur.

ANDERSON,D.W./KISH,L./CORNELL,R.G.(1976): Quantifying Gains from Stratification for Optimum and Approximately Optimum Strata Using a Bivariate Normal Modesl. JASA 71.

ASOK,C./SUKHATME,B.V.(1976): On Sampford's Procedure of Unequal Propability Sampling Without Replacement.JASA71.

AVADHANI,M.S./SUKHATME,B.V.(1973): Controlled Sampling with Equal Probabilities and Without Replacement. ISR 41.

BASLER,H.(1979): Zur Definition von Zufallsstichproben aus endlichen Grundgesamtheiten. Metrika 26.

BAXI,H.R.S.(1971):A Note on Unit-Stratified Design. ISR 39.

BAYLESS,D.L./RAO,J.N.K.(1970): An Empirical Study of Stabilities of Estimators and Variance Estimators in Unequal Probability Sampling. JASA 65.

BELLHOUSE,D.R./RAO,J.N.K.(1975): Systematic Sampling in the Presence of a Trend. Biometrika 62.

BELLHOUSE,D.R./THOMPSON,M.E./GODAMBE,V.P.(1977):Two Stage Sampling with Exchangeable Prior Distributions. Biometrika 64.

BERG,S.(1972): Double Sampling for Cluster- or Two-Stage Sampling.ISR 40.

BLIGHT,B.J.N.(1973): Sampling from an Autocorrelated Finite Population. Biometrika 60.

BLIGHT,B.J.N./SCOTT,A.J.(1973): A Stochastic Model for Repeated Surveys. JRSS,B, 35.

BREWER,K.R.W.(1979): A Class of Robust Sampling Designs for Large-Scale Surveys. JASA 74.

BREWER,K.R.W./HANIF,M.(1970): Durbin's New Multstage Variance Estimator. JRSS,B, 32.

BÜHLER,W./DEUTLER,T.(1975): Optimal Stratification and Grouping by Dynamic Programming. Metrika 22.

BURDICK,R.K./SIELKEN,R.L.Jr.(1979): Variance Estimation Based on aSuperpopulation Model in Two Stage Sampling. JASA 74.

CASSEL,C.M.(1972): A Model for Studying Robustness of Estimators and Informativeness of Labels in Sampling with Varying Probabilities. JRSS,B, 34.

CHAUDHURI,A.(1975): A Simple Method of Sampling without Replacement with Inclusion Probabilities Exactly Proportional to Size. Metrika 22.

CHAUDHURI,A.(1976): A Non-Negativity Criterion for a Certain Variance-Estimator. Metrika 23.

CHOTAI,J.(1974): A Note on the RAO-Hartley-Cochran Method for PPS Sampling over Two Occasions. Sankhya,C, 36.

COX,D.R.(1952): Estimation by Double Sampling.Biometrika39

DALENIUS,T./HODGES,J.L.Jr.(1959): Minimum Variance Stratification. JASA 54.

DESPHANDE,M.N./PRABHU-AJGAONKAR,S.G.(1977): On Multitrial Sampling Methods. Biometrika 64.

DODDS,D.J./FRYER,J.G.(1971): Some Families of Selection Probabilities for Sampling with PPS. JRSS,B,33.

ERIKSSON,S.A.(1973): A New Model for Randomized Response. ISR 41.
FERGUSON,T.S.(1967): Mathematical Statistics.New York et al.
FOREMAN,E.K./BREWER,K.R.W.(1971): The Efficient Use of Supplementary Information in Standard Sampling Procedures. JRSS,B, 33.
FRANK,O.(1970): Sampling from Overlapping Subpopulations. Metrika 16.
GAUTSCHI,W.(1957):Some Remarks on Systematic Sampling. AMS 28.
GODAMBE,V.P.(1965):A Review of the Contributions towards a Unified Theory of Sampling from Finite Populations. ISR 33.
GODAMBE,V.P./JOSHI,V.M.(1965):Admissibility and Bayes Estimation in Sampling Finite Populations,I. AMS 36.
GOVINDARAJULU,Z.(1975): Sequential Statistical Procedures. New York.
deGRAFT-JOHNSON,K.T./SEDRANSK,J.(1973): Estimation of Domain Means using Two-Phase Sampling. Biometrika 60.
HÁJEK,J.(1964): Asymptotic Theory of Rejective Sampling with Varying Probabilities from a Finite Population. AMS 35.
HARTLEY,H.O./RAO,J.N.K.(1962): Sampling with Unequal Probabilities and Without Replacement. AMS 33.
HENDERSON,J.M./QUANDT,R.E.(1973): Mikroökonomische Theorie. München.
HERSON,J.(1976): An Investigation of Relative Efficiency of Least-Squares Prediction to Conventional Probability Sampling Plans. JASA 71.
HOLST,L.(1973): Some Limit Theorems with Applications in Sampling Theory. AS 1.
HOLT,D./SMITH,T.M.F.(1979): Post Stratification. JRSS,A142.
HORVITZ,D.G./GREENBERG,B.G./ABERNATHY,J.R.(1976):Randomized Response: a Data-Gathering Device for Sensitive Questions. ISR 44.
JOSHI,V.M.(1965a) resp.(1965b): Admissibility and Bayes Estimation in Sampling Finite Populations.II/III.AMS 36.
JOSHI,V.M.(1968a): Note on a Minimax Design for Cluster Sampling. AMS 39.
JOSHI,V.M.(1968b):Admissibility of the Sample Mean as Estimate of the Mean of a Finite Population. AMS 39.
JOSHI,V.M.(1970):Note of the Admissibility of the Sen-Yates-Grundy Variance Estimator and Murphey's Estimator and its Variance Estimator...Sankhya,A,32.
JOSHI,V.M.(1971a): A Note on Admissible Sampling Designs for a Finite Population. AMS 42.
JOSHI,V.M.(1971b):Hyperadmissibility of Estimators for Finite Populations. AMS 42.
JOSHI,V.M.(1971c): Admissibility of Arbitrary Estimators as Estimators of their Expectations...AMS 42.
JOSHI,V.M.(1972):A Note on Hyperadmissibiblity of Estimators for Finite Populations. AMS 43.
JOSHI,V.M.(1977): A Note on Estimators in Finite Populations. AS 5.
JOSHI,V.M.(1979a): The Best Strategy for Estimationg the

Mean of a Finite Population. AS 7.
JOSHI,V.M.(1979b):Joint Admissibility of the Sample Means as Estimators of the Means of Finite Populations. AS 7.
KALTON,G.(1979): Ultimate Cluster Sampling. JRSS,A,142.
KARLIN,S.(1974):Inequalities for Symmetric Sampling Plans, I. AS 2.
KISH,L.(1976):Optima and Proxima in Linear Sampling Designs. JRSS,A,139.
KISH,L./FRANKEL,M.R.(1974): Inference from Complex Samples. JRSS,B, 36.
KOCH,G.G.(1973): An Alternative Approach to Multivariate Response Error Models for Sample Survey Data with Applications to Estimators Involving Subclass Means. JASA 68.
KOCH,G.G./FREEMAN,D.H./FREEMAN,J.L.(1975): Strategies in the Multivariate Analysis of Data from Complex Surveys. ISR 43.
KOKAN,A.R./KHAN,S.(1967): Optimum Allocation in Multivariate Surveys:An Analytical Solution. JRSS,B, 29.
KOOP,J.C.(1971): On Splitting a Systematic Sample for Variance Estimation. AMS 42.
KOOP,J.C.(1974):Notes for a Unified Theory of Estimation... Taking into Account Response Errors. Metrika 21.
KORWAR,R.M./SERFLING,R.J.(1970):On Averaging over Distinct Units in Sampling with Replacement. AMS 41.
KOSSACK,C.F./BAXI,H.R.S.(1971):On Designing of a Unit-Stratified Survey Design for a Discrete Set of Observations. ISR 39.
KRICKEBERG,K.(1963): Wahrscheinlichkeitstheorie.Stuttgart.
KRUSKAL,W./MOSTELLER,F.(1979a)/(1979b)/(1979c): Representative Sampling.I:Non-Scientific Literature/ II:SCientific Literature, Excluding Statistics/ III: Current Statistical Literature. ISR 47.
LANKE,J.(1972): Sampling Distinguishable Elements with Replacement. AMS 43.
LANKE,J.(1973):On UMV-Estimators in Survey Sampling. Metrika 20.
LANKE,J.(1974): On Non-negative Variance Estimators in Survey Sampling. Sankhya, C,36.
LANKE,J.(1976): On the Degree of Protection in Randomized Interviews. ISR 44.
MANOUSSAKIS,E.(1977): Repeated Sampling with Partial Replacement of Units. AS 5.
MORIMOTO,H.(1973): Statistical Structure of the Problem of Sampling from Finite Populations. AMS 43.
MUKHOPADHYAY,P.(1975): An Optimum Sampling Design to Base HT-Method of Estimating a Finite Population Total. Metrika 22.
v.NEUMANN,J./MORGENSTERN,O.(1968): Theory of Games and Economic Behaviour. Princeton.
NEVEU,J.(1965): Mathematical Foundations of the Calculus of Probability. San Francisco-London-Amsterdam.
OSTROWSKI,A.(1961): Vorlesungen über Differential- und Integralrechnung. Band II. Basel-Stuttgart.
PATHAK,P.K.(1976): Unbiased Estimation in Fixed Cost

Sequential Sampling Schemes. AS 4.
POKROPP,F.(1974): Eigenschaften von Schätzungen aus geschichteten Doppelstichproben. ASTA 58.
POKROPP,F.(1977): Einführung in die Statistik. Göttingen.
RAJ,D./KHAMIS,S.H.(1958): Some Remarks on Sampling with Replacement. AMS 29.
RAMACHANDRAN,G./RAO,T.J.(1974):Allocation to Strata and Relative Efficiencies of Stratified and Unstratified πPS Sampling Schemes. JRSS,B, 36.
RAMAKRISHNAN,M.K.(1970):A Note on the Comparison of Sampling with and without Replacement. Sankhya,A, 32.
RAMAKRISHNAN,M.K.(1973): An Alternative Proof of the Admissibility of the Horvitz-Thompson Estimator. AS 1.
RAO,J.N.K.(1969): Ratio and Regression Estimates. In: JOHNSON/SMITH(1969).
RAO,J.N.K.(1973): On Double Sampling for Stratification and Analytical Surveys. Biometrika 60.
RAO,J.N.K./KUZIK,R.A.(1974): Sampling Errors in Ratio Estimation. Sankhya,C, 36.
RAO,J.N.K./RAMACHANDRAN,V.(1974): Comparison of the Separate and Combined Ratio Estimators. Sankhya,C, 36.
RAO,J.N.K./VIJAYAN,K.(1977): On Estimating the Variance in Sampling with PP to Aggregate Size. JASA 72.
RAO,P.S.R.S.(1974): Jack-Knifing the Ratio Estimator. Sankhya,C, 36.
RAO,P.S.R.S.(1975): On the Two-Phase Ratio Estimator in Finite Populations. JASA 70.
RAO,T.J.(1966): On the Variance of the Ratio Estimator for Midzuno-Sen Sampling Scheme. Metrika 10.
RAO,T.J.(1971): πPS Sampling Designs and the Horvitz-Thompson Estimator. JASA 66.
RAO,T.J.(1972): On the Variance of the Ratio Estimator. Metrika 18.
RAO,T.J.(1977): Estimating the Variance of the Ratio Estimator for Midzuno-Sen Sampling Scheme. Metrika 24.
REDDY,V.N.(1974): On a Transformed Ratio Method of Estimation. Sankhya,C, 36.
REDDY,V.N.(1975): A Note on the Efficiency of Ratio Estimator under a Superpopulation Model. Sankhya,C, 37.
ROSÉN,B.(1972):Asymptotic Theory for Succesive Sampling with Varying Probabilities without Replacement. I/II. AMS 43.
ROYALL,R.M.(1968): An Old Approach to Finite Population Sampling Theory. JASA 63.
ROYALL,R.M.(1970a): Finite Population Sampling - On Labels in Estimation. AMS 41.
ROYALL,R.M.(1970b): On Finite Population Sampling Theory under Certain Linear Regression Models. Biometrika 57.
ROYALL,R.M.(1971): Linear Regression Models in Finite Population Sampling. In:GODAMBE/SPROTT (1971).
ROYALL,R.M.(1976): The Linear Least-Squares Prediction Approach to Two-Stage Sampling. JASA 71.
ROYALL,R.M./CUMBERLAND,W.(1978): Variance Estimation in Finite Population Sampling. JASA 73.

ROYALL,R.M./EBERHARDT,K.R.(1975): Variance Estimates for the Ratio Estimator. Sankhya,C, 37.
ROYALL,R.M./HERSON,J.(1973a): Robust Estimation in Finite Populations,I. JASA 68.
ROYALL,R.M./HERSON,J.(1973b): Robust Estimation...II: Stratification on a Size Variable. JASA 68.
SAMPFORD.M.R.(1967): On Sampling without Replacement with Unequal Probabilities of Selection. Biometrika 54.
SÄRNDAL,C.E.(1968):The Use of a Stratification Variable in Estimation by Proportional Stratified Sampling. JASA 63.
SÄRNDAL,C.E.(1976): On Uniformly Minimum Variance Estimation in Finite Populations. AS 4.
SCHÄFFER,K.A.(1971): Planung geschichteter Stichproben bei Vorgabe von Genauigkeitsforderungen für mehrere Merkmale. ASTA 55.
SCHNEEBERGER,H.(1970): Optimierung in der Stichprobentheorie durch Schichtung. SH 11.
SCHNEEBERGER,H.(1973): Optimale Aufteilung des Stichprobenumfangs bei mehreren Merkmalen. Metrika 20.
SCHNEEBERGER,H./GOLLER,W.(1979): On the Problem of the Feasibility of Optimal Stratification Points According to Dalenius. SH 20.
SCOTT,A.J./BREWER,K.R.W./HO,E.W.H.(1978):Finite Population Sampling and Robust Estimation. JASA 73.
SCOTT,A./SMITH,T.M.F.(1974): Linear Superpopulation Models in Survey Sampling. Sankhya,C, 36.
SCOTT,A./SMITH,T.M.F.(1975): Comments on The Efficient Use of Supplementary Information in Standard Sampling Procedures by Foreman/Brewer. JRSS,B, 37.
SEN,A.R./SELLERS,S./SMITH,G.E.J.(1975): The Use of a Ratio Estimate in Succesive Sampling. Biometrics 31.
SINGH,D./JINDAL,K.K./GARG,J.N.(1968): On Modified Systematic Sampling. Biometrika 55.
SINGH,R.(1972): On Pathak and Rao's Estimate in PPS with Replacement Sampling Over Two Occasions. Sankhya,A 34.
SINGH,R.(1975a): An Alternative Method of Stratification on the Auxilliary Variable. Sankhya,C 37.
SINGH,R.(1975b): On Optimum Stratification for Proportional Allocation. Sankhya,C 37.
SINGH,R./SINGH,B.(1974): On Replicated Samples Drawn with Rao,Hartley and Cochran's Scheme. Sankhya,C 36.
SRINATH,K.P.(1971): Multiphase Sampling in Nonresponse Problems. JASA 66.
STANGE,K.(1971): Eine Bemerkung zum optimalen Auswahlsatz bei geschichteten Stichproben. Metrika 17.
STATISTISCHES BUNDESAMT (Hrsg.)(1976): Das Arbeitsgebiet der Bundesstatistik. Stuttgart-Mainz.
STENGER,H.(1972a): Effizienzvergleiche zwischen Stichprobenverfahren. SH 13.
STENGER,H.(1972b): Lineare und nichtlineare Schätzfunktionen in der Stichprobentheorie. SH 13.
STENGER,H.(1973): Symmetriebegriffe in der Stichprobentheorie. SH 14.
STENGER,H.(1974a): Schätzbare Parameterfunktionen in der

Stichprobentheorie. Metrika 21.
STENGER,H.(1974b):Mehrstufige Stichprobenverfahren. Metrika 21.
STENGER,H.(1977):Antwortvariabilität als Fehlerquelle. ASTA 61.
STENGER,H.(1979a): A Minimax Approach to Randomization and Estimation in Survey Sampling. AS 7.
STENGER,H.(1979b): Loss-Functions and Admissible Estimators in Survey Sampling. Metrika 26.
STRECKER,H.(1971): Ein Modell zur Ermittelung von Angabefehlern in Statistischen Erhebungen. Metrika 17.
STRECKER,H.(1979): The Efficiency of Sample Models with Equal and with Varying Probability of Selection. Jahrbücher f.Nationalökonomie und Statistik 194.
SUDMAN,S.(1966): Pobability Sampling with Quotes.JASA 61.
SWINDEL,B.F./YANDLE,D.O.(1972): Allocation in Stratified Sampling as a Game. JASA 67.
THEUERKAUF,I.(1980): Sequentielle Schätzverfahren. Dissertation, Hamburg.
THOMSEN,I.(1977): On the Effect of Stratification when Two Stratifying Variables are Used. JASA 72.
TIN,M./TOE,T.(1972): Estimation for Domains in Multistage Sampling. JASA 67.
VIJAYAN,K.(1975): On Estimating the Variance in Unequal Probability Sampling. JASA 70.
WARNER,S.L.(1965): Randomized Response: A Survey Technique for Eliminating Evasive Answer Bias. JASA 60.
WARNER,S.L.(1976): Optimal Randomized Response Models. ISR 44.
WEICHSELBERGER,K.(1971): Über die statistischen Eigenschaften von Korrekturen aufgrund repräsentativer Verfahrenskontrollen. Metrika 17.
WYNN,H.P.(1976): Connected Finite Population Sampling Plans. Biometrika 63.
WYNN,H.P.(1977a): Minimax Purposive Survey Sampling Design. JASA 72.
WYNN,H.P.(1977b): Convex Sets of Finite Population Sampling Plans. AS 5.
YATES,F./GRUNDY,P.M.(1953): Selection Without Replacement from Within Strata with PPS. JRSS,B, 15.
ZINGER,A.(1980): Variance Estimation in Partally Systematic Sampling. JASA 75.

Nachtrag:
SRINATH,K.P./HIDIROGLOU,M.A.(1980): Estimation of Variance in Multi-Stage Sampling. Metrika 27.

VERZEICHNIS DER WICHTIGSTEN SYMBOLE.

$\#$ Anzahl (1.2.1),(1.2.3)

$\cap$ "Durchschnitt" (3.6.3),(7.1.2)

a Risikoniveau (8.3.2)

B, B_i, $\bar{B}$, b_j Bias (1.4.9),(9.2.17),(9.3.2),(9.2.11)

b_o, $\hat{b}_o$ (6.1.11),(6.2.1)

$C(n)$, c, C, $C(z)$ Kosten (1.4.13),(8.2.7),(8.1.8),(8.2.1)

Cov Kovarianz

d (8.2.8)

E, $E_{P_{(n)}}$, $\mathbb{E}$ Erwartungswert (1.4.7),(6.5.2)

$E(X \mid \ldots)$ bedingte Erwartung M.2

f, f^* Auswahlsatz (2.4.5)

f_i, f_i^*, f_K, f_K^* (3.2.7),(5.8.7),(5.4.6), (5.4.5)

G Grundgesamtheit (1.2.1),(1.2.2),(1.1.1),(1.1.3).

G_i Schichten (3.1.1)

G^K Gesamtheit von Klumpen (5.1.3)

$G_{\underline{m}}$, $G_{\underline{m},i}$ (4.2.7),(4.2.8)

H_i, $\mathbb{H}_i$ Häufigkeit von u_i in der Stichprobe (2.4.1),(5.3.1)

K_i, $\underline{\mathbb{K}}$, $\mathbb{K}_i$ Klumpen, -Stichprobe (5.1.1),(5.1.11)

L, $\mathbb{L}$, $\bar{\mathbb{L}}$ Verlustfunktionen (8.1.2),(8.1.9),(8.2.2)

μ, μ_Y, μ_X Mittelwert (1.2.12),(6.0.4)

μ_i, μ^K (3.1.3),(5.1.7)

$\hat{\mu}$ Mittelwertschätzung (1.1.2),(1.1.4),(1.4.4)

$\hat{\mu}$, $\hat{\mu}'$ (2.1.4),(2.4.2),(7.7.10)

$\hat{\mu}_i$, $\hat{\mu}_i'$, $\hat{\mu}$, $\hat{\mu}'$ (3.2.1),(3.5.3),(7.1.10),(7.1.12),(3.2.2) (3.5.4),(7.1.6),(7.2.6)

$\hat{\mu}_P$, $\hat{\mu}_{HT}$, $\hat{\mu}_{\mathbb{P}}$, $\hat{\mu}_{\mathbb{H}T}$ (4.1.5),(4.3.7),(5.2.1),(5.3.4)

$\hat{\mu}(b)$, $\hat{\mu}(\hat{b}_o)$, $\hat{\mu}(\hat{v})$, $\hat{\mu}_{HR}$ (6.1.1),(6.2.2),(6.3.3),(6.4.4)

$\hat{\mu}^{\wedge}$ (7.1.6),(7.3.4),(7.3.6),(7.4.6),(7.5.3)

m_i, M_i, M (4.2.6),(4.2.7),(4.4.4),(5.1.1)

MSE, $\mathbb{M}$SE (mean square error) (1.4.9),(6.5.12)

N, N_i Anzahl in G, in G_i (1.2.1),(3.1.2)

n, n^* Stichprobenlänge, optimale (1.2.3),(8.2.3),(8.3.3)

n', n' (7.1.1),(7.7.5)

n_i, n_i' Teilstichprobenlängen (3.1.6),(3.5.2),(7.1.3),(7.1.1)

$O(1/n^t)$, $O(1/n^\infty)$ (3.5.5), M.4, M.5

π_i, π_{ij} (4.0.4),(4.3.2)

$\boldsymbol{\pi}_i$, $\boldsymbol{\pi}_{ij}$ (5.3.3)

$P = P_{(n)}$ Stichprobenplan (1.2.7),(1.2.8)

P, p_j, P_o , $\mathbb{P}_o$ Verteilungen (4.0.1),(2.1.2),(5.4.1)

P_o^n, P^n, P_i (2.1.3),(4.1.3),(4.1.4)

$\mathbb{P}$, $\mathbb{p}_j$ (5.1.8),(3) und (4) nach (6.5.1)

p, $\hat{p}$ Anteilswert (2.5.3),(2.5.6)

p_B, p_Z (9.1.1),(9.1.9)

q_B (9.1.2)

ρ_K Klumpeninterner Korrelationskoeffizient (5.5.5)

$\rho_{X,Y}$ (6.1.14)

$\rho_{V'}$ Korrelation der Antwort-Variabilität (9.2.14)

R Anzahl der Klumpen (5.1.1)

R, $R(n)$, $R(z)$ Risiko (8.1.4),(8.1.6),(8.2.1)

$\mathbb{R}$ Menge der reellen Zahlen

σ^2 , σ^{*2} Varianz, korrigierte (1.2.13),(1.2.14)

σ_{XY}, σ^*_{XY} Kovarianz, korrigierte (6.0.4)

σ_i^2, σ_K^2 (3.1.3),(5.4.5), auch (9.2.14).

$\sigma_{V'}^2$ (9.2.14)

$\hat{\sigma}^2_{HT}$, $\hat{\sigma}^2_{YG}$, $\hat{\sigma}^2_{\mathbb{H}T}$, $\hat{\sigma}^2_{\mathbb{Y}G}$ (4.3.10),(5.3.6)

s^2, s^{*2} Stichprobenstreuung, korrigierte (1.2.22),(1.2.23)

s_{XY}, s^*_{XY} (6.0.7)

s_i^2, s_K^2 (3.2.6),(5.4.6)

ST, SV Stichprobentheorie, -Verfahren

τ_i^2, $\hat{\tau}_i^2$ (3.2.1),(3.2.3)

τ^2 (8.4.9)

u, u_j statistische Einheiten aus G (1.2.1)

$\underline{U}$, U_i Stichprobe, Element der S. (1.2.3),(1.2.8)

$\underline{U}_i$, $\underline{U}_i'$ Teilstichproben (3.1.6),(7.1.2)

$\underline{U}'$, $\underline{U}'$ Teile in Doppelstichp.(7.1.1),(7.2.5),(7.3.1),(7.7.5)

v, $\hat{v}$, $\hat{v}'$ Verhältnis (6.3.1),(6.3.2),(6.4.2)
V_j', V_i Antwortvariabilität (9.2.6),(9.3.1)

Var, $Var_{P_{(n)}}$, Var (X | ...) Varianz,bedingte (1.4.9), M.3

Y, y, y_j Erhebungsmerkmal, -werte (1.2.11)

$\underline{Y}$, Y_i, $\underline{y}'$; y_j' Stichprobe, -werte aus Y (1.2.16),(1.4.1)

$\bar{Y}$ arithmetisches Mittel (1.2.21)

Y^K, y_j^K Merkmalssumme, -werte (in Klumpen) (5.1.5)

$\bar{Y}^K$, $\bar{y}_j^K$ Mittelwert in Klumpen (5.1.6)

Y_i^K, $\bar{Y}_i^K$ Stichproben aus Y^K, $\bar{Y}^K$

Y^o, y_j^o, Y^w, y_j^w (9.2.17),(9.2.4),(9.2.8)

Z Verhältnis Y/X (6.4.5)
z, z' "stetige" Stichprobenlänge, optimale (8.2.1), (8.2.3),(8.3.3)

VERZEICHNIS DER WICHTIGSTEN STICHWORTE.

Allokation
  Kosten minimierende (3.3.4)
  Kosten-optimale (3.3.2)
  proportionale (3.3.1)
  Neyman-optimale (3.3.21)
  quasi konstante/ quasi porportionale (7.1.19)
Anteilswerte (2.5.3)
Antwortvariabilität (9.2.6)
Antwortvarianz (9.2.15),(9.3.13)
arithmetisches Mittel (1.2.21)

bedingte Erwartung (M.2.4)
bedingte Varianz (M.3.1)
Bias s.Verzerrung
Brutto-Differenz nach (9.4.10)

Dalenius-Gleichungen (3.4.1)
Differenzen-Schätzer (6.1.2),(7.3.1)
Doppelstichprobe
  geschichtete (7.1.1)
  für Schätzung mit Vorkenntnissen (7.3.1),(7.3.6)
  für mZ-Stichprobe zur Verteilung P (7.4.4)
  für Bestimmung der Stichprobenlänge (7.7.5),(8.5.3)

Erhebungsmerkmal (1.2.16)
erwartungstreu (1.4.6),(6.5.1)
Erwartungswert (1.4.7)
  bedingter (M.2.1)

geschichtete Stichprobe (3.1.6)
größen-proportional (4.2.5),(5.1.9)
Grundgesamtheit (1.2.1),(1.2.2)
  überhöhte (7.6.1)

Hartley-Ross (HR) (6.4.4),(7.3.6)
Hochrechnung s.Schätzung
Horvitz-Thompson (HT) (4.3.7),(4.3.10),(5.3.4),(5.3.7)

Klumpen (5.1.1)
Klumpenstichprobe (5.1.4)
Korrelationskoeffizient (6.1.14)(3)
  der Antwortvariabilität (9.2.15)
  Klumpeninterner (5.5.5)

Lahiri-Midzuno (6.4.15),(7.3.6)

Merkmal (1.2.11), vor (1.2.16)
Merkmalswert (1.2.11)
Mittelwert (1.2.11)
Mittelwertschätzung (1.1.1) bis (1.1.4)
mittlerer quadratischer Fehler s.MSE

MSE (1.4.9),(6.5.12)
mZ = mit Zurücklegen s.Stichprobe

Netto-Differenz nach (9.4.10)

optimale Stichprobenlänge (8.2.3),(8.3.3)
 für einfache Zufalls-Stichproben (8.2.5),(8.2.6), (8.3.6),(8.3.7)
 für geschichtete Stichproben (8.4.3) bis (8.4.6)
 für Stichproben zur Verteilung P (8.4.7),(8.4.8)
 für Schätzung mit Vorkenntnissen (8.4.9) bis (8.4.12)
Ordnung einer Nullfolge (3.5.5)
oZ = ohne Zurücklegen

Population s.Grundgesamtheit

Quote (3.1.2),(3.1.6)
Quotenstichprobe (3.6.7),(7.2.5),(7.2.6)

Regressions-Schätzer (6.2.3),(7.3.1)
Risiko (8.1.3)

Schätzfunktion (1.4.4)
Schätzung (1.1.1) bis (1.1.4)
Schicht, Schichtung (3.1.6)
 nachträgliche (3.5.4)
Schichtungsmerkmal (3.4.3)
Stichprobe (1.2.8),(1.2.16)
 einfache geschichtete (3.2.4)
 einfache Klumpen (5.4.2)
 einfache Zufalls-Stichprobe mZ (2.1.1)
 einfache Zufalls-Stichprobe oZ (2.2.1)
 geschichtete (3.1.6),(3.2.4),(7.1.1)
 größen-proportionale (4.2.5)
 ineinander greifende nach(9.4.6)
 Klumpen (5.1.4)
 mZ zur Verteilung P (4.1.2),(7.4.4)
 oZ (4.3.1)
 oZ proportional zur Verteilung P (4.4.2)
 systematische (5.6.3)
 zweistufige (5.7.1)
Stichprobenergebnis (1.2.8)
Stichprobenlänge (1.2.8)
 s. optimale Stichprobenlänge
Stichprobenmittel (1.2.21)
Stichprobenplan (1.2.8)
Stichprobenraum (1.2.8)
Stichprobenstreuung (1.2.22),(1.2.23)
 eigentliche (9.3.13)
Stichprobenverfahren (1.2.8)
Strategie (1.4.5)
Streuung (1.2.13),(1.2.22)
 korrigierte (1.2.14),(1.2.23)
Super-Population nach(6.5.1)(1) bis (5),(6.5.2),(9.2.2)

uniforme Verteilung (1.2.20)
unverzerrt (1.4.6),(6.5.11)

Varianz s.Streuung
 bedingte (M.3.1)
Verhältnis-Schätzer
 verzerrt (6.3.4),(7.3.1)
 Hartley-Ross (6.4.4),(7.3.6)
 Lahiri-Midzuno (6.4.15),(7.3.6)
Verlustfunktion (8.1.1),(8.1.10)
Verteilung = Wahrscheinlichkeitsverteilung = W-V.
 erzeugte (1.2.19)
 größen-proportionale (4.2.5),(5.1.9)
Verzerrung (1.4.9),(9.2.11)

W-Verteilung s.Verteilung

Yates-Grundy (4.3.10),(5.3.7)

Zufallsfunktion (9.2.18)
Zufalls-Stichprobe s.Stichprobe,einfache
Zufallszahlen (2.3.1)

Athenäum Taschenbücher

Fritz Pokropp

Stichproben: Theorie und Verfahren

Lehrbücher Wirtschaftswissenschaften
Statistik